高校教育教学与实践研究

刘丹丹　邢晓丹　许琼艺　◎　著

吉林出版集团股份有限公司

图书在版编目（CIP）数据

高校教育教学与实践研究 / 刘丹丹，邢晓丹，许琼艺著. — 长春 : 吉林出版集团股份有限公司，2023.10

ISBN 978-7-5731-4414-0

Ⅰ. ①高… Ⅱ. ①刘… ②邢… ③许… Ⅲ. ①高等教育－教学研究－中国 Ⅳ. ①G649.21

中国国家版本馆 CIP 数据核字（2023）第 207727 号

高校教育教学与实践研究

GAOXIAO JIAOYU JIAOXUE YU SHIJIAN YANJIU

著　　者　刘丹丹　邢晓丹　许琼艺

责任编辑　曲珊珊

封面设计　林　吉

开　　本　787mm×1092mm　1/16

字　　数　210 千

印　　张　14

版　　次　2023 年 10 月第 1 版

印　　次　2024 年 1 月第 1 次印刷

出版发行　吉林出版集团股份有限公司

电　　话　总编办：010-63109269

发行部：010-63109269

印　　刷　廊坊市广阳区九洲印刷厂

ISBN 978-7-5731-4414-0　　定价：78.00 元

前　言

教育既是国家战略大计，又是民生发展的首要关切。强国必谋强教，强战支排强国。高等教育发展水平是一个国家发展水平和发展潜力的重要标志，世界经济强国无不都是高等教育强国。改革开放以来，中国高等教育在国家教育优先发展战略指引下，沿着大改革、大发展和大提高、建强国的路子，不断探索，不断超越，在取得一个接一个历史性、阶段性重大进展，为国家经济社会发展和改善民生做出重大贡献的同时，又面临着前所未有的以改革发展新突破实现由大向强的巨大挑战和历史机缘。

教育信息化作为社会信息化的核心力量，其发展的好坏直接关系到国家的盛衰与社会的进步，而作为孕育新理论、产生新科技的摇篮，高校理应走在教育信息化发展的前端，引领教育信息化发展的大方向。教育信息化是高校实现教育现代化，提高人才培养质量的必然选择，高校教育信息化的建设水平关系到高校的发展和综合实力的提升，高校教育信息化是增强高校核心竞争力和综合实力的重要手段。

教育教学创新重在实践，实践的核心在于教师，实践的主体在于学生。笔者对高校教育教学的创新和实践进行阐述，通过对教学理念、综合知识能力、教学模式、教学开发等分析，研究高校教育教学创新与实践的过程，探讨高校教育技学人才培养与教师发展的思路，探索高校教育教学的发展路径，以期推动高校教育教学的创新与实践的发展。

本书在撰写过程中借阅了一些专家的学术成果，在此对相关作者表示感谢。受限于作者的学识与经验，本书中浅陋之处在所难免。我们诚恳地期待专家、同行和广大读者批评指正。

刘丹丹　邢晓丹　许琼艺

2023 年 5 月

目　录

第一章　高校教育教学相关理论

高校教育教学是高校教育实现教育目的、培养专门人才、体现社会价值的各种具体活动表现方式之一，是高校教育最主要的组织活动。高校教育的其他活动都是围绕教学而展开、为教学服务的。任何教学活动都是一个历时性的过程，是一个目标差异大、参与要素多、各种影响复杂的教育实践体系。这个教育实践体系的各个构成要素经过多种形式组合、为实现各个目标而发挥作用，不同要素组合在不同环境下运行，使高校教育教学形式丰富多彩。

第一节　高校教育教学本质及其特征

一、高校教育教学的作用与功能

高校教育教学作用与功能就是教学活动的基本目标与任务，它主要源于三个方面：教师的需求目标、学生的需求目标、社会的需求目标。以前，受高校教育教学活动的社会本位思想影响，一些国家特别是实施集中式管理的国家，其高校是实施教育驯化的工具，而学生则是被教育驯化的对象。但在高校教育逐步发展、受教育人群日益扩大的形势下，社会本位的教学功能不断弱化，“以人为本”的教育思想越来越占重要地位。所以，教学活动的目标必须同时考虑教学活动主体，即教师和学生的个人需求，教师通过教学传播知识，促进自我的进一步探究，同时引导学生获得专业技能的训练，从而获得满足与成就感。学生通过对社会愿望、个人兴趣以及基本能力的综合考虑，主动接受高校教育、参与教学活动，以达到身心和智力的全面发展。社会对教学活动的需求可能是具体而分层次的，教师和学生对教学活动的需求可能是抽象而含糊的。对这种矛盾冲突的认识和化解有利于教学方法创新。

二、高校教育教学的主体与环境

高校教育教学的主体与环境是教学活动赖以开展的基本条件。教学主体就是有目的、有意识地进行教学实践活动和认识活动，并在教学活动中确立和体现主体地位的现实的人。这里的人包括三层含义：现实的人、动态发展的人、个体与群体相统一的人。因此，学生也是教学活动的主体之一。教学环境是相对于教学主体而言的，它包括教学活动中除主体之外的一切物质的、时空的、媒介的关系等方面，尽管环境在教学活动中处于从属地位，但对其实现教学目标有极其重要的影响。

三、高校教育教学的形式与内容

高校教育教学的形式与内容往往表现得最为具体、生动，既反映内容与形式的对应关系，也反映形式与环境的协调关系，还反映教学活动直接主体（教师与学生）与间接主体（教学管理者）协商一致管理的特征。单从教学活动形式来看，就是内容、环境、主体的统一，如课堂教学、课外练习、社会实践就是三者关系的不同组合结果。如果从教学活动主体的作为来看，则有讲授活动、听课活动、师生研讨活动等，每一种活动，各自主体地位的表现是不同的。高校教育教学内容是与教学目标紧密相连的，尽管目前我国高校教育教学的计划性正在减弱，但总体上依然比较强，也就是说从国家或社会本位出发对专门人才的知识、技能体系有一个制度设计和进程安排，教学内容按照这些制度和进程逐步展开。现在，我国开始注意发挥教师和学生的主动性，对教学内容的选择权有所放开，但与教师自主裁量教学内容和学生在完全学分制下自由选择教学内容还有相当大的距离，至少学生的职业规划与学校的学业指导工作短时间内难以跟上。

四、高校教育教学的特点与过程

高校教育教学的特点与过程是联系在一起的，教育与教学是一个循序渐进的过程，世界上没有任何一种瞬时性的教学活动，过程性本身就是教学活动的普遍特点，因此很多学者用“教学过程”代替“教学活动”，专注于研究高校教学过程而不刻意研究高校教育教学活动也是可以理解的，只是过程性特点不为高校教育教学所特有。所以，将两者混淆是不合理的，无论是对高校教育教学活动的瞬时考察还是从教学效果的分析，高校教育教学活动的特点都是十分明显的，具体有如下一些特点。

其一，专业性教学与综合性认知相结合。高校教育与基础教育的最大不同就在于知识的专业系统性，属于建立在基础教育之上的专业教育：教学目标和内容按照不同学科专业领域的知识体系进行设计，教学组织形式也分专业进行。同时，高校教育教学活动的综合性认知也十分明显：在专业性教学内容与教学情境中，学生的知识、能力、素质得到全面培育，即使是一门十分专业的课程，在课程设置、活动设计中，也安排有一定分量的基本素质和能力训练的内容和项目，教学活动对学生的影响是综合性的，对学生的培养是多方位的。其二，隐性教学与显性教学相结合。高校教育教学活动对人才培养的影响作用趋于多样化，传统课堂的直接影响、作业与练习的直观影响等属于显性活动部分，还有许多潜移默化的教学活动，比如，学术报告会、参观学习、社会调查、教师对学生得体的表扬或批评等，这些看似不像规范的教学活动属于隐性教学活动，它的教育意义和对学生的影响绝不只是现场表现出来的结果，而要比现场深远得多、广泛得多。教育中的所谓“启发”“养成”，其实就是对这种隐性教学活动功能的表述。其三，教学活动与科研活动相结合。科学研究活动是人类有意识地探究世界的实践活动，我们说高校教育教学活动是一种接近于人类认识世界实践活动的有效组织方式，这表明高校教育教学活动不是纯粹的知识传授活动，也不纯粹是师生交往与情境感悟活动，而是有目的地引导学生学会认知和探究世界的方法、训练基本的认知能力的活动。如果说本科生教学对这方面的要求只是初步的，那么研究生的教学则是典型的认识已知与探求未知的统一，就是教学活动与科研活动的统一，教师和学生在各自的教学活动任务中都可以实现认识已知与探索未知的结合。

五、高校教育教学的构成要素

高校教育教学是一个以动词为主的、内涵比较宽泛的偏正词组，它可以指由学校为实现人才培养目标所组织的任何行动。由于各校、各学科专业的人才培养目标、质量规格、层次要求不同，高校教育教学活动也表现出较大的差异性。但就每一个具体教学活动单元的结构来说，它们又有许多相似性，即都是由若干基本相同的要素所构成的开放性系统，不同教学情境就由这个系统的要素的不同组合产生。

关于高校教育教学活动构成要素的研究，历来有不同的争论。有的从共时性角度而有的从历时性角度分析，有的从关系角度而有的从表象角度分析，有的从深层结构而有的从表层结构分析。不同的分析角度决定了不同的分析结果，以致出现从“三要素说”（教师、学生、教材）到“七要素说”（学生、教学目的、教学内容、教学方法、教学环境、教学反馈、教师）的巨大差异。客观地看，这种差异是正常的，特别是更加精细的结构要素划分，只要在逻辑上没有包含或遗漏，精细的分析应该得到提倡。联系高校教育教学活动的几个特点，我们认为一个比较完整的具体教学活动应该由教学主体、教学目的、教学信息、教学媒介、教学组织、教学环境六个要素构成。

（一）关于教学主体

以前往往以机械认识论为理论基础从施教与被教角度考虑，认为教育参与者包括作为教育者的教师和受教育者的学生两个方面，即教学主体是教师，教学对象是学生。这实际上忽视了高校教育教学的特殊性，因为隐性的教学效果、探究性的教学活动都依赖于学生主体性作用的发挥，所以教师与学生是高校教育教学活动的共同主体。

（二）关于教学目的

这是任何教学活动的基本要素，只是不同目的有层次上的高低差别。即使是高校教育的教学活动，其目的也有层次之分，比如，一个专业培养方案中的教学目的，一门课程的教学目的，一节课堂的教学目的等。就教学方法研究需要而言，这里的教育目的主要指一个课堂之类的教学活动的目的，其中有比较抽象的一般要求，也有比较具体的内容、技能目标。

（三）关于教学信息

以前通常用教材以及教学内容来表示。但实际上，教学内容有一部分应该包含在教学目的之中，作为目标性任务加以明确。同时，教材是教学内容的传统载体，而鉴于现在高校教育可供使用的教学材料日益丰富，来源途径远多于教材，故教材在高校教育教学活动中的地位越来越微不足道。

（四）关于教学媒介

教学媒介就是教学方法及实施方法的手段，由于现代教学技术在飞速发展，传统的方法归纳已经不能准确反映教学活动实际，很多现代教学设施、技术被应用到高校教育教学活动中，其究竟属于什么方法，尚未明确界定。因此，我们称其为教学媒介，既包含了传统意义上的教学方法，又包含了现代教学技术，它是传递教学知识、信息，增强教学信息刺激强度，提高教学影响效果的途径。

（五）关于教学组织

没有组织就没有活动，就一个教学活动来讲，教学组织不可缺少。在什么样的时间和空间、由哪些教师和学生参与、参与人员的规模以及教师或者学生在教学时间内的教学秩序维护等，都是教学组织的内容。还有教学评价，但它属于教学过程与质量管理范畴，不属于一个教学活动的内容。

（六）关于教学环境

高校教育教学环境对教学活动的影响越来越大，根据教学活动的需要，不断对教学环境进行必要的调节和控制，有利于教学活动的顺利进行。经过选择、净化、提炼和加工处理的教学环境有利于教学主体实现追求真理、掌握知识、发展身心等目标。

六、高校教育教学模式

（一）“集中式学习”的教学模式

相对来说，集中式学习是一种较为传统的教学模式。集中式学习是以教师为中心，即由教师根据教学计划中统一规定的课程内容和教学时数，把学生集中到一起按照学校的课程表进行分科教学的一种组织形式。该教学模式强调教师的主导作用。当教学规模不是很大时，集中式学习这种组织形式相对来说是比较经济、有效的。

在这种组织形式下，教师的主导作用易于发挥，便于教师组织、监控整个教学活动的进程，这是其一。其二是有利于教学管理，使教学有目的、有计划、有组织地进行。其三是有利于自然学科的学习，自然学科中许多内容需要进行演示、分解和剖析，有些内容需要学生亲自去感触等。其四是有利于学生之间以及师生之间的情感交流，充分体现情感因素在学习过程中的重要作用。尽管集中式学习有上述优点，但它在高校教育教学活动中存在的弊端又是十分明显的，首先，这种教学模式无法解决学生参加学习时存在的工作与学习的矛盾、家庭与学习的矛盾以及分散居住与集中学习的矛盾。其次，它忽视了成人学生不同于其他学生在学习活动中的自主性和独特性。再次，集中式学习方式过分强调标准化、同步化、模式化，整齐划一是这种学习方式的目标追求，对成人学生知识的扩展会产生不利的影响。针对学生在学习过程中凸显的矛盾和问题，要真正保证教学效果、提高教学质量，就必须对现有的单一教学模式进行改革。

（二）“分布式学习”的教学模式

随着经济形势和信息技术的不断发展，社会总体人力资源的需求形势也发生了巨大变化，对各类高素质、高学历的专业技术人员的需求提高到了一个新的层次，对高校教育提出了更高的要求，并使得传统的教学模式受到了极大的挑战。

新的信息技术在教学活动中的应用，计算机网络的发展能够使教学内容得到有效的远距离传递，学生可以不必像以往那样，全体集中到一个地点，由教师面对面地传授知识。电子邮件可以支持学生之间、师生之间的交流与合作，解决学习中的问题，开展各种讨论，教学模式不再单一，因此，“分布式学习”的教学模式便应运而生，并迅速以自上而下的政策推广形式，借助国家高校教育政策手段投入各地办学实践。“分布式学习”是远程教育的建构主义，采用建构主义的学习环境的设计思想，将传统的以教师为中心改变为以学习者为主体，着重于为学习者提供丰富的资源建立自己的认识和理解。我们将这种新的远程教育形式称为“分布式学习”。

目前对“分布式学习”的教学模式的理解有几种观点：在美国及很多国家的学者认为“分布式学习”和远程教育是一样的，指的是各种不同于面对面教学的教育；还有的认为，“分布式学习”是指开放和远程教育在传输课程时逐渐向使用新信息技术的转变；另有观点认为，“分布式学习”可作为人机交互工作的一个整体。尽管对“分布式学习”有各种不同的描述，但“分布式学习”实际是一种教学模式，它强调的是“分布”，强调为学习者提供灵活的、突破时空限制的教育，适应社会经济发展以及对人才的需求。“分布式学习”教学模式的出现，使面对面教育和开放远程教育之间的边界逐渐消失而趋于融合；加强了以学习者为中心，更有效地促进学习者的学习；使我们认识到要根据时空分布方式的变化调整学习和教学策略；“分布式学习”强调的是学习环境，学习者分处在不同环境中，有着共同的任务，在“分布式学习”环境中共同合作完成学习任务，学习是不同环境的分布，不一定受限于正式的机构设置。

随着教育的全球化，“分布式学习”环境也要具有国际化思维，以适应来自不同文化背景的学习者。可以说“分布式学习”是未来学习方式发展的一个新趋势。也有人认为“分布式学习”模式可以结合传统课堂教学应用，结合远程教学应用或可用于创建有效的教学课堂。学生可能是身处远方，参加远程教育，也可能是集中式学习中的一员，但他们在索取资源，汲取知识时，所利用的资源不仅仅局限于教师或者某个机构，而是充分利用现代信息技术，利用分布在各个不同地方的资源，使学习资源比以往的单纯的传统课堂授课方式要丰富得多，所以，“分布式学习”强调的是资源的非集中化。另外，“分布式学习”的教学模式除了可以使学习者获得丰富的资源外，还可以是传统课堂授课方式的补充和灵活运用，如可通过电子邮件交作业、答疑，通过网络与教师、学生甚至专家进行交流和讨论，等等。这一教学模式在成人教育教学活动中的优势十分明显，首先它解决了成人学生在学习中存在的工作与学习、家庭与学习、分散居住与集中学习的诸多矛盾，同时丰富了学习资源，学生获取知识的渠道更加宽广，教与学的方式变得更加灵活，学生学习的自主性也得到了加强，对于学生的发现性学习和研究性学习能力的培养也起到了很好的促进作用。

（三）“双元制”教学模式

“双元制”的教学模式也可称为“双轨制”教学模式，是德国在100多年来传统的学徒培训制度基础上发展而形成的，“双元制”中的“一元”指职业学校，另“一元”则指企业。学校承担学习文化和基础技术理论，企业承担职业技能培训，两元结合完成教育任务，故称之为“双元制”。“双元制”是学校与企业分工协作，以企业为主；理论与实践紧密结合，以实践为主的一种成功的教育模式。学生在企业里接受职业技能培训的同时，又在学校里接受专业理论和普通文化知识的教育，这样，既能够使学生具备毕业后立即上岗的能力，又通过学校教育使之基本素质得到提高，从而具备继续学习和终身学习的基础。

“双元制”教学模式具有以下特征。职业培训在两个完全不同的地点进行——企业和学校；受训者兼有双重身份——学生、学徒；培训者由两部分人承担——实训技师（师傅）、理论教师；教学内容原则上分两部分——企业培训按政府的培训条例和大纲进行，学校教育按国家和省级教育主管部门公布的教学大纲进行；教学管理——企业培训由政府管理，受政府法规、条例等约束；学校教学由教育主管部门管理，受教育类法规约束；经费来源的两个渠道——企业培训的费用由企业承担，学校教学的费用由政府和学生承担；以职业能力为本位的培训模式；以市场和社会需求为导向的运行机制。

“双元制”在20世纪90年代引入我国，应用到高校教育教学实践中，成为一种特点鲜明同时富有成效的人才培养模式。经过多年的发展，已经取得了一些成就。已经有许多实践性较强的专业采取了这种教学模式，例如，汽车维修、炼钢和轧钢、保险、物业管理、机械制造和医疗等。“双元制”教学模式的应用为我国成人教育发展提供了宝贵的案例资源，从中可以看到“双元制”教学模式的以下优势：

第一，改革专业课的课堂教学模式，促进学生技能的提高。“双元制”教学以职业能力为本位，各院校在实践中都突出了实践性的原则，使学生在学习的同时获得职业工作的经验，与传统的课堂型职业教育形式相比存在明显的优势。

第二，加强了学校与社会和企业的联系。“双元制”教学模式打破了传统的封闭的办学方式，由学校和企业共同承担培养学生的责任。因此，在办学中学校增强了与外界的沟通，更多地了解了社会和企业对人才的需求情况，克服了以往办学的盲目性。

第三，加快了师资队伍的建设，教师的理论水平和实际水平都有所提高。在“双元制”办学过程中，提高了专业教师的实践能力，改变了以往的教师基本上是学科型的，实践能力不高，动手能力不强的状况。

第四，各院校借鉴德国“双元制”教学模式，改革了课程结构，丰富了教学内容，使教学方法灵活多样，促进了教学模式的改革。

第二节 高校教育教学观念及其发展变化

一、高校教育教学思想观念及其核心内容

（一）高校教育教学活动主体

教师主体论源于以赫尔巴特为代表的“教师中心说”，是长期统治教育研究与指导教学活动的主导流派。该派观点认为，在教学活动中教师是唯一的主体，学生是用来供教师加工、改造的，与教学内容一起构成教师教学活动的对象，属于教学客体。学生主体论源于以杜威为代表的“学生中心说”，其基本观点与教师主体论相反，认为教学活动的唯一主体是学生而不是教师，教师和教学内容都是被用来塑造和加工学生的，是其成才的工具性对象，是教学客体。而教师学生双主体论则改造了前述单一主体论的思路，提出教师和学生都是教学活动的主体，在一个完整的教学活动中，就对教学效果的最后影响来说，分不清教师的能动作用大还是学生的能动作用大，只能是两个主体并存，共同协调的结果。这时，教学内容、教学设施、教学环境等就基本上属于辅助性的东西，属于教学客体。

其实，对教学主客体的辨析有一个基本的逻辑起点，这就是从哲学引用过来的主体概念是基于什么哲学观点的，是本体论的观点还是认识论的观点。显然，从本体论出发，只能有一个主体，而从认识论出发，选择的认识活动角度不同，就会得出不同的主体结果。教学本身就是一个复杂的系统，从教学作为社会活动实践关系出发，毫无疑问教师是主体，学生是客体；从教学活动的价值关系出发，很明显，学生必然是主体，教师是客体；从认识活动的全面关系出发，则教师与学生都属于主体，客体只是那些主体之外的教学活动要素。提高对教学活动主体的认识，有利于调动教学活动要素的积极性。那些单方面强调教师主体地位的观点，对教师工作积极性、主动性与责任心有极大的激发作用，但很多情况下，教师的一厢情愿往往达不到教学效果，久而久之，教师的这种积极性也会消解。那些单方面强调学生主体地位的观点，有利于激发学生

的自我教育、自我学习、自我塑造，也有利于教师在教学中贯彻促进学生全面发展的理念，但如果缺乏教师的正确引导，学生往往也不能得其门而入，最后效果并不如意；教师和学生的双主体地位，可以比较全面地调动教师和学生在教学活动中的积极性，根据实际需要各自发挥应有的作用，共同完成教学任务，实现教育目标。按照高校教育的教学活动特点来看，这种双主体观念更符合教学实际。教师和学生在教学活动中主体地位的认可，不是什么权益之争，而主要在于责任的归属。教师和学生对于那些作为客体的已知知识、未知知识的认识与探求是共同的，因此在这种"既认识已知又探索未知"的高校教育教学活动中，教师和学生属于共同的主体是不应该有疑问的。

（二）高校教育教学活动主体关系

一般来说，任何活动都存在主体与客体的关系，如果按照两种单一教学主体的观点，无论谁为主体谁为客体，都是主客体关系。但是，高校教育教学活动主体是双重的，不同主体之间必然构成一定的关系，因此，很有必要探讨教学活动的主体关系。至于高校教育教学活动的客体，在双重教学活动主体前提下，它与主体之间的关系比较简单，一方面服从于主体的需要，另一方面充当连接两个主体的纽带。

1. 高校教师

高校教师是教学活动任务的具体组织者、承担者。教师群体是高校履行人才培养职能的直接人员，还在自己的专业领域肩负着科学研究和社会服务的使命。高校教师作为一个群体概念，包含所有在高校从事与教学活动相关的专业人员，既有教学第一线的任课教师，也有以科学研究为主要任务的研究人员，还有实验、实践教学以及教学活动组织管理第一线的教学辅助人员。高校教师作为一种社会职业者，具有较高的社会地位和重要的教学主导地位。人们常常把高校的人才培养和学术水平看成一个国家文明进步的标志，对履行这两项职责的高校教师寄予厚望。另一方面，在高校教育教学活动中，教师对教育内容的选择、对教学活动的调节、对教学进程的把握、对教学手段的改造等起着主导作用。因此，教师是教学活动的主体。

总之，高校教育教师肩负着比较多的教学职责。第一，要肩负传授知识，引导学生掌握学科专业基础知识、基本理论和基本技巧，培养和发展学生智力和专业能力的职能。第二，要在教学活动之中通过隐性手段启发和培植学生良好的道德、情操、意志与美感，关注学生的全面成长。第三，要精心组织和设计教学活动，不仅注意课堂教学活动的组织，还要有由课堂延伸到课外的答疑辅导、作业评判以及相应的实验和实习、实践。第四，为了更好地服务和改进教学，必须不断地开展专业领域的科学研究和教学研究，以引领学生及时了解科学前沿，改善教学方法，丰富教学内容。在这些基本职责中，最基本的两项是教学和科研。能否成为比较合格甚至优秀的教师，关键就在于这两项职责的履行情况。这两项职责任务完成得好，不仅可以相互促进，还可以带动其他职责更好地完成。实际上，中外高校都有不少教师并不能比较好地兼顾两者，相当多的教师把自己的教学目标定为传授课程知识、介绍本领域的概念和方法，很少关心学生的一般智力发展和个性发展。他们作为教学内容方面的专家，与本领域的其他人共同具有专门化的知识、概念、话语、方法，但作为教师，尤其是本科生的教师，他们则难以与学生形成共同认可并乐意接受的训练方法，丰富教学活动的知识和理论。

高校教师肩负的职责决定了他们的劳动特点。这就是教学手段的自主性与教学活动的示范性、教育对象的能动性与教学情境的复杂性、教学过程的长期性与教育影响的滞后性、教学方式的个体性与教育成果的集成性。面对这些特点，有的教师可能会表现出无可奈何，有的则从积极方面进行力所能及的改进，由此形成个人教学风格。比如，以教学内容为中心的，以尊重学科为特点，重在教给学生系统的知识、原理；以教师自我为中心的，则相信自我的榜样作用，让学生陷入角色模拟的境地；以智力为中心的，则以训练学生的智能为目的，一切的知识、环境都只是用来训练的道具，知识、技能本身不是追求的结果。这些都是有特点的教师，还不是“全能的教师”，比较良好而全面的教学活动，应该是教师的知识、师生现实的探究、教师引人入胜的个性、人格和激励学生学习动机能力的高度复合。可见，当好一名高校教师实属不易。

2. 高校学生

高校教育教学活动的主要参与者除了教师就是学生，不仅高校的教学如此，任何学校教学活动都离不开教师和学生，二者缺一不可。学生的积极参与不仅丰富了教学活动的内容与形式，也在很大程度上决定着教学活动的最后效果。

高校学生的构成是十分复杂的，而且随着教育大众化的推行、终身教育观念的深化和学习化社会的建立，到高校接受教育的人群越来越多，学生构成也越来越复杂。一般来说，高校教育的学生不分种族、地域、性别，在年龄上处于青年中期，个体的生理发展接近完成、心理变化趋于稳定，自我意识日益增强，已经接受了基础教育。但这只是高校学生的基本规定，实际上，世界各国高校的学生要比这复杂得多。就我国来说，目前本专科学生在主体上大致符合以上的规定，随着高等教育政策的调整和大众化教育的发展，以及更多少年的提前入学，使得高校学生在年龄、心理、生理等方面均已突破原有规定和认识。如果将硕士、博士研究生考虑在内，则这种基本界定就显得更加局限和狭隘。

为什么参加高校教育的学习，是解决和了解学生的学习目的和动机的重要依据？高校学生的学习目的、动机是高校教育教学活动的重要影响因素，也是学生作为教学活动主体的重要标志。只有那些目的明确、动机纯正的学生才能在高校教学活动中发挥积极的主体作用。无论高校教育关于人才培养目标的理想设计如何，学生的实际学习目的与动机不一定与之完全合拍，但学生的要求只要是合理而可行的，就应该得到满足。研究表明，多数大学生认为，他们学习是为了取得职业的或专业的训练，获得发展自己和个人兴趣的机会，最终能够获得较高的收入。学生学习的态度与方式倾向是什么，这个问题的回答涉及学生的多个方面。

首先是目标决定态度，基础决定方法，情感决定倾向。目标明确的学生其基本态度是积极的。知识基础、能力基础强的学生，其学习方法、参与程度必然得当；依赖性、独立性、表现型、沉默型等不同情感类型的学生，其对教学活动的态度与影响也不完全相同。

（三）高校教育教学活动主体关系模式

教学活动也被理解为教学主体之间的人际交往活动。高校教育教学活动拥有多个主体，每一个教学环节都包含了各教学主体交往的关系，每一对主体关系动力的平衡与消长，都影响着教学活动。高校教育教学活动具有明显的个体性与综合性特点。这就是说，教师的教学既是个人的劳动表现，也是群体的劳动表现，一个教师不可能教好一个班级，培养出一批人才，甚至不可能完整地教好一门课程，必须要有教学助理、实验人员以及班主任等相关辅助人员的共同参与才行。学生的学习也是如此，纯粹单个人的学习有时不能很好地完成，我们强调开展主体性教学，所依靠的不只是单个学生的主体性，还包括建立在每一个学生主体性发挥基础上的协作教学、合作探究。所以，高校教育的教学主体实际上有3对主要关系：师生关系占主导地位，师师关系和生生关系居于次要地位。

师生关系是任何学校教学活动都普遍存在并引起高度重视的一种行动主体对应模式。它是以教学任务为中介，以“教”与“学”为手段构成的特殊社会人际关系，是高校教育最基本的、在教学活动中占主导地位的人际关系。对这种关系的认识也在不断发展变化，就其结构来说，传统的理解就是教师对学生“一对一”“一对多”的主从关系，在高校教育教学活动中的表现就是：在课堂教学上，教师读讲义、做演算，学生记笔记、做练习；在课程设置上，必修课多于选修课；在教学管理上，实行学年制，对所有学生按一个标准来要求，个体差异没有受到重视；等等。历史经验和教训告诉我们，认识和建立新型师生关系对高校教育的教学来说十分重要。在这种新型师生关系中，教师与学生是“一对一”“一对多”“多对一”“多对多”的复杂网络系统，这个网络系统功能的全面发挥，就是高校教育教学活动的全部任务与追求目标。

师师关系就是高校教育教学活动中所涉及的教师群体内部之间的多边关系。我们发现我们对高校教育教学活动中的师师关系的关注度不够，但凡谈到教学关系，必论师生关系。其实，高校教育教学活动中，师师关系的作用非常大，这是与初高中学校、其他培训学校完全不同的。由于这种关系的构成具有长期性、利益性、人格性等特点，所以尽管关系网络不会很庞大，但文人相轻、学术流派、师承传统、利益之争等情况常常发生，甚至影响教师的教学。这是从对立性看的，再从合作性来看，哪怕是一门课程甚至一节课堂，主讲教师与助教之间、理论教师与实验教师之间、教师与教学调度人员之间等的配合关系，都会直接影响教学活动的开展及其效果。所以说，一个和睦的教师群体对于高校教学活动的有效开展十分必要。

生生关系是由高校教育同辈学生相互之间组成的多边联系。这种关系也被称为同学集体，它可以由同年级同专业的学生构成正式的稳定关系，也可以由相同学科专业不同年级的学生以学术爱好为基点构成稳定的师兄弟姐妹关系，还可以由教师主导创立诸如电子协会等主题组织关系。生生关系的形成具有随机性，但一旦形成，就表现出比较稳定的态势，这种态势不仅在学生大学学习期间有相互促进、影响的作用，还会在高校教育结束后延伸到社会活动中。生生关系对教学活动，尤其是对学习活动的影响是全方位而且深刻的，被认为是仅次于学生个人行为的力量。当然，这种关系结构的规模大小、质的差异性等内在特征会在比较大的程度上决定其对教学影响作用的发挥。

二、高校教育教学思想观念的演变

高校教育教学思想观念具体通过人才观、质量观和效率观等来表现。新时期以来，我国高校教学思想观念更新始于恢复正常秩序的最初几年，其主要表现为向过去学习，重拾或实现新中国成立后逐步建立和形成的教学思想。

（一）培养人才观念的形成

高校教育的根本任务是培养人才，而人才培养的主要途径是教学活动。改革开放以来，通过“红专论争”确立了知识本位的高校教育思想观念，但高校教育似乎又一下从“广阔天地”回到了“象牙塔”。同时，教学和科研使命又在高校展开了激烈的地位之争，这使高校教育成为教学和科研“两个中心”的发展轨迹渐行渐远。实际上，很多学校和教师更加重视深度高的科研工作，对教学工作重视不够，教师的教学职能发挥不够。随着国家对人才培养质量的关注与重视，人们开始重新认识和反思高校教育教学和科研的关系，进而确立了教学在学校工作中的中心地位。无论什么高校，首要任务是人才培养，科学研究也要肩负起人才培养职能。高校教育教师必须把教学放在第一位，切实履行教师的基本职业职责。随着世界高校教育发展和科技、社会进步对人才培养规格新要求的不断提出，能力本位观点越来越受到重视，学生需要成为、社会更需要提供知识全面、技能过关的高素质人才。因此，对教学活动提出了新的要求：一方面是出于理论教学与实践教学的关系问题的考虑，既不能忽视理论教学又要加强实践实验教学，另一方面也是出于协调学校教育与社会教育的关系，既不能在学校教育与社会教育之间走极端，也不能过多增加学生的时间、经费、心理等学习负担。于是，新的教学中心地位理论逐步得到丰富和发展，在校内强调理论教学与实验、在科研活动中培养学生能力，在校外加强实习实训基地建设，建立产学研究机制。

（二）逐渐形成以专业教育为主的教育思想

一般认为，国际上本科教育大致有两种教学模式：一种是以苏联和德国为代表的专才教育模式，学生在校学习时间较长，既打基础，又进行实践训练。另一种是以美国为代表的通才教学模式，学生在校学习时间较短，主要是打基础，实践训练放到大学毕业以后。我国最先主要学习苏联模式，形成了专才教学模式。

创新开放后，我们发现苏联专才教育模式的许多弊病，开始注意学习欧美通才教育模式。同时，这两种模式自身又不断变化和交融。

一般认为，现代专业教育思想源于美国国家功利主义视域下的科学主义高校教育哲学。兴起于20世纪初的以实用为标准的功利主义教育观影响了美国几十年，受苏联1957年“卫星上天”的刺激，美国更加重视高校教育教学的科学功利。1978年我国召开的全国科学大会提出“向科学进军”，迎接科学春天的到来，这使刚刚恢复的高等教育深深打上科学主义的专业教育烙印，此后一直成为国家教育方针政策以及学校教育教学工作的重要指导思想的构成元素。但培养学生一技之长的专业教育思想很快受到素质教育思想的挑战，因为国内外的人才成长及使用实践表明，仅有一技之长的人并不能担当高级专门人才的重任。随着世界科技的迅速发展，学科专业高度分化后再高度综合成为发展趋势，人才培养与社会工作越来越复杂化，特别是“曼哈顿计划”反映出社会工作对人员合作、协调、组织能力等综合素质的要求越来越高，不仅要具有扎实的基础、宽广的知识面、较强的能力，而且要具有良好的思想政治素质和道德水平，以及健全的身体心理素质。

以自由教育、人文教育、普通教育等形式出现的综合素质教育思想得以萌生，传统意义上的专门人才培养模式、观念逐渐为“拓宽专业口径，增强适应性”的呼声和“通识教育”的理念所取代，仅仅重视科学技术的“精、深、专”为“德才兼备”“文理兼备”的人才目标所取代。随后，华中科技大学率先提出以人文素质教育为突破口，中共中央和国务院出台专门文件推进高校教育全面素质教育，并建立了一大批国家人文素质教育基地。人文素质教育并非只对理工科学生进行人文科学知识传授，而是对所有学生加强人文品格、人文精神的全面教育，是通识教育的具体体现。

（三）提高终身学习和终身教育观念

按照传统的职业教育观念，高校教育在教育序列中毫无疑问就是人一生的终结性教育活动。但由于世界科技发展的日新月异以及世界性社会工作的不断变化，由联合国教科文组织的系列报告引发，以素质教育思想为理论支撑的终身教育、终身学习观念逐渐渗透到高校教育领域，高校教育究竟是终结性教育还是基础性教育一时成为学术界的争论热点。特别是高校教育达到大众化甚至普及化程度之后，高校教育的基础性就更加突出，高校教育只能为学生未来成为科技人才、从事科技职业打下知识、能力和继续学习的基础，而不能为未来准备好所需的一切，因而，高校教育人才培养必须更加重视比较宽广的学科领域、比较扎实的基础知识、比较强的学习和研究能力，也必须为在职人员提供大学后继续学习的条件。

（四）以学生为本的个性化教学观念逐渐生成

一场世界性的学习革命，使高校教育教学模式也必须适应受教育群体的历史性变化，这是高校教育教学创新的直接指导原则和方向。具体而言有如下表现：由单纯的掌握知识转变为更加注重智力发展和能力培养；由单纯的、狭窄的专业知识和能力培养转变为同时注重拓宽知识面，培养具有包括外语能力、经管能力、交往能力等多种能力的复合型人才；由单纯注重统一的培养规格转变为同时注重发挥学生的多样化特长和学习潜力；由偏重于理论知识转变为同时注重实际知识，进一步强调理论与实践相结合；等等。

因材施教，促进人的全面发展是一条基本教育原则。为了克服计划时代“标准件”式的高校教育人才规格和培养过程中的固有缺陷，突出学生在人才培养中的主体地位，在教学管理、教学环节、教学方式等方面也要将统一的、封闭的、固定的人才模式变革为多样化、个性化的教学过程和教学形式。既努力拓宽专业口径又坚持按专业培养人才，既制定人才培养目标和基本规格又给予学生充分自由的发展，既坚持教学工作的计划性又给予学校、专业、教师和学生较大的灵活性。在教学管理上，推行学分制，实行选课、选专业等灵活的制度和政策。

三、高校教育教学思想观念变革的趋势

进入21世纪以来，随着我国高校教育大众化进程的不断推进，高校教育条件保障机制等方面遇到了难以预料的困难，由此引发的人才培养质量争议成为高校教育的热门话题。政府和高校教育回应这种社会争议的积极举动就是实施“高等学校教学质量与教学创新工程”，试图既改善高校教育的条件保障状况，又注重将物化的环境与条件转化为人才培养所必需的制度建设，不断推进教学思想观念创新。

（一）全面落实科学发展观

科学发展观的第一要义就是发展，包括高校教育的发展、人的发展。围绕以人为本这个核心，人才培养工作必须是全面、协调、可持续发展的，这也是终身教育和学习化社会思想的基本要求。贯彻党的教育方针，推进素质教育，坚持“巩固、深化、提高、发展”的方针，遵循高校教育的基本规律，牢固树立人才培养是高校教育的根本任务、质量是高校教育的生命线、教学是高等学校的中心工作等都属于新的高校教育教学理念。

（二）建立健全大教育观

具体表现在创新高校教育资源共享上，通过新教材和立体化教材建设、网络教育资源开发和共享平台建设，建设面向全国高校教育的精品课程和立体化教材的数字化资源中心，建成一批具有示范作用和服务功能的数字化学习中心，完善服务终身学习的支持服务体系，提升我国高校教育的质量和整体实力。这需要充分考虑提高教学质量的系统性和复杂性，确定一些具有基础性、全局性、引导性的创新突破口，引导高校教育教学创新的方向，实现高校教育规模、结构、质量和效益协调发展。同时，也需要调动政府、学校和社会各方面的力量，把发展高校教育的积极性引导到提高质量上来，充分利用各方面力量支持高校教育的发展，切实解决高校教育在提高质量方面的实际问题，为高校教育办学创造良好的外部环境。

（三）高校教育教学创新

高校教育教学创新与高校教育质量提高是一对永恒的话题。总体而言，我国高等教育教学创新在实践活动上可谓阵容庞大、气势恢宏，但在形式和内容上出彩不多。因此，在教学制度创新方面，要继续建立和完善教学评估制度、专业认证制度、高校教育基本状态数据发布制度等；在教学活动创新方面，不仅要落实“教授、名师要上课堂”，还要努力建设高水平教学团队。同时，应继续突出学生的主体地位，不断加大学生选课、选专业的余地，通过学分制使学生学习的自主性、自我责任心进一步增强。还应通过各级各类大规模、高强度的教学研究与教学创新立项和成果奖励，推动教学方法创新的激励机制，根本改变教学方法创新零散、自发、孤立、短效的局面。

第三节　高校教育教学方法

一、高校教育教学方法概述

在已有研究成果中，对于高校教育教学方法的分析和认识有本质揭示型的，也有特征或过程描述型的，对于高校教育教学方法研究的风向转向了“模式”路径。无论是本质揭示还是特征或过程描述，都存在一个致命缺陷：教师本位思想。这样，几乎所有关于高校教育教学方法的本质定义和特征归纳，都陷入以教师为主导的“二元论”泥沼，从教师角度研究教授方法，从学生角度研究学习方法。教授方法加学习方法就构成了教学方法。这种逻辑思路所分析得出的结果自然离高校教学活动真实情境距离较远。教师的教授方法可以在没有学生参与的环境下进行，学生的学习方法更无须教师的直接参与。这两种可以游离的方法不是简单相加就可以组合成新的方法。因此，对传统的教学方法研究成果提出了批评。但批评与建构是事物发展的两个不同阶段，但在建构尚无突破、也未引起足够重视的情况下，高校教育教学方法的研究却转向了“教学模式”研究，随着教学模式研究的兴起，教学方法研究则式微。

其实，教学模式研究代替不了教学方法研究，或者仅仅是教学方法研究特殊阶段的一个尝试。很多教学模式研究成果显示，它属于教学方法研究范畴，教学模式是多种教学方法的综合。至于说教学模式是稳定的、典型的教学程式或策略或样式，这种表述也背离了高校教育教学活动的本质，与高校教育教学活动特征不相容。因为高校教育的教学活动，尤其是教学方法，不存在可以照搬、套用的“方法组合”，试图设计或概括出一种模式加以推广也不符合高校教师、学生、学科专业、学校类型等差别化的实际。高校教育教学，它的本质是一种整体性的有机“活动场域”，教学方法就是维系这种活动场域的或隐性或显性的“脉络”，即在教师的教授活动领域与学生的学习活动领域的交叉重叠部分发生的信息传达、消化、反馈的思维、路径、手段以及氛围环境等。在这个交叉重叠区域之外的教授方法、学习方法或者管理虽然对教学活动、人才培养有重要影响，但不是严格意义上的教学方法。

在高校教育教学活动场域中，关于方法问题还不只教学方法一端，还有管理与教师活动交集场域的方法问题、管理与学生活动交集的方法问题。但教师和学生活动交集又与管理活动有一小块交集，问题的核心就在于此：教学方法的掌控权限。假如教师、学生、管理者在整个教学活动中的作用是均衡的，而且教学方法的选择与使用也是深度融合的，则三者对教学方法掌控权的共同认可范围大约是各自三分之一的“他控”组合区域，各自的三分之二都是自我控制的。也就是说，在教学方法的控制问题上，管理者、教师和学生都不可用全部的单方面意愿来衡量整体和他方的教学方法，真正可以达到三方共控的，是小于各自三分之一的共同空间。教学方法的自由是“教学自由”的实践根源。

二、高校教育教学方法的特点

认识教学方法的特点是认识高校教育教学方法的理性提升。仅从明确提出高校教育教学方法特点和分类来看，几乎都是循着“探寻模式”和“分析过程”两种思路在进行。薛天祥提出的课堂教学方法、自学指导方法、现场教学方法、科研训练方法的“四分说”，陆兴提出的组织和实施学习认识活动方法、刺激和形成学习认识动机方法、效果检查和自我检查方法的“三分说”。我们通过分析大量教学成果奖获奖材料以及“教学名师”的实践经验发现，对于高校教育教学方法特点和分类的认识要首先回归教学活动本身。教学方法必须是在教学活动中充当“脉络”功能的东西，教学活动之外的、教学活动之中但不能充当活动“脉络”的，都不能归于高校教育教学方法考察范围。

在整个高校教育教学活动中，一切都是围绕“提高教学水平和教育质量、实现培养目标”这个中心的，而且任何活动都具有其方法、途径、手段。在专门人才培养过程中，课程是最基本的知识与能力体现单元，也是高校教育活动中学科与专业相互转化与结合的最小载体。学科是一个按照学术发展逻辑不断丰富起来的知识体系，专业是教育活动按照社会对专门人才要求所设计的一个相关学科知识体系群，开展这种学科知识体系群的知识传授和能力训练就是专业教育。可以说，专业是按照社会发展的逻辑变化的。课程是学科知识体系的分化单元，也是高校教育实施专业人才培养的最小的完整的知识与能力结构单元。高校教育的复杂性就体现在从课程这个知识逻辑体系到转化为接受教育的学生所获得知识与能力的微观过程之中，这就是教学活动。因此，研究高校教育教学方法必须把课程作为基点，与教学活动关联不大。确定了教学方法的基本范畴，尚需进一步对教学方法的内在特点和结构进行细化。

高校教育教学方法特点的研究近来比较沉寂。早前“二性论”（专业指向性、学术研究方法接近性）、“五个培养论”（学生的自学能力培养、研究能力培养、实践能力培养、合作精神培养、创新精神培养）、“七方式论”等，几乎都是对教学方法的实现功能考察得出的结论，到了“三性论”（学生主体性、探索性、学科专业性），关于高校教育教学方法特点的研究才逐步回归到高校教育教学方法本身。

循着这种思路，在全面考察高校教育教学方法涉及的各个方面之后，我们认为比较集中的、显然区别于其他层次教学方法或者高校教育教学活动中其他范畴的特点主要有：

第一是可感性。可感性与抽象性、不可感知相对。教学方法虽然具有工具性，但一味强调甚至放大它的工具性是不利于创新的，所以要把它看作是维系教学活动场域的“脉络”，尽管“脉络”不都是可见的，但必须是活灵活现的。教学活动到了面对面的“方法”程度，感性色彩非常浓厚，不仅要使参与者都能够感知“方法”的存在，而且还要富有效果。可感性是对教学方法的具体化概括，无论是语言、工具、形象、仪态甚至思路、能量等，都能够让人感触、感知、感觉得到。这就可以避免原来那种“方法是对知识进行加工并呈现出来”

说法的片面性。可感性越强，可接受程度越高。

第二是内隐性。内隐与外显、直白相对，近似于含蓄。教学方法的最终目的是教育学生，而无论从理论上分析还是从教学实践经验总结，对于不同的人，或者对同一人的不同时段和处境，教化的方法是截然不同的，这就需要教学方法具有内隐性，不全是直白的指点、训斥。同时，一切社会认知都具有内隐性，根据学习心理学的研究，学习者对于社会性信息感知的内隐性要强于对非社会性信息的感知。这好比大厦结构中的钢筋和水泥，内隐性是"钢筋"，外显性是"水泥"，它们共同构成认知建构的基本结构。高校教育教学活动，虽然是专业性教育，但更多的是社会认知性学习，因此，内隐性是教学方法的普遍特点。

第三是双重性。双重性就是事物的两种相对独立甚至对立的特性集于一体，很多事物具有双重性，高校教育教学活动的双重性尤为突出，在教学方法层面，教师和学生的主体双重性、教师和学生参与教学活动动机的双重性、目标的双重性、价值标准的双重性等都集中在一起，交锋交汇。具体而言，突出表现在教学内容、方式方法、手段，甚至是目标与结果等教育内部体现上。这些关系有的是从属的、有的是背离的、有的是不确定竞争性的，还有的是客观性与主观性并存。总之，忽视高校教育教学方法的双重性，教学方法就会走向死胡同。

第四是微观性。微观是个相对概念，社会科学中，通常把从大的、整体方面去研究和把握的科学称作宏观科学，从小的、局部方面去研究和把握的科学称作微观科学。在高校教育教学活动体系中，教学方法显然不属于宏观层面的概念或范畴，微观性是教学方法的实际处境，只有认识到这一点，才能准确分析教学方法的各种内在问题。任何提升或夸大教学方法层级的认识、企图都会把教学方法研究引向歧途。

第五是复杂性。复杂性是一门认识论、方法论科学，是对"还原论"的批判和超越、对"整体论"的追求，或者说是既重视分析也重视综合、既关注局部也关注整体的系统科学的新发展。事物的复杂性是指在环境、条件发生变化时，不同行为模式之间的转换能力及其表现比较弱，某些新增条件似乎消解了一些元素。因此，要用非线性关系去把握局部与整体的变化。认识事物的复杂性，必须把握复杂性事物内在的非线性、不确定性、自组织性和涌现性。高校教学活动，完全符合复杂科学的这些特征，因此，教学方法相应地具有复杂性特点。

第六是丰富性。感性活动的基本特点就是无限的丰富性，教学活动尤其是教学方法方式，既是有组织的合理性和合规则的建制活动，更是一种师生互动的感性活动。一名教师教授同样的课程，两次的教学感受以及教学方法可能是完全不同的，学生的学习感受也是如此。教学方法的丰富性实际就是教学方法的感性、复杂性以及双重性等特点的衍生结果。因此，期望用教学模式来“类化”教学方法的研究路径是违背教学方法规律和忽视教学方法特点的。

三、高校教育教学方法的分类

我们高校教育教学方法的基本特点，对于高校教育教学方法分类这种表征性的概括就比较容易。高校教育教学方法的分类要从“种属”和“类别”两个方面分析，即按照种和类两个维度进行分解：第一个维度是“类”的角度，可以分为：①教学方法总论，②理论课程教学，③实践课程教学，④学习方法。第二个维度是具体的方式与途径，即“种”的角度，可以分为：①课程教学内容与体系创新，②教学方式方法创新，③教学手段与技术创新，④教学艺术与技巧创新，⑤教学方法模式创新与综合创新，⑥教学效果与质量检验方式创新，⑦教学组织方式方法创新，⑧教学方法创新理念与策略。建立这样一个二维方法结构表，基本可以反映高校教育教学方法的全貌，高校教育教学方法的所有特性也能够在其中找到相应的载体。高校教育教学方法研究就是要从高校教育教学活动的整体系统入手，深刻分析教学方法的特点，认识教学方法的规律，并在教学实践中有效运用教学方法。在进行高校教育教学方法研究时，有二个基本着眼点不能忽视。

课程：教学方法研究的逻辑起点。教学方法研究从何入手，不同的路径产生不同的结论，比如以教学工具为基点，就会使教学方法研究偏重于实现教学的手段；以教师主体为基点，就会使教学方法研究走向“教师中心”的单边主义。教学方法研究的适用基点可以有很多种选择。我们所理解的教学方法应该以教学内容为出发点，因为教学方法所承载的主要功能就是知识的传递、接收、转化与学生修养、思维、能力的训练。没有教学内容，教学方法就无从谈起。但是，教学内容是一个复杂的体系，大到学科专业的知识体系，小到一个基本概念和定律、规律性常数等，针对不同的教学内容可能会出现不同层次的教学方法。

课程在发展演变中，曾被赋予过多种多样的含义，富有代表性的课程定义有如下几种：学习方案、学程内容、有计划的学习经验等。一般认为，课程就是系统的教学内容，是一系列教学科目的集合。具体而言，课程包括“教学计划”“教学大纲”和“教科书”所规定和表述的内容。无论课程的定义表述如何，这里作为教学方法研究逻辑起点的课程特指高校教育课程。高校教育课程不同于基础教育课程，它具有自己的基本范畴和过程性特点。基本范畴就是高校教育课程一个系统性概念，最基本的是为达到某个教育目的而组织的一个单纯性教学内容。推而广之，还有教学科目、学科。过程性特点是高校教育课程的显著标志，无论哪个层次的“课程”都是为实现一定的教育目标而组织的教学内容，而且这些教学内容必须进入教学环节，参与教学活动。尽管从哲学、心理学、社会学以及交往论等不同视角对课程的过程性认识会有不同阐述，但“知识体系”“教学资源”“教育目的载体”“组织模式”这几个核心概念是其灵魂所在。从起源讲，课程就是“课业进程”。

教学方法是以某一门具体教学科目为基础的教学交往活动要素，不仅仅在孤立的一次教学组织活动或者在学科专业层面的全程教育活动中。在当前课程创新意义上，可以适当延伸到课程组群的教学活动，比如专业基础课程、专业课程或者理论性课程、实践性课程，还有从表现形态划分的显性课程、隐性课程等。因此，以课程为逻辑起点的教学方法研究，必然是丰富多彩的。

目标:教学方法研究的基本考量。这里的目标不全是高校教育人才培养规格目标，而是指具体课程的教学目标，但它又是整个高校教育人才培养目标的一个组成部分。这个课程教学目标既是课程体系的目标，同时又是教学活动的实现目标。按照课程论的观点，高校教育课程设计具有基础性、实践性和国际性的发展倾向，那么，具体的单门课程目标，既有与其他相关课程目标的分野又有相互的衔接，既是整体人才目标的组成部分也各具自身的独特性。而要达到这个目标，则是教学环节即教学方法所必须回答的教学目标。一般来说，将课程的知识结构体系传达给学生不是难事，但这不一定需要教师的参与，更无须教师设计教学方法。课程目标的重要任务是以知识体系为载体，通过教学活动达到训练学生能力、提高学生认知水平，并在一定程度上转化学生情感的效果。

因此，研究和分析高校教育教学方法，必须把实现课程以及教学目标作为考量依据，尽管课程与教学目标也是教学评价的重要依据，但如果在教学活动的方法选择上游离教学目标，那么在没有做到“教考分离”以及学生对教学评价主导地位难以落实的情况下，课程教学考核依然会在教师或管理者的单边主义主宰下进行，不能反映某门课程的目标是否实现。这也是长期以来，高校教育教学活动中教师教书本、学生学书本、考试考书本，最后学生除学了一堆知识之外，实践能力、创新思维以及情感培育等非常欠缺的原因。

第四节　我国高等教育的发展及性质转变

高等教育的发展历史可以追溯到中世纪的大学，后来不断发展、不断转型，形成了高等教育的三项职能，即培养专门人才、科学研究、服务社会。改革开放以来，我国高等教育事业获得长足发展，改革取得了令人瞩目的成绩，初步形成了适应国民经济建设和社会发展需要的多种层次、多种形式、学科门类基本齐全的社会主义高等教育体系，为社会主义现代化建设培养了大批高级专门人才，在国家经济建设、科技进步和社会发展中发挥了重要作用。

一、我国高等教育近代化的历史进程及进程中的模式转换

我国高等教育近代化的历史进程及进程中的模式转换大致可分为三个时期。

第一个时期（1862—1894），甲午战争以前，中国近代高等教育处于酝酿时期。从19世纪60年代开始，出现了一批培养外语人才和军事技术人才的专门学校，它们不同于传统封建教育机构，不是培养能够成为各级封建官吏的“治才”，而是培养通晓各国语言和技术（特别是军事技术）的所谓“艺才”。最典型的代表即1862年成立的京师同文馆和1867年创办的福建船政学堂。至1894年前后，我国共创办此类学堂30多所。

第二个时期（1895—1911），19世纪末20世纪初，是中国近代高等教育发展的重要时期。1895年、1896年、1897年和1898年分别成立的天津中西学堂、上海南洋公学、浙江求是书院和京师大学堂，一般被认为是中国近代大学的雏

形。20 世纪初，清政府颁布了第一部包括高等教育在内的具有近代意义的全国性学制——《癸卯学制》。

第三个时期（1912—1927），1912 年的辛亥革命推翻了清王朝的统治，结束了两千多年的封建帝制，为中国近代高等教育的发展提供了一个相对宽松的环境。1912 年至 1927 年的 16 年间，可以说是中国高等教育发展模式的多元化时期。1912 年，在蔡元培主持下所进行的教育改革形成的新学制《壬子癸丑学制》，对清末颁布的《癸卯学制》中有关高等教育的内容做了相应的改革。其间，教育部还陆续公布了《大学令》《大学规程》《专门学校令》《公立、私立专门学校规程》和《高等师范学校规程》等一系列有关高等教育的法令法规。众所周知，作为当时教育改革的总设计师，蔡元培非常关心高等教育,《大学令》就是由他亲手制定的。直到 1917 年蔡元培出任北京大学校长之后，他的高等教育的理念——学术自由和教授治校，才部分地在他所主持的北京大学付诸实施。就在蔡元培以德国高等教育为模式对北京大学进行深刻改造的同时，另一所国立大学——在南京高等师范学校基础上发展而来的东南大学迅速崛起。至 20 世纪 20 年代中期，浙江大学和东南大学影响日广，成为与北京大学南北呼应、交相辉映的中国高等教育的又一重镇。

高等教育作为人类所创造的知识和文化的重要传播场所，作为高级专门人才的培养基地，有其自身发展的内在规律。高等教育的发展，既要受处于不同经济发展阶段、不同政治文化背景的各个国家和地区的具体国情所制约，也要受高等教育本身的发展规律所制约。从一定意义上可以说，一个世纪以来，中国高等教育发展模式的转换就是在如何认识和正确处理这一对矛盾的过程中艰难推进的，不能以强调本国情形的特殊性为由而拒绝遵循高等教育发展的一般规律，也不能以标榜追赶世界潮流为借口而置本国国情于不顾，这是我们回顾和总结这段历史所应深刻吸取的经验教训。

二、我国高等教育目标和性质的转变

1894 年至 1911 年的 18 年间，是中国近代高等教育的起步时期。19 世纪末创办的天津中西学堂、上海南洋公学、浙江求是书院和京师大学堂是近代大学的雏形。1904 年颁布的《癸卯学制》中有《奏定大学堂章程》《奏定高等学堂章程》和《奏定农工商实业学堂章程》。在这些章程中，关于办学理念和培养目标有了新的表述：大学堂“以谨遵谕旨，端正趋向，造就通才为宗旨，以各项学术艺能之人才，足供任用为成效”。通儒院（研究生院）“以中国学术日有进步、能发明新理以著成书、能制造新器以利民用为成效”。从前一个时期的培养“艺才”“专才”，到这一时期的提出“通才”，从字面上看，似乎又回到了传统的人才观，因为中国的传统教育也强调“通才”，即所谓“一物不知，儒者之耻”。但是，这里的“通才”是以掌握“各项学术艺能”为前提的，不仅与封建教育的理想人格“通才”在内涵上有所不同，而且这种目标的提出本身也提升了“艺才”与“专才”的地位。从一定意义上可以说，与之前相比，这一时期较多地接纳了西方高等教育的理念。当然，这种“通才”仍必须“谨遵谕旨”“以忠孝为本，以中国经史之学为基”。在这里，中国传统高等教育的影响依然十分强大。这是因为，虽然科举制度在1905年已被废除，但是科举制度赐予出身的陋习仍然被保留了下来，秀才、举人、进士的头衔还十分具有吸引力，更重要的是封建专制制度的政治框架还在起着支撑作用，社会主流价值观的变革终究需要以经济基础和政治制度的变革为前提。与此相适应，在这十几年间，高等教育在课程体系、教学内容和方法上发生了较大的变化，最明显的表征是西方近代社会科学的各个门类被大量用进高等教育的课堂，政治学、法学、教育学、哲学、心理学、经济学等社会科学被作为大学或高等学堂的教学内容的教科书大量出版。民国初年，资产阶级革命派和激进的民主主义者从根本上否定了“中体西用”这一直接支配高等教育培养目标的文化观念，提出要用“民主共和”和“科学民主”的精神来改造中国传统的封建主义文化，这也为高等教育培养目标的进一步发展及演变提供了思想基础。

从1912年至1949年的近40年间，当时的政府制定颁布过几部重要的关于高等教育的法令、规程。就培养目标而言，从法律条文上看，最大的变化在于取消了封建社会高等教育的政治方向。1912年的《专门学校令》提出，专门学校以教授高等学术、培养专门人才为宗旨。同年颁布的《大学令》规定，大学以教授高深学术、培养硕学闳才、应国家需要为宗旨。这里强调的是高深学术，是培养“硕学闳才”和“专门人才”。高等教育领域中大学和专门学校的区分标准是“学”与“术”，前者重在学术研究，后者重在应用技术。政治上、思想上的限制与要求，即所谓“忠君”“尊孔”，在培养目标中被取消了，特别在民国前期，由于蔡元培的努力和他广泛的社会影响，中国近代高等教育得以在教育理念上有了一次大的飞跃。正如有些研究者所指出的："只有在这一时期，中国才真正开始致力于建立一种具有自治权力和学术自由精神的现代大学。"[①]西方高等教育理念的核心，即学术自由和大学自治的观念，通过蔡元培的理论倡导和身体力行，第一次较全面地被国人所认识和接受。蔡元培在对北京大学的改造中，反复强调学术自由、兼容并蓄的办学方针。从一定意义上可以说，正是通过蔡元培在北京大学的努力，才使中国高等教育在教育理念和培养目标上，从根本上动摇了以培养"内圣外王"的"贤士""君子""循吏"为目标的主流传统。在这里要强调说明的是，蔡元培在宣传、倡导西方大学理念的同时，也充分利用了中国封建社会高等教育的非主流传统，即弘扬古代书院浓厚的学术氛围、师生间砥砺德行互相切磋的融洽之情以及相对的独立地位等。

在课程体系和教学内容方面，民国时期与清末相比较，最大的变化是废除了反映封建传统文化的科目，增加了大量新学科，在人文社会科学方面如此，在自然科学和技术科学方面更是如此，据统计，1919 年《大学规程》中所开列的课程科目总数比清末《癸卯学制》所规定的多 300 多门；专科学校课程也比清末相应学堂科目增加了 1~2 倍。蔡元培主持下的北京大学于 20 世纪 20 年代开设的课程中，有许多在欧美一些著名大学中也是刚刚起步。

中华人民共和国成立后，关于高等教育培养目标的明确表述，最早见于政府法规文献的是 1950 年 7 月政务院批准的《高等学校暂行规程》，其中规定："中华人民共和国高等学校的宗旨为根据中国人民政治协商会议共同纲领第五章的规定，以理论与实际一致的教育方法，培养具有高级文化水平、掌握现代科学和技术的成就，全心全意为人民服务的建设人才。"在这里，除去头、尾两处有关政治方向的要求之外，其核心内容是培养具有高级文化水平、掌握现代科学和技术成就的建设人才。与民国时期高等教育的培养目标相比较，在政治上提出不同的要求是十分自然的。应该说，作为高等教育的特点还是体现了出来，"高级建设人才"的提法也涵盖了学术人才与专门技术人才。当然，由于特定的国际国内环境，所谓学术自由、大学自治等，在刚刚取得政权的社会条件下，是不会受到关注的。相反，对大学中旧知识分子的改造很快就提上了议事日程。在课程体系方面，构建了以马克思主义理论著作为基础的新的课程体系，进一

① 许美德.中国大学——1895—1995年一个文化冲突的世纪[M].北京：教育科学出版社，2000.

步发展的则是借用苏联的课程体系。

在 1956 年至 1957 年间，中国高等教育领域出现了一股追求学术自由、大学自治的风潮。知识分子们响应中国共产党“百花齐放，百家争鸣”的号召。

1961 年，《中华人民共和国教育部直属高等学校暂行工作条例（草案）》（以下简称《高教六十条》）颁布，对高等学校的培养目标做了前所未有的详细规定：“高等学校学生的培养目标是具有爱国主义和国际主义精神，具有共产主义道德品质，拥护共产党的领导，拥护社会主义，愿为社会主义事业服务、为人民服务；通过马克思列宁主义、毛泽东著作的学习和一定的生产劳动、实际工作的锻炼，逐步树立无产阶级的阶级观点、劳动观点、群众观点、辩证唯物主义观点；掌握本专业所需要的基础理论、专业知识和实际技能，尽可能了解本专业范围内科学的新发展；具有健全的体魄。”可以说，这是近代以来关于高等教育培养目标字数最多的一次表述。

1978 年教育部对 1961 年颁布的《高教六十条》略做修改，引发全国高校组织讨论，其中关于高等教育的培养目标完全是原来的表述。这说明了在改革开放初期，注重专业知识的问题已被提到了议事日程上。1980 年 2 月，全国人大颁布了《中华人民共和国学位条例》，其中规定对在高等学校和科研机构的毕业生和科研人员经过严格考核，分别授予学士、硕士和博士学位，其目的是促进科学专门人才的成长，促进各门学科学术水平的提高与教育和科学事业的发展。

1985 年 5 月，中共中央颁布了《关于教育体制改革的决定》（以下简称《决定》）。《决定》指出：“高等学校担负着培养高级专门人才和发展科学技术文化的重大任务。”这是中华人民共和国成立以来，第一次如此明确地把高等教育的任务归结为培养高级专门人才和发展科学技术文化。这次会议的另一项与高等教育理念有关的重大决定是，明确提出要扩大高等学校的办学自主权，使高等学校具有主动适应经济和社会发展需要的积极性和能力，可以说，《决定》给予了我国高等学校自中华人民共和国成立以来从未有过的自主权。此外，《决定》还强调高等学校是教学、科研中心，而不是像苏联模式那样，要么负责教学，要么负责专业培训和改革教学内容、教学方法、教学制度以及提高教学质量，开展教学改革试验，改变专业过窄的状况，增加选修课，实行学分制和双学位制等，努力借鉴和移植先进国家高等教育的课程体系和教学内容。

进入20世纪90年代，随着改革开放的深入和经济体制的转变，中国高等教育的发展进入一个新的历史时期。1994年7月，国务院颁发《关于中国教育改革和发展纲要的实施意见》，提出要进一步发挥高等学校在国家科学技术工作中的重要作用，实施“211”工程，面向21世纪，重点建设100所左右的高等学校和一批重点学科。1998年8月，全国人大制定并颁布了《中华人民共和国高等教育法》，规定“高等教育的任务是培养具有创新精神和实践能力的高级专门人才，发展科学技术文化，促进社会主义现代化建设”，“高等学校应当面向社会，依法自主办学，实行民主管理”。这是中华人民共和国成立50年来制定颁布的第一部高等教育法，它突出强调了培养高级专门人才和办学自主权，全面肯定了改革开放以来我国在高等教育办学理念、培养目标、管理体制等方面所取得的共识。与此同时，随着经济的发展和人民群众接受高等教育需求的不断增长，西方发达国家高等教育大众化的理念正在日益被人们所接受，并逐渐转化为政府的教育政策，中国高等教育面向社会精英阶层的传统正在成为历史。可以说，中国近代高等教育在经历了整整一个世纪的曲折之后，终于有了明确的、与世界高等教育发展同步的理念、目标与方向。

三、我国高等教育的类型

国家教育发展研究中心将我国高等教育分为四种类型。

（一）研究型大学

研究型大学的明显特征是学科综合性强，每年授予的博士学位数量多，培养的人才层次为本科及本科以上学历，满足的是对高层次研究型人才和研究型成果的需求，研究生至少占到20%~25%，每所学校每年授予博士学位的数量至少为50个。

（二）教学研究型大学

教学研究型大学的教学层次以本科生、硕士生为主，个别行业性较强的专业可招收部分博士生，但不培养专科生。

（三）教学型本科院校

教学型本科院校的主体是本科生的教学，特殊情况下有少量的研究生或专科生。

（四）高等专科学校和高等职业学校

高等专科学校和高等职业学校体现了高等教育在学校、专业设置上最为灵活的部分，主要是为了满足当地经济建设及社会发展的需要。

第五节 现代教育理念

一、现代教育理念的内涵

“教育要面向现代化，面向世界，面向未来”，这是邓小平同志 1983 年 10 月 1 日为北京景山学校的题词。题词发表后，迅速为各大媒体所转载，在全国上下引起了巨大的反响，并由此拉开了教育界改革的序幕。

教育必须为社会主义现代化建设服务，社会主义现代化建设必须依靠教育。这是邓小平关于教育要“三个面向”思想的基本要求。因此，现代教育要适应政治、经济、文化的快速发展，必须以更加创新与完善的理念引导现代教育的改革。综合起来，现代教育理念大致可以归类为以下几个方面。

（一）以人为本的理念

21 世纪的今天，社会已经由重视科学技术为主发展到以人为本的时代，教育作为培养社会所需要的人才来促进经济社会发展的事业，更应当体现以人为本的时代精神。因此，现代教育强调以人为本，把重视人、理解人、尊重人、爱护人、提升和发展人的精神贯穿于教育教学的全过程、全方位，它更关注人的现实需要和未来发展方面，注重挖掘人的潜能，重视人自身的价值的实现，从而不断提高人的生存和发展能力，促进人自身的发展与完善。

（二）全面发展的理念

促进人的自由全面发展是现代教育的宗旨，因此它更关注人的发展的完整性、全面性，宏观上表现在，它是面向全体公民的国民性教育，注重民族整体的全面发展，以大力提高和发展全民族的思想道德素质和科学文化素质，提高民族的知识创新和技术创新能力，增强包括民族凝聚力在内的综合国力为根本目标；表现在微观上，它以促进每一个学生在德、智、体、美、劳等方面的全面发展与完善，造就全面发展的人才为己任。这就要求人们在教育观念上实现由精英教育向大众教育、由专业性教育向通识性教育的转变，在教育方法上采取德、智、体、美、劳等多育并举、整体育人的教育方略。

（三）素质教育的理念

现代教育更注重教育过程中知识向能力的转化工作及其内化为人们的良好素质，强调知识、能力与素质在人才整体结构中的相互作用、辩证统一与和谐发展。针对传统教育重知识传递、轻实践能力，重考试分数、轻综合素质等弊端，现代教育更加强调学生实践能力的锻造，全面素质的培养和训练，主张能力与素质是比知识更重要、更稳定、更持久的要素，把学生综合素质的培养与提高作为教育教学的中心工作来抓，以帮助学生学会学习和强化素质为基本教育目标，旨在全面开发学生的诸种素质潜能，使知识、能力、素质和谐发展，提高人的整体发展水准。

（四）创造性理念

传统教育向现代教育的重要转型之一，就是实现由知识性教育向创造力教育转变。因为知识经济更加彰显了人的创造性作用，人的创造力潜能成了最具有价值的不竭资源。现代教育认为，教育教学是一个具有高度创造性特点的过程，以启发、点拨、开发、引导、训练学生的创造力才能作为其基本目标。主张以更新颖的教学手段和美好的教学艺术来创造出教育教学环境，从而更好地培养创造性人才。现代教育主张，完整的创造力教育是由创新教育（旨在培养学生的创新精神、创新能力与创新人格）与创业教育（旨在培养学生的创业精神、创业能力与创业人格）二者结合而形成的生态链构成。因此，加强创新教育与创业教育并促进二者的融合，培养创新型、创业型、复合型人才成为现代教育的基本目标。

（五）开放性理念

当今时代是一个开放的时代，科学技术的快速发展，经济的逐步全球化使世界成为一个紧密联系的地球村。以前的教育格局将被打破，取代它的是一种全方位开放的新型教育。这种新型教育包括教育方式的开放性、教育过程的开放性、教育观念的开放性、教育目标的开放性、教育评价的开放性、教育内容的开放性等。

（六）多样化理念

现代社会是一个日益多样化的时代，随着社会结构的高度分化，社会生活的日益复杂和多变以及人们价值取向的多元化，教育也呈现出多样化发展的态势。这首先表现在教育需求多样化，为适应经济社会发展的要求，人才的规格、标准必然要求多样化。其次表现在办学主体多样化、教育目标多样化、管理体制多样化。最后还表现在灵活多样的教育形式、教育手段，衡量教育及人才质量的标准多样化等。这些都为教育教学过程的设计与管理提出了更高的要求与挑战，它要求根据不同层次、不同类型、不同管理体制的教育机构与部门进行柔性设计与管理，它更推崇符合教育教学实践的弹性教学与弹性管理体系，主张为教育事业的发展提供更加宽松的社会政策法规体系与舆论氛围，以促进教育事业的繁荣与发展。

（七）生态和谐理念

自然物的生长需要良好的自然生态环境，人才的健康成长同样也需要宽松和谐的社会生态环境的滋润。现代教育主张把教育活动看作一个有机整体，这个整体不但包括教育活动的老师、课堂、学生、教育、实践、内容与方法诸要素的融洽与和谐统一，也包括教育活动与整个文化氛围和环境设施的和谐统一，把融洽、和谐的精神贯注于教育的每一个有机的要素和环节之中，最终形成统一的教育生态链整体。

（八）系统性理念

随着知识经济的来临以及学习化社会的到来，终身教育成为现实。

教育成为伴随人一生的最重要的活动之一。因而，教育不再仅仅是学校单方面的事情，也不仅仅是个人成长的事情，而是社会进步与发展的大事，是整个国民素质普遍提高的事情，是关乎精神文明建设及两个文明协调发展的全局性、战略性大业，它是一项由诸多要素组成的复杂的社会系统工程，涉及许多行业和部门，所以需要全社会普遍参与、共同努力才能做好。所以，与传统教育不同，转型时期我国正在形成的是一种社会大教育体系，它需要在系统工程的理念指导下进行统一规划、设计和一体化运作，以培养人们的学习能力，提升人们的生存和发展能力为目标，以实现社会系统内部各环节、各部门的协调运作、整体联动为基础，把健全教育社会化网络作为构成教育环境的中心工作来抓，促进大教育系统工程的良性运行与有序发展，以满足学习化社会对教育发展的迫切要求。

二、高校现代教育理念

（一）高校教育理念的概念

我国学界对教育理念问题的关注和研究，始于 21 世纪之初的基础教育新课程改革。新课程从教学目标的确立到教学内容的编排，再到教学方式的设计，都与传统课程有着根本的不同。教师要想适应新课程的教学工作，首先必须转变教育思想和观念。其后，教育理念研究逐渐从基础教育领域进入高校教育领域。从已有教育理念的研究成果来看，其概念界定比较有代表性的观点如下：有学者从教学理性认识的角度出发，认为教育理念是从先进的教育理论中演绎出来的有关教学活动的理性认识，是“教学应该怎样、为什么需要如此”的理想化认识，体现了教师对教学实践的价值期待及理想追求。有学者从现实与超越的视角指出，教育理念不仅包括教师对教学问题的现实性认识，也包括教师对教学问题的前瞻性价值判断与结果选择。有学者主张从教学规律的角度解读教育理念，指出教育理念是教师对教学与学习活动内在规律的认识，是教师对教学活动的看法以及所持有的基本态度与观念。有学者从大学教师的维度指出，教育理念是指大学教师头脑中观念性地存在着的，关于学科教学和学生智慧发展等方面理论与信念的综合体，是指导教师教学实践活动的理论基础。有学者从融合与统一的视角指出，教育理念就是教学理念和教学理想的一种融合，是主观和客观的一种融合，是认识和信念的一种融合，是思想和行为的一种融合，是事实判断和价值判断的一种融合。有学者则从教学思维和教学价值观的角度出发，指出教育理念是关于教学的根本看法和思想，是教师对教学问题进行思维所获得的结果。综上所述，学者们对教育理念概念的解读和界定，虽然存在着认识视角和侧重点的不同，但也反映了一些共同特点，即都主张把教育理念理解为教师对教学所做出的主观认识和价值判断，是教师对教学所表现出的态度与信念、期待与追求，是教师对教学所持有的思想与观念。

基于上述分析，我们认为高校教育理念是高校教师在长期教学理论学习与教学实践反思基础上创造生成的对教学活动价值及其本质规律的认识和判断。从本质上来说，教育理念体现了高校教师对“教学究竟是什么”以及“教学到底能够做什么”的理性思考，深刻反映了教师对教学的应然状态以及教学的理想状态的憧憬和向往，因而表现为一种指向教学实践活动未来的精神范式和理性品格。高校教育理念不同于教育观念，教育观念或者是以“非系统化”的方式呈现关于教学实践的感性认识，或者是以“意识形态”的方式呈现关于教学实践的理性认识，具有强烈的现实性色彩。高校教育理念也不同于教学理想，教学理想是教师对未来教学实践发展趋势的把握、想象和憧憬，它不仅具有鲜明的情感性特点，而且具有极为突出的信念性特征。高校教育理念处于教育观念和教学理想的联结点与关键点的位置，较之于教学观念，它往往弱化了现实性而更具信念性；较之于教学理想，它往往弱化了信念性而更具现实性。教育理念在高校教师的教学实践活动中发挥着方向性和主导性的价值作用，是更新教师教学行为的先导和灵魂。教育理念渗透和融入高校教师的教学过程之中，不仅影响着教师对教学内容的讲解、对教学方法的运用以及对教学进程的调控，而且也影响着高校教师的教学态度及其对教学认知、情感和行为的投入程度，因而是高校教师教学成功的最深层支撑力量。

（二）高校教育理念变革的趋势

进入 21 世纪以来，随着我国高等教育大众化进程的不断推进，高等教育条件保障机制等方面遇到了难以预料的困难，由此引发的人才培养质量争议成为高等教育的热门话题。政府和高等学校回应这种社会争议的积极举动就是实施“高等学校教学质量可教学改革工程”，试图既改善高等教育的条件保障状况，又注重将物化的环境与条件转化为人才培养所必需的制度建设，不断推进教育理念创新。

1. 全面落实科学发展观

科学发展观的第一要义就是发展，包括高等教育的发展和人的发展。围绕以人为本这个核心，人才培养工作必须是全面协调可持续发展的，这也是终身教育和学习化社会思想的基本要求。贯彻党的教育方针，推进素质教育，坚持“巩固、深化、提高、发展”的方针，遵循高等教育的基本规律，牢固树立人才培养是高等学校的根本任务、质量是高等学校的生命线、教学是高等学校的中心工作等都属于新的高等教育理念。

2. 建立健全大教育观

具体表现在优质高等教育资源共享上，通过新教材和立体化教材建设、网络教育资源开发和共享平台建设，建设面向全国高等学校的精品课程和立体化教材的数字化资源中心，建成一批具有示范作用和服务功能的数字化学习中心，完善服务终身学习的支持服务体系，提升我国高等教育的质量和整体实力。这需要充分考虑提高教学质量的系统性和复杂性，确定一些具有基础性、全局性、引导性的改革突破口，引导高等学校教育教学改革的方向，实现高等教育规模、结构、质量和效益协调发展。同时，也需要调动政府、学校和社会各方面的力量，把发展高等教育的积极性引导到提高质量上来，充分利用各方面力量支持高等学校的发展，切实解决高等学校在提高质量方面的实际问题，为高等学校办学创造良好的外部环境。

3. 不断鼓励和引导丰富多彩的高等学校教学创新

高等学校教学创新与高等教育质量提高是一对永恒的话题。总体而言，我国高等学校教学创新在实践活动上可谓阵容庞大、气势恢宏，但在形式和内容上出彩不多。因此，在教学制度创新方面，要继续建立和完善教学评估制度、专业认证制度、高等学校基本状态、数据发布制度等；在教学活动创新方面，不仅要落实“教授、名师要上课堂”，还要努力建设高等水平教学团队。同时，应继续突出学生的主体地位，不断加大学生选课、选专业余地，通过学分制使学生学习的自主性、自我责任心进一步增强，还应通过各级各类大规模、高强度的教学研究与教学改革立项和成果奖励，推动教学方法改革创新的激励机制，根本改变教学方法改革创新零散、自发、孤立、短效的局面。

第二章　高校教育教学的理念创新

第一节　高校教育教学理念创新的缘由

一、高校教育教学理念创新的由来

（一）培养人才观念的形成

高校教育的根本任务是培养人才，而人才培养的主要途径是教学活动。改革开放以来，确立了知识本位的高校教育思想观念。

随着国家对人才培养质量的关注与重视，人们开始重新认识和反思高校教育教学和科研的关系，进而确立了教学在学校工作中的中心地位，无论什么类型的高校教育，首要任务是人才培养，科学研究也要肩负起人才培养职能。高校教育教师必须把教学放在第一位，切实履行教师的基本职业职责。

随着世界高校教育发展和科技、社会进步对人才培养规格新要求的不断提出，能力本位观点越来越受到重视，社会更需要提供知识全面、技能过关的高素质人才。因此，对教学活动提出了新的要求：一方面是出于理论教学与实践教学的关系问题的考虑，既不能忽视理论教学又要加强实践实验教学。另一方面也是出于协调学校教育与社会教育的关系，既不能在学校教育与社会教育之间走极端，也不能过多增加学生的时间、经费、心理等学习负担。于是，新的教学中心地位理论逐步得到丰富和发展，在校内强调理论教学与实验，在科研活动中培养学生能力，在校外加强实习实训基地建设，建立产学研究机制。

（二）以专业教育为主的教育思想形成

一般认为，国际上高等教育大致有两种教学模式：一种是以苏联和德国为代表的专才教育模式，学生在校学习时间较长，既打基础，又进行实践训练。另一种是以美国为代表的通才教学模式，学生在校学习时间较短，主要是打基础，实践训练放到大学毕业以后。我国最先主要学习苏联模式，形成了专才教学模式。改革开放后，我们发现苏联专才教育模式的许多问题，开始注意学习欧美通才教育模式。同时，这两种模式自身又不断变化和交融。

一般认为，现代专业教育思想源于美国国家功利主义视域下的科学主义高校教育哲学。兴起于20世纪初的以实用为标准的功利主义教育观影响了美国几十年，受苏联1957年“卫星上天”的影响，美国更加重视高校教育教学的科学功利。1978年我国召开的全国科学大会提出“向科学进军”，迎接科学春天的到来，此后一直成为国家教育方针政策以及学校教育教学工作的重要指导思想的构成元素。但培养学生一技之长的专业教育思想很快也受到素质教育思想的挑战，因为国内外的人才成长及使用实践表明，仅有一技之长的人并不能担当高级专门人才的重任。随着世界科技的迅速发展，学科专业高度分化后再高度综合成为发展趋势，人才培养与社会工作越来越复杂化，特别是“曼哈顿计划”反映出社会工作对人员合作、协调、组织能力等综合素质的要求越来越高，不仅要具有扎实的基础、宽广的知识面、较强的能力，而且要具有良好的思想政治素质、道德水平、健全的身体和心理素质。

以自由教育、人文教育、普通教育等形式出现的综合素质教育思想得以萌生，传统意义上的专门人才培养模式、观念逐渐被拓宽专业口径、增强“适应性”的呼声和“通识教育”的理念所取代，仅仅重视科学技术的“精、深、专”为“德才兼备”“文理兼备”的人才目标所取代。随后，华中科技大学率先提出以人文素质教育为突破口，中共中央和国务院出台专门文件推进的高校教育全面素质教育，并建立了一大批国家人文素质教育基地。人文素质教育并非只对理工科学生进行人文科学知识传授，而是对所有学生加强人文品格、人文精神的全面教育，是通识教育的具体体现。

（三）提高终身学习和终身教育观念形成

按照传统的职业教育观念，高校教育在教育序列中毫无疑问就是人一生的终结性教育活动。但由于世界科技发展的日新月异以及世界性社会工作的不断变化，由联合国教科文组织的系列报告引发，以素质教育思想为理论支撑的终身教育、终身学习观念逐渐渗透到高校教育领域，高校教育究竟是终结性教育还是基础性教育一时成为学术界的争论热点。特别是高校教育达到大众化甚至普及化程度之后，高校教育的基础性就更加突出，高校教育只能为学生未来成为科技人才，从事科技职业打下知识、能力和继续学习的基础，而不能为未来准备好所需的一切。因此，高校教育人才培养必须更加重视比较宽广的学科领域、比较扎实的基础知识、比较强的学习和研究能力，也必须为在职人员提供高校教育后继续学习的条件。

（四）以学生为本的个性化教学观念逐渐生成

一场世界性的学习革命使高校教育教学模式也必须适应受教育群体的历史性变化，这是高校教育教学创新的直接指导原则和方向。具体而言有如下表现：由单纯的掌握知识转变为更加注重智力发展和能力培养；由单纯的专业知识和能力培养转变为同时注重拓宽知识面，培养具有包括外语能力、经管能力、交往能力等多种能力的复合型人才；由单纯注重统一的培养规格转变为同时注重发挥学生的多样化特长和学习潜力；由偏重理论知识转变为同时注重实际知识，进一步强调理论与实践相结合等。

因材施教，促进人的全面发展是一条基本教育原则。为了突出学生在人才培养中的主体地位，在教学管理、教学环节、教学方式等方面也要将统一的、固定的人才模式变革为多样化、个性化的教学过程和教学形式。既努力拓宽专业口径又坚持按专业培养人才；既制定人才培养目标和基本规格又给予学生充分自由的发展；既坚持教学工作的计划性又给予学校、专业、教师和学生较大的灵活性。在教学管理上，推行学分制，实行选课、选专业等灵活的制度和政策。

二、高校教育教学的变化趋势

进入 21 世纪以来，随着我国高校教育大众化进程的不断推进，高校教育条件保障机制等方面遇到了困难。政府和高校的积极举动就是实施“高等学校教学质量与教学创新工程”，试图既改善高校教育的条件保障状况，又注重将物化的环境与条件转化为人才培养所必需的制度建设，不断推进教学思想观念创新。

（一）建立健全的教育观

健全的教育观具体表现在创新高校教育资源共享上，通过新教材和立体化教材建设、网络教育资源开发和共享平台建设，建设面向全国高校教育的精品课程和立体化教材的数字化资源中心，建成一批具有示范作用和服务功能的数字化学习中心，完善终身学习的支持服务体系，提升我国高校教育的质量和整体实力。这需要充分考虑提高教学质量的系统性和复杂性，确定一些具有基础性、全局性、引导性的创新突破口，引导高校教育教学创新的方向，实现高校教育规模、结构、质量和效益协调发展。同时，也需要调动政府、学校和社会各方面的力量，把发展高校教育的积极性引导到提高质量上来，充分利用各方面力量支持高校教育的发展，切实解决高校教育在提高质量方面的实际问题，为高校教育办学创造良好的外部环境。

（二）高校教育教学创新

高校教育教学创新与高校教育质量提高是一对永恒的话题，总体而言，我国高等教育教学创新在实践活动上可谓阵容庞大、气势恢宏，但在形式和内容上出彩不多。因此，在教学制度创新方面，要继续建立和完善教学评估制度、专业认证制度、高校教育基本状态数据发布制度等；在教学活动创新方面，不仅要落实“教授、名师要上课堂”，还要努力建设高水平的教学团队。同时，应继续突出学生的主体地位，不断加大学生选课、选专业余地，通过学分制使学生学习的自主性、自我责任心进一步增强。还应通过各级各类大规模、高强度的教学研究与教学创新立项和成果奖励，推动教学方法创新的激励机制。

第二节　高校教育教学理念创新的思路

一、更新教学理念

（一）更新教育思想，形成实践教育教学理念

实践是指将高校教育教学内容中的自然科学知识、人文知识、德育等各种理论知识教育，通过具体的系统实践来消化、固化、融合、升华。在实践中统一科学教育与人文教育，把实践育人贯穿到人才培养的全过程，培养学生的实践能力和创新精神，提升个人人文素质和科学素质，达到完全与社会实际需要相符合。高校在校园文化建设中要建立一种新的激励机制，带动学生积极展开创新创业活动，并给予大力支持，全面推进实践教育。

（二）树立以生为本的教学理念

在教育教学中要体现出对学生主体地位的充分理解和尊重，对学生潜能的充分诱导和挖掘，对学生人格的充分培养和塑造，把学生的个人意愿、社会的人才需求、学校的积极引导有机结合起来，使学生在知识、能力、思想道德、身心健康等各方面得到均衡的发展，从而促进学生成长成才。这一教学理念要充分贯彻体现到高校教学环节之中的各个方面。在教学模式上，实施弹性教学计划，建立学分制、主辅修制，让学生有一定的选择权和支配权，可以自由支配属于自己的时间和空间，着力于学生创新能力和实践能力的培养；在教学目的上，要一切为了学生，为了学生的一切，为了一切学生。在教学方法上，要大力提倡“以学生为主体，以教师为主导”的互动式教学方法，鼓励进行问题式、案例式、讨论式、情境式教学法，开展“后发、互动、探究式”的课堂教学实践，采取一系列措施，使教师由传统式知识传授型教学向现代式研究型教学转变，引导学生由被动接受型学习向研究型学习转变。

（三）灵活多样的教学组织形式

在教学组织的具体实施方面，应采取灵活多样的教学组织形式，而对传统教学方式进行创新，充分发挥学生的个性，对学生进行激发和引导，使学生经过探索研究而学会自主学习，使教学方式以传授知识向培养学生认知能力和全面素质转变。转变以教师、课堂、书本为中心的教学局面，进行师生互动，展开专题讨论，鼓励自主探索与合作的学习方式，培养学生的探索精神与批判性思维；重视教学的创新性和学生个体间的差别指导，让学生在与教师的朝夕相处中耳濡目染，接受熏陶；以学生亲自动手实践为主，采取提供实践平台、鼓励学生积极参与科学研究实践课程创新的手段，增强教学活力，培养学生获取新知识、分析和解决问题、交流与合作的能力。

（四）制定均衡的高校教育资源配置政策

在重点大学和普通大学之间要实现教育资源配置的均衡。在建设和发展“双一流”大学的同时也要兼顾一般大学，着力改善一般大学的办学条件。还要针对目前不同区域间高校教育差距越来越大的现象，制定相应的区域高校教育政策，寻求不同教育资源在区域间配置的平衡，增强区域高校教育发展的动力。

科学合理地安排高校教育的学科专业布局，加强教学内容和课程体系创新。合理安排课程设置，高校的办学理念、专业与课程设置、教学模式要与社会需求相一致，培养与社会需求相符的人才。首先，在进行学科专业建设时依据“厚基础”原则构建培养本学科专业人才的基础知识、能力和素质结构。其次，在安排学科专业布局时要依据“宽口径”原则，拓宽学生的专业知识面，把专业设置从对口性向适应性改变，实行“宽口径”的专业教育，优化课程整体结构，拓宽专业课程交叉培养，提高教学质量，提高学生的综合素质，培养学生的科学全面发展，为社会提供高素质人才。最后，高校要抓住自身特色，合理定位，遵循差异性原则，建设优势学科，避免模式单一，合理配置教育资源，促进教育公平，促进高校教育科学发展。

（五）因材施教，树立以生为本的教学理念

因材施教，就是根据不同学生的个性特点来进行不同的教育活动，通过对差异性的辨析制订出适合其特点的教学计划。教育公平的实质不是使每一个学生都要获得同样的教育，而是使每个学生都获得适合自身的教育，这就是教育公平的适合性原则。我们要充分认识到学生是教育活动的主体，学生是发展的独立的人，每个学生都有自己独特的个性，我们要做到在制订教学目标、教学模式、教学内容以及教学方法等方面坚持以生为本的教学理念，尊重学生的主体地位，充分挖掘学生的潜能，使学生的个性得到充分发展，塑造学生的健全人格，促进学生的全面发展，促进教育公平的实现。

（六）构建高校教育教学质量保证体系

高校教育教学的质量直接影响着人的全面发展，最终影响经济社会的发展，我们要依据相应的政策法规建立高校教育教学质量保证体系，规范学科专业建设，避免重复建设和教育资源浪费，构建独立的、有权威性的高校教育教学质量评估机构，加强对高校教育教学质量的监督，完善高校教育教学评估政策，充分发挥社会的监督作用，对高校教育教学质量进行监督。

总而言之，追求高校教育教学公平是促进高校教育公平的核心所在，也是促进高校教育创新发展的不懈动力，我们必须继续深化高校教育教学创新，优化高校教育结构，不断提高高校教育教学质量，实现人的全面发展，最终促进高校教育教学公平的实现。

二、办学特色形成

办学特色的形成如下：

第一，教育教学创新，培育办学特色。一所有特色的高校必定拥有自己独特的教育思想和教育教学理念，这种教育思想和教育教学理念能够在特定的时空环境，指导高校在办学发展过程中的办学思想和办学理念，并能适应时代和社会对教育和人才培养的要求，符合教育思想和教育教学理念的创新要求，符合教育创新发展和社会进步的一般规律，能够促进教育发展方向、人的全面发展及人才培养过程的优化。教育教学的创新必将带来教育思想的转变，先进的

教育思想必将促进先进办学思想的实践，包括新的办学目标、办学模式的重新定位标准，如何实现这一标准所采用的方法、途径以及对此办学实践效果的综合评价。

第二，构建学科特色，促进办学特色。学科特色建设是促进高校办学特色形成的关键所在。学科建设作为高校培育人才、科学研究和服务社会三大职能的具体承担者，它的建设和发展水平对高校的人才培养、科学研究、专业建设和师资队伍建设等方面的质量有着重要影响，对高校办学特色的形成有着强有力的支撑作用，并决定着学校的服务能力和水平及办学层次的提高。学科特色是高校办学特色中的标志性特色，是高校教育核心竞争力的主要组成部分。学科特色，一是指特色学科，指某一特定的学科特色。二是指学科结构体系特色，指由几个特色学科共同组成的学科特色。特色学科是学科特色发展的基础，学科结构体系特色是学科特色的扩展，真正的特色学科具有不可替代性，是难以被模仿和复制的。

高校在学科建设上不能求“大”、求“全”、求“新”，而要求“精”“尖”，要因校制宜地构建优势学科，发挥优势学科所附带的“品牌”效应，形成办学特色。科学家田长霖教授曾经说过，世界上地位上升很快的学校，都是首先在一两个学科领域有所突破，而不可能在各个领域同时突破，达到世界一流。学校要全力支持最优秀的学科，要有先有后，把优势学科变成全世界最好的，其他学科也就会自然而然地提升上来。所以，从某种意义上来讲，一所高校的学科优势所在，也就是这所大学的办学特色所在。

第三，发扬高校精神，形成办学特色。高校应该是思想自由、学术自由，培养人、完善人，不断提升人格和道德，追求学术真理的。高校精神就是在学校里做学问的心理状态和文化立场。高校精神是一所学校内所有成员在长期办学实践中共同创造、传承、逐步发展起来的，被学校所有成员共同认同而形成的一种精神理念，它反映了一所学校的历史文化传统以及面貌，是学校的精神信念和意志品质的准确表达，是学校独特气质的精神形式和文明成果的表现，也是学校所有成员的精神支柱。高校精神犹如个人的品格，是高校最为核心和高度抽象的价值追求和行为规范，决定着高校的行为方式和高校发展的方向，是高校存在和发展的基石，是高校的灵魂和本质之所在。高校精神是高校保持永久活力的源泉，是高校优良传统文化的结晶，是高校在长期教育实践中积淀下来的最具典型意义的精神象征，体现了高校所有的群体心理定式和精神状态，展现了高校的整体面貌、风格、水平、凝聚力、感召力、生命力，最终凝聚形成独有的办学特色。高校的办学理念以及办学实践应该有利于高校精神的形成和发展，并使之形成一种特色教育，经久不衰。

三、推进师资队伍建设

逐步取消高校行政级别，精简高校管理机构，压缩行政费用开支，使教师真正在高校中处于主导地位，同时进行师资队伍建设。百年大计，教育为本；教育大计，教师为本。教师重要，就在于教师的工作是塑造灵魂、塑造生命、塑造人的工作。一个人遇到好老师是人生的幸运，一所学校拥有好老师是学校的光荣，一个民族源源不断涌现出一批又一批好老师则是民族的希望。国家繁荣、民族振兴、教育发展，需要我们大力培养造就一支师德高尚、业务精湛、结构合理、充满活力的高素质专业化教师队伍，需要涌现一大批好老师。

（一）优化高校师资队伍结构

高校师资队伍的结构内容主要包括教师的学历、职称、年龄这几个方面，它可以直观地反映出教师队伍的质量、能力和学术水平的一些基本情况。

这些年来，我国陆续实施了“高层次创造性人才工程”“高校青年教师奖”“骨干教师资助计划”“硕士课程进修”等多项高级资质队伍建设工程。我们要继续加大对骨干教师和优秀学科带头人的引进力度，强化高层次带头人队伍建设。对于高职称的学科、学术带头人、紧缺专业人才要给予一定的政策倾斜，根据学科发展的目标，有目的地吸引高层次人才，以确保高校师资队伍的职称结构比例合理。还要通过有效措施引进高学历人才，提高师资队伍的学历层次。加强本校优秀人才的培养，吸纳来自不同地区和高校的人才，引进与培养相结合，推动人才与资源的有效整合，以利于各学科专业教师整体知识结构的优化，最终促进高校师资队伍结构的协调发展。

（二）提高高校教师综合素质

高校师资队伍建设是高校教育教学创新发展的基石，它直接关系着高校教学质量的提高与否。高校教育的快速发展对高校教师的教育教学思想、知识结构、教学方法等综合素质提出了更高层次的要求，要求教师具有熟练应用现代信息技术和现代教育手段的能力、教学与科研的创新能力、理论联系实际的能力、将知识服务于社会的能力，以及良好的社会交往能力，要建设这样一支学术过硬、综合素质较高的教师队伍，我国的高校教育师资队伍建设任重而道远。提高高校师资队伍的综合素质要把师德建设放在首位。师德建设是师资队伍建设的基础，不断加强师德建设，是全面贯彻党的教育方针政策的根本保证，是培养德才兼备的高素质的社会主义建设者和接班人的必然要求。在高校师资队伍建设中要遵循“以人为本”的原则，牢固树立“师德兴则教育兴、教育兴则民族兴”的爱国主义教育教学理念，要求教师不断更新观念，用现代教育思想充实自我、完善自我，推进高校师资队伍建设，建设一支为人师表、作风优良、爱岗敬业、治学严谨、教学科研能力强、与时俱进的高素质教师队伍。

提高高校师资队伍的综合素质要注重教师教学素质的培养。教学是培养人才的直接途径，也是高校的主要工作，教师是教学的实施主体，培养教师的教学科研能力是提高教师教学水平的主要途径。要改变过去只注重学历的提高而忽视教育教学能力培养的状况，既要注重教师专业学术水平的提高，也要重视教师教学水平的提高。要求教师掌握教育教学理论、教学方法以及教学规律，增强教师提高教育教学水平的积极性和自觉性。还要加强教师对科研工作的重视，为教师提供进行科研创新的条件，提高高校师资队伍的科研能力、学术水平和教师职业化水平。以“特色专业一精品课程”建设和聘任重点学科带头人为龙头，加强重点学科带头人、学术带头人、学术骨干队伍建设，在部分学科领域形成独具特色的人才群体，致力于学术大师和教学大师的培养，带动师资队伍整体水平的提高。

总之，我们要把高校师资队伍看作一个整体，通过多种方式培养高校师资队伍的现代教育教学。提高教师的专业理论学术水平、教育教学能力、科学研究能力以及科学文化素养，全面提升它的教育教学功能、团队协作功能、科研开发功能及社会服务功能，使其掌握先进的教学、科研方法，具有崇尚科学、勇于创新的开拓精神，具有为高校教育事业不懈追求的精神，为高校培养一支具有良好的职业道德、较强的教学科研能力和充满活力的高素质师资队伍。促进高校教育教学质量和水平的提高，促进师资队伍建设的良性循环，促进我国高校教育教学创新，为高校教育创新的跨越式发展奠定基础。

四、创新课程体系及教学内容

（一）课程体系创新

首先，要优化和调整学科专业课程结构，因材施教，分层次教学、分类别培养，同时进行主辅修、双学位、定向培养、中外合作办学等多样化的人才培养模式，在满足不同基础学生学习的需求和发展需要的同时也能促进人才培养质量的提升；其次，在课程结构上打破传统的单一课程结构类型，即分科课程、国家（或地方）课程、必修课程，重新调整课程结构，优化课程体系。综合课程、必修课程和选修课程都要各自占有一定的比例，以“本科规格＋实践技能”为特征，重视学生的个别差异，坚持四个结合，即理论与实践、人文教育与专业课程教学、课内与课外、校内与校外相结合，构建一种合理的适合学生发展的课程体系，最终培养学生具备两个方面的素质——文化素质与创新素质，提高四个方面的技能——基本技能、通用技能、专业技能、综合技能。

在高校基础课程教育上，构建综合基础教育体系，所有学科专业都进行国防教育、人文教育、自然科学基础教育、德育实践等基础知识培训。要构建综合实践体系，搭建公共实践平台，包括专业实验、实习、设计、毕业设计（论文）、德育实践、科技文化实践、创新实践等。还要构建学生实践能力考核体系，对学生的综合实践能力进行考核，进行“创新课程”研究，转变理论基础。创新课程所依据的理论基础由心理学扩展为社会学、经济学、文化学、政治学和生态学等更具包容性的学科领域。创新不仅包括首次创造，也包括对他人所创造出来的成果的重新认识、重新组合和设计应用。

创新课程并不是以学科的方式向学生传授一整套如何创新的知识、方法和策略，也不是以学生获取学科知识为中心，而是以综合实践的方式为学生提供相对独立的、有计划的进行研究性学习、设计性学习、体验性学习、实践性学习、反思性学习和生活性学习的学习机会，让学生从自己的现实社会生活中自主选择研究课题并通过对开放性、社会性、综合性和实践性问题的探究，形成自己独特的学习方式，培养学生的创新精神、探究能力、开放性思维、社会实践能力和社会责任感。同时，创新课程也是一种创新性理念，指在一种课程开发与实施的过程中除了独立的综合实践课程之外，原有的所有课程科目在具体实践中都要设置一些必要的干扰性因素，并通过课程内容的复杂性、模糊性来增加课程的难度，以培养学生的探究能力。

（二）教学内容创新

遵循“厚基础、宽口径、强能力、重质量”的复合型人才培养原则，重新规划和设计教学内容与课程体系。改变过去只在专业学科范围内设置专业课、专业基础课、基础课的“三级”课程编排方式，构建专业必修、专业选修、学科必修、公共必修、公共选修五大课程体系，对教学内容与课程体系进行重新规划和设计。按照学科专业普遍大类平行设计学科专业类课程、新公共基础课程、文化素质教育课程和实践性教学课程等较大教学课程内容体系，增加选修课，减少必修课，对公共课进行分级分类教学。

厚基础就是使学生熟练地掌握各个学科专业的基础理论、基础知识、基本技能，并能扎实地运用到实践中去，强化学生基础知识体系，打造精品课程。进一步加强学生基础理论、基础知识、基本技能和基本方法的学习与实践，进行优秀主干课程建设和基地品牌课程建设，重点建设基础较好、适应面广的学科专业基础课、主干课和专业课，使之达到国家精品课程建设标准。

宽口径就是拓宽学生的专业知识面，把专业设置从对口性向适应性改变，实行宽口径的专业教育，提高学生的综合素质，为社会提供高素质人才。在课程体系建设上，优化课程整体结构，拓宽专业课程交叉培养，提高知识质量，加强学生文化素质教育。在公共必修课程之上可以设置学科必修课程，按照分类搭建课程平台，注重文理交叉，在课程体系中设置跨专业课程，强化专业渗透，为学生的宽口径发展搭建学科基础平台。优化学生知识结构，让学生根据自己的专业特长、兴趣爱好和发展趋向自由选择，进一步拓宽专业口径，培养学生综合素质。

强能力、重质量就是从培养学生全面发展、提高学生综合素质出发，以分析、模拟、教学等基本形式展开实践教学，加强课堂内外的实践教学环节，并通过组织社会实践、社团活动、专业实习等实践活动培养学生的务实能力、操作能力，注重学生的人格塑造，充分挖掘学生的潜能，注重培养学生“从一般到个别”的解决能力，着重训练学生“从个别到一般”的调查分析能力，帮助学生养成可行性分析的良好思维习惯，使培养出的学生具备强能力、高质量。

（三）注重实践教学创新

针对我国高校教育教学创新中出现的各种状况，《教育部财政部关于实施高校教育本科教学质量与教学创新工程的意见》（2007年）中决定实施教育教学质量工程，中央财政投入大量的资金支持质量工程建设。同时，教育部也发出了《关于进一步深化本科教学改革全面提高教学质量的若干意见》（2007年），指出要重点落实实践环节，拓宽高校学生校外实习、实践渠道，与社会、行业以及企事业单位共同建设实习、实践教学基地，力求提高高校学生的实践能力。对学生进行实践教育，并多方面采取各种有效措施，确保学生专业实践和毕业实习的时间和质量，把教育教学与社会实践紧密地结合起来。

开展实践教学，要求学校通过开辟各种有效途径为学生搭建实践平台，建立一批相对稳固的课内外学生实习和实践基地，并积极组织学生进行社会实践、调研、实习等活动，逐步培养高校学生的敬业精神，培养他们艰苦奋斗的精神和坚韧不拔的意志，有计划、有目的地推动大学生自觉自愿地加强职业道德素养。逐步培养学生的实践创新能力，积极支持学生创新创业活动，致力于学生创新素质的发掘和培养。创新素质主要包括创新意识、创新精神、创新能力等三个层面的内容。在一个创新型国家的建设进程中，这种全新的创新素质正逐渐成为学生在就业市场竞争中的核心竞争力。

五、教学模式和方法创新

人才的培养是一个复杂的系统工程，必须不断探索其内在的规律，摒弃不合理的教学模式，认真细致地研究教学，研究其内在的多重因素——教学理念、教学内容、教学方法、教学模式等，从而掌握教学的规律。因此，我们提出了“教学民主”的教学观念，对传统的教学模式进行创新，开创研究性教学、开放性教学和互动性教学等一些能够体现“教学民主”的经典的教学模式，充分突出学生的主体性地位，激发学生的主动参与意识，开发学生的学习潜能，创设民主、和谐的学习氛围，指导学生学会学习，在教学中建立一种和谐的师生关系，充分调动学生学习的自发性和积极性，保证学生和谐的全面发展。

（一）推广研究性教学，培养学生的创新意识

教学从知识传递向注重能力培养的转变，必然要求教学方式方法的变革，推进研究性教学正是深化教学创新的重要路径，也是研究型大学人才培养的一个基本特征。研究性教学是一种将教师自身的研究思想、方法和最新成果引入教学过程的教学模式。通过研究性教学，使教学建立在科研基础上，科研促进教学的提高，教学与科研互动并向学生开放，从而引导学生在参与教学过程中步入科研前沿，激发学生主动思考、主动探索、主动实践的创新意识。

第一，研究性学习的过程是情感活动的过程。通过让学生自发地参与探究性学习活动，获得亲身体验，逐步形成一种在日常生活和学习中勇于探索、努力求知的良好习惯，从而激发探索和创新的积极欲望。

第二，研究性学习的过程就是一个探索的过程。在一个相对开放的环境中寻找问题和探讨解决问题的过程。通过这一过程，可以培养学生的思维能力，培养学生发掘和解决问题的能力，对学生掌握一定的科学的学习方法，增强学生对资料的收集能力、分析能力、总结能力以及学会利用多种有效手段、多种途径获取信息都有积极的推动作用。

第三，研究性学习的过程是一个互动的学习过程。在这个互动的学习过程中离不开学生与团体、学生与学生之间的沟通与合作，可以说研究性学习为学生提供了一个人际沟通与合作的良好空间，为学生分享研究资料、学习信息、创意和研究成果以及发扬团队精神提供了一个很好的交流平台，培养学生学会合作、发现问题、克服困难、共同解决问题的能力。研究性学习的过程也是一个实践的过程，要求学生从实际出发，实事求是，尊重他人研究成果，严谨治学，积极进取。

第四，研究性学习的过程也是一个培养学生全面素质提高的过程。通过学习实践加深了对科学的认知以及科学对自然、社会的积极意义与价值，使学生懂得思考国家、社会、人类与世界共同进步、和谐发展的伟大命题。在培养学生的创造能力和实践能力之余还培养了学生形成积极的人生观、价值观。研究性学习过程也为学生提供了综合运用各门学科知识的机会，加深了学生对已学知识的重新记忆，培养学生的积极参与能力以及自主创新能力。

（二）推广开放性教学培养学生的创新能力

开放性教学是为了鼓励学生主动积极地去探究知识规律，对传统教学过程中影响学生发展的不合理因素进行创新，从而培养学生自主创新性学习能力的新型教学。开放性教学的主要思想理念在于以学生的发展为本，通过教学目标、教学方法、教学内容以及整个教学过程的开放，从传统的课堂教学走向开放式教学，充分发挥学生的主体作用，让学生自己掌握学习主动权，自己去探索、发现，培养学生的创新能力。在开放性教学中，教师不能仅仅拘泥于教材、教案的内容，要给学生提供充分发展的空间，创设有利于学生自主发展的开放式教学情境，根据学生的发展状况不断调整教学过程的每一个环节，激发学生学习的动力，促进学生在积极主动的探索过程中健康、全面、和谐地发展。开放性教学不只是一种教学方法、教学模式，还是一种教学理念，它的根本目的是让学生的创新潜能得到充分发展，以开放的教学活动过程为路径，以最优教学效果为最终目标。

（三）开创互动性教学，提高教学质量

互动性教学就是在教学过程中充分发挥师生双方的主动性，师生之间相互交流、相互探讨，促进师生共同发展，最终优化教学效果，共同完成教学目标的一种教学模式。互动性教学可以活跃课堂气氛，而且能够及时反馈学生的学习进度以及掌握知识的规律。互动性教学包括教与学的互动、教学理念的互动、心理的互动以及形象和情绪的互动等。互动性教学是一种富有生命力的创造性教学，有着现代性、互动性和启发性的特点。它要求教师按教学计划组织学生系统而有目的地学习，并要求教师按学生的发展要求有针对性地因材施教。促进教师努力探索、学习，不断提高自己的专业水准和教学水平，同时激发学生学习的积极性，促进学生个性的发展，提高教学效果和效率，最终提高教学质量。互动性教学以学生为主体，以教师为主导。提倡师生平等地沟通、交流，让学生在没有压力的情况下轻松自由地学习，让学生参与教学计划、教学决策，有利于培养学生自觉学习和主动学习的能力以及创新学习的能力。

六、重视高校学生文化素质教育

学生文化素质教育是高校高质量人才培养的重要组成部分，是我国高校教育教学创新的一个重要方面，要将文化素质教育贯穿于高校教育的全过程，进而实现教育的整体优化，最终达到教书育人的目的。高校学生的基本素质包括文化素质（思想道德素质）、专业素质和身体身心素质，其中文化素质是基础。文化是人们所创造出来的物质和精神的成果，是人的活动的对象化、物化，是人观念存在的形式，是超越个人的实物形态或观念形态。一种文化一旦被创造出来，就不再受时间、空间、个人的限制，就会被广泛地传播和使用。文化素质就是人们所拥有的所有文化知识的内在的积淀，文化素质对于人们的人生观、价值观的形成具有基础性的决定作用，并最终成为行为的指导规范。同样，人们已有的人生观、价值观也会反作用于文化素质。提高学生素质教育，主要是指文化素质教育及创新精神、实践能力的培养。文化素质教育重点指人文素质教育，主要是通过对学生加强文学、历史、哲学、艺术等人文社会科学、自然科学方面的教育，以提高全体学生的文化品位、审美情趣、人文素养和科学素质。

（一）提高高校学生文化素质教育的目的和意义

国家要发展，经济是中心；经济要振兴，科技是关键；科技要进步，教育是基础。由此可见，教育在我国发展中的作用和地位是重中之重的。在发展过程中，需要主体一人，是有知识、有文化、有创造力的人，进行社会发展和变革。因此，发展最根本地又被归结为人的发展。高校教育，主要是培育有知识、有文化、创新型人才，高校教育能够产生新的科学知识、新的生产力。高校教育的三大职能之一是发展科学，高校教育在传输知识、培养人才的同时，亦创造新的科学理论。高校教育所培养的不同专业、不同层次的各种文化素质人才在社会生活各领域的作用，将直接、间接地影响全社会的可持续发展，可持续发展的教育观念即是应从全社会可持续发展的角度来审视教育的创新与发展。在高校教育中，我国已从办学体制、投资体制、管理体制、教育教学、招生就业、考试制度等方面进行了多层次的创新，已经逐步走上了一条可持续发展的新道路。当然这条道路并不平坦，在进行创新的过程中会有诸多的问题凸显出来，其中提高高校学生文化素质教育显得尤为重要。

（二）观念变化对高校学生文化素质的影响

我们生活的时代正处于急剧变革的社会转型时期，人们的生存方式和形态也随之发生了历史性的变化。目前，受社会上一些现象的影响，各种媒介的导向作用，使我国高校学生的价值观、文化观都发生了巨大的变化。"价值观是人们对人和事的评价标准、评价原则和评价方法的观点体系。它具体表现为信念、信仰、理想和追求等形态。一定的价值观反映着在一定生产关系条件下人们的利益需求，决定着人们的思想取向和行为选择。"[①]在经济日益全球化的今天，经济的迅速发展，物质的极大丰富，也在刺激着高校校园，高校学生作为最敏感的社会群体之一，其价值观也随之不断变化。当前经济发展、教育创新与媒体导向等是影响大学生价值观变化的主要因素。

文化观是一个人对待文化的态度。我们要树立正确的文化观，不狂妄自大，不妄自菲薄。合理对待外来文化，不一概排斥，但也绝不崇洋媚外。

（三）提高高校学生文化素质的途径

提高学生文化素质教育，必须将文化素质教育贯穿于高校教育的全过程，要求培养出的学生具备人文科学素质、自然科学素质，具有较强的综合能力，如观察分析能力，研究思考能力，语言、文字表达能力，决策能力，组织能力，处理复杂关系的能力以及应用计算机和现代信息技术进行学习、工作和生活的能力，从而实现教育过程的整体优化，最终达到教书育人的目的。提高学生文化素质，必须从以下三方面做起。

第一，提高学生文化素质教育，高等院校必须转变教育观念，必须进一步加大教育教学创新力度，建立科学的课程体系，创新教学内容和教学方法。首先，转变教育思想并更新教育观念。我们要转变教育思想、更新教育观念，在教育过程中要注重对学生创新能力的培养，开发学生的潜力，让学生在受教育过程中享受到创新的乐趣，积极进取，把学生培养成为全面发展的人。其次，构建科学的课程体系，进行教学内容和课程体系创新，充分发挥以课堂教学为主体的导向作用。文化素质不能纯粹以自然的方式在现实生活中靠个体的感悟

① 张清学，伍章余 . 马克思主义基本原理概论 [M]. 北京：经济日报出版社，2019..

和体验来获得或提高，而是需要精心设计和安排，以科学而系统的课程体系为支撑，通过发挥课堂教学的主导作用，来实现学生文化素质教育的目的。总的来说，要全面提高高校学生的科学素质与人文素养。在具体教学过程中，应强调人文与科学的自然渗透与融合，必须包括文、史、哲、自然科学等多学科门类的知识内容来构建多学科交叉的高校课程体系，为培养学生科学素质和人文素养提供广博而深厚的文化底蕴。强调课程体系的科学性，使学生通过各种必修课和选修课的学习和探索，形成合理的知识结构和深厚的知识基础。

第二，提高学生文化素质教育，高等院校必须提高教师队伍质量，使教师的科学素质和人文素质全面提高。蔡元培曾指出，大学为纯粹研究学问之机关，不可视为养成资格之所，亦不可视为贩卖知识之所。学者当有研究学问之兴趣，又当养成学问家之人格。① “师者，所以传道授业解惑也。” ② 教育工作者是社会主义核心价值体系的宣传者和教育者，“身教重于言教”，教育工作者要发扬严于律己、以身作则、率先垂范的优良作风，自觉自愿地做到诚信、肯学、肯干，带头实践我们所提倡的道德标准、价值观念和理论要求，真正起到教育和带动广大学生的领头作用，只有这样，才能真正提高和发挥社会主义核心价值体系中教育工作的说服力、吸引力和感染力。

第三，提高学生文化素质教育，必须创新人才培养模式，把知识、能力和素质三者有机地结合起来，贯穿于高校教育的全过程。使高校学生在这三个方面获得和谐的同步的提高，以期造就出高素质的全面发展的人才。要培养学生拥有良好的文化素质修养，不仅是传授文化知识，而且要教给他们获取知识的方法和技能，在获取知识的同时，让能力得到充分的发挥，个人素质得到充分提高，这才是教育创新的最终目的，这才是教育的真正目的。蔡元培先生曾说，教育是帮助被教育的人，给他能发展自己的能力，完成他的人格，于人类文化上尽一份的责任；不是把被教育的人，造成一种特别器具，给抱有他种目的的人去应用的。

除此之外，还要全社会的积极配合，媒介充分发挥积极正面的舆论导向作用等，只有这样，培养出的学生才是全面发展的人，才会成为有益于社会、有益于人类的有价值的新型知识人才，才能继续推动教育创新，才能推进整个社

① 周菊芳 . 学界泰斗，人世楷模——蔡元培 [M]. 上海：上海交通大学出版社，2016.
② 丁恩培 . 韩愈散文选释 [M]. 兰州：甘肃人民出版社，2012.

会的可持续发展。

七、人力资源强国战略推动高校教育教学创新

实施人力资源强国战略，关键在于建设高校教育强国。进入 21 世纪，国家站在创新开放和加速社会主义现代化建设的高度，提出了实施人力资源强国战略的重大举措。

高校的职责就是为建设高校教育强国提供强有力的人才保障和科技支撑。当前我国高校教育已经实现了跨越式的发展，我国成为一个高校教育大国。要想建设成为一个人力资源强国，必须以人为本，从创新教育观念、突出高校办学特色、深化高校教育教学创新和完善体制等方面推进高校教育创新，才能将我国从人口大国建设成为人力资源强国。我国高校教育人力资源开发的构想是坚持“人力资源是我国持续发展的第一资源”的战略决策，从 2011 年到 2020 年，高校教育入学率达到 40%，各类高校教育在校生人数达到 3300 万人左右，这一时期高校教育学龄人口规模的下降，高校教育普及程度快速提高，研究生在校生人数达到 200 万人以上，打造若干所世界高水平大学，造就一批世界级先进学科，大幅提高国家科技的原创力，培养一大批拔尖创新人才，争取实现我国诺贝尔奖零的突破；从 2021 年到 2050 年，高校教育入学率达到 50% 以上，进入高校教育普及化阶段，各级教育都达到较高发展水平，实现从追赶到超越的战略转变，跨入教育发达国家行列，成为世界高校教育人力资源强国。

我国从高校教育人口大国迈向高校教育人力资源强国的构想是：从 2002 年到 2020 年，每百万人口中科学家和工程师人数达到 1500 人左右；从 2021 年到 2050 年，每百万人口中科学家和工程师人数达到 3000 人左右，实现高校教育人口大国向高校教育人力资源强国的跨越发展。我国必须在全面建设经济型社会的同时全面建设学习型社会，强化高校教育人力资本投资，使我国高校教育人力资源的结构更加合理、总量更加充足、质量更加提高、体系更加完善，最终带动全体人民的学习能力和就业能力的发展，提高人民的整体素质和综合能力，使我国从教育人口大国迈向人力资源强国。

第三节 高校教育教学理念创新的举措

一、树立终身教育的教学理念

终身教育、终身学习的思想是近代以来各国教育界乃至思想界的热门研究课题之一，构建终身教育体系、创建学习型社会也逐渐成为联合国以及世界各国指导教育改革和社会发展的基本理念。终身教育论者认为教育具有时空的整体持续性，即教育与学习“时时都有，处处皆在”。传统教育往往将人的一生分割为三个时期，即学习期、工作期、退休期。终身教育则冲破传统教育的观念，认为教育应当包括人发展的各个阶段及各个方面的教育活动，既包括纵向的一个人从胎教开始直至死亡的各个不同发展阶段所受到的各级各类教育，也包括横向的从学校、家庭、社会等各个不同领域受到的教育。

《中华人民共和国教育法》（1995 年）明确提出，要“建立和完善终身教育体系”。《面向 21 世纪教育振兴行动计划》（1998 年）进一步明确，“终身教育将是社会生产力发展与社会进步的共同要求”，要“基本建立起终身学习体系”。可见，终身教育、终身学习，已经成为我们的教育和社会理想，建立和完善终身教育体系，已成为我们义不容辞的职责。因此，要树立终身教育的教学理念，将各类教育形式有机结合，合理配置，创新高校教育的教学模式。高校教育肩负起发展终身教育的重任，依据社会的发展，职业的需求搞好高校教育、岗位培训、知识更新教育和继续教育，尽可能满足社会和经济发展的各种人才的要求。

强化开放办学的指导思想。联合国教科文组织 1996 年发表的《学习——财富蕴藏其中》中指出：“如果大学能向所有希望恢复学习、接受和丰富知识或渴望满足文化生活的成年人敞开校门的话，大学就能成为人们一生中受教育的最好讲台。”世界许多国家通过开放办学使高校教育从精英教育转向大众教育，甚至普及教育。

我国高校教育由传统办学转为开放办学，一方面要大力发展远程教育和网络学校，采取“宽进严出”政策，向每一个人提供接受本、专科水平的高校教育。

远程教育和网络学校由于不受时间和空间限制，更加适合各类在职人员的学习需要，必将部分取代传统高校教育的函授、夜晚学校和自学考试的多种助学方式，成为 21 世纪高校教育发展新的生长点。另一方面要充分利用高等学院是社会主义经济建设当班人这个得天独厚的优势，与企业、社会建立更为密切的关系，把学校办成教学、科研和经济建设的联合体，提高高校教育在市场经济条件下的办学效益和造血功能，使高校教育在自身发展壮大的同时，进一步提高为社会服务的功能。还要有强烈的国际意识，推进和发展高校教育的国际交流与合作，大胆吸收和借鉴世界高校教育的成功经验，使我国的高校教育建立起一个面向社会、放眼世界、兼收并蓄、博采众长的开放体系。

二、拓展德育教学的教学模式

从职业发展理论来讲，高校教育在德育教学上的问题，将影响职场个体的职业发展精神和职业道德素养的培育。但是高校教育对象的特殊性，决定了学员德育教学的艰巨性、复杂性。一般意义上的德育教学很难达到令人满意的效果，高等德育教学也成为高校教育中最为薄弱的环节。因此，创新基于职业发展理论的高校教育教学模式，应当积极拓展高校教育中德育教学这一重要组件。

（一）拓展德育教学的内容结构

现代德育是以社会现代化、人的现代化为基础，以促进人的现代化为中心，进而促进社会的现代化的德育。现代德育必然要反映现代社会中人自身道德发展的要求，反映现代社会发展的要求。因此，在围绕高等德育内容的构成上，应该更具广泛性、现实性。职业道德是衡量一个从业者道德水平高低的重要标尺，它影响和决定人们劳动的态度和方向，成为决定劳动者素质水平的灵魂，在高校教育内容中居于核心地位。另外，高等德育要指导受教育者运用科学先进的价值理念学会判断、学会选择、学会创造。随着科技、经济、社会的发展，人们的生活方式、价值观，包括道德观念、道德准则不断变化，原有的某些道德观念、道德规范有可能过时，不可避免地需要提出一些新的道德准则和规范。例如，在科学道德、信息道德、经济道德、网络道德、生态道德等领域特别需要具体的规范，特别需要道德的创造。因此，这也应该是高等德育教学的重要内容。

（二）拓展德育教学的形式

拓展德育教学的形式必须充分利用现有教学资源和条件，选取在教学中已经成形的教学方法和模式进行拓展延伸。

第一，应当充分运用课堂教学，开展德育教育。课堂教学是学员学习的主要形式。在课堂德育教学开展过程中，根据高等学习的特点，在教学计划和教学内容上，都要做特殊要求，教育内容应该根据市场经济的形势，适时调整德育目标，将以往的“完人道德”教育调整为“高等道德”教育。教育过程中要坚持先进性和普遍性相统一的原则，立足市场经济的实际，提倡“为己利他”的道德建设目标，把“利己不损人”作为道德底线，并且把健全的人格塑造放在德育工作的首位。同时，注重发挥学员主观能动性，强化课堂师生双向互动，创造轻松、活泼的德育氛围，保证对学员开展有效的德育教育。可以聘请知名专家举办专题报告，作为特殊课堂形式，加强对学员人生观、职业道德、现代教育教学和传统文化的教育。总之，无论课堂内外，德育教育的目标和德育教育的重点应在学员健康人格的塑造上，使学生明了道德建设是人格修养不可或缺的一部分时，他们才能接受我们的教育。

第二，利用多媒体教学，强化德育教学效果。传统的授课方式无法满足现代高校教育德育教学的需要。因此，在德育教学过程中，要以鲜活生动的实例来感染学生。通过学生自主的情感判断来塑造道德榜样，唤起对道德善行的崇敬之情，在纷繁复杂的社会现象中找到自己的道德归宿。注重现代教育技术的充分运用以及信息技术与学科资源的整合。充分利用电影、电视、教学录像等信息化、电子化、智能化的多媒体教学手段，借助于这些灵活多样、内涵丰富的声、光、图像等教学形式的直观冲击力，增强学员的兴趣，使学员的认识更加深刻，产生事半功倍的理想教学效果。此外，可以利用网授以及远程教学发挥网络教学的优势，拓展德育教学空间，克服高校教育教学时空上的局限性，整合课堂教学和多媒体教学的优势，充分发挥网络资源在教育教学中的作用；借助网络实施网络教学，可以将专家、学者的精彩专题报告、德育教学录像制作成教学辅导光盘在教学辅导网站上和有条件的教学点进行播放。

这一生动、灵活、便捷的德育教学形式克服了高校教育时空上的制约，发挥了网络便捷、高效、涵盖广、辐射面大的优势，最大限度地拓展了德育教学空间，为广大学员提供了全天候德育教学服务。

（三）拓展德育教学的评价体系

基于高校教育的特殊性，高等学习者的德育考核评价有别于其他一般的考核，具有自身的特殊性。因此，凡是列入教学计划的内容，可以通过知识考试的手段进行考核评价；对于学员的思想观念，可以通过日常管理中的操行鉴定来考核评价；对于学员的行为考核主要由学员工作单位出具考核鉴定和进行跟踪问卷调查。另外，为了充分调动广大高等学习者的积极性，鼓励他们在思想上、学习上积极进取，可以建立评优奖励制度，进行精神和物质奖励。对表现差的学员进行批评教育。通过长期的探索以及多年以来高等教学的实践，制定一系列评判原则和标准，建立以职业发展为基础的高校教育德育教学全方位评价体系。

（四）拓展德育教学的管理网络

高校教育的德育教学是一项复杂的系统工程，必须要动员主办学校、学员家庭等全方位参与，才能实施有效的组织管理。主办学校根据国家的有关规定，结合高校教育的特点，制定德育教学计划，科学、规范、可行的评价考核标准以及考核措施，如班主任配备，班级临时的党、团支部活动安排等，负责德育教学的实施和知识考核。学员居住的社区和学员所在单位承担着对高等学习者的平时监督、检查的作用，负责平时的思想政治教育。高等学习者所在单位具体负责学员日常行为、思想观念等方面的鉴定意见。通过三个环节的协调一致，才能形成高等德育教学的组织管理网络。

三、确立多元化的教学模式

创新基于职业发展理论的高校教育教学模式，需要以高校教育学员的职业发展需求为导向来设计多元化的教学模式，创造一种超越时空限制的弹性化学习机制。确立多元化的高校教育教学模式，必须体现高等教育特点，以高等教育的生活、需要与问题为中心，突出能力培养与多种教学范式综合运用的教学活动与形式。新的教学模式应强调个体的思维能力和动手能力，而非只学习基础知识，强调解决问题的能力，强调培养学生面对快速变革的职业生涯和多元的价值取向所应具有的包容能力和理解能力。在课程建设目标上要更加强调综合能力和建立在个性自由发展基础上的创新能力。在教育建设中注入科学精神和人文精神，以滋养和陶冶学员的性情，帮助其顺利走上职业发展道路。

按照教学对象的细分，我们可以把多元化的教学模式分为学员为主产生的教学模式、学员为业余产生的教学模式、学员为函授生的教学模式。对于第一种即学员为主产生的教学模式，其教学目标为系统地掌握知识、方法和技能，综合素质全面提高；其教学内容为基础理论 + 专业理论 + 专业技能；其教学方法与手段为课堂教学法（主）+ 试验实践教学法（主）+ 网络教学法（辅）。对于学员为业余产生的教学模式，其教学目标为较系统掌握知识要点，具备从事专业岗位的知识结构与知识适用能力；其教学内容为基础理论 + 专业理论 + 理论运用；其教学方法与手段为课堂教学法（主）+ 网络教学法（辅）。对于学员为函授生的教学模式，其教学目标为了解一定的理论知识要点与基本具备进一步的提高能力，基本具备知识要点使用能力；其教学内容为基础理论 + 专业理论 + 理论适用；其教学方法与手段为网络教学法（主）+ 课堂教学法（辅）。

在具体的实践中，确立多元化的教学目标应注意以下两点。

第一，确立多元化的教学模式应突出学员的能力培养。函授生、业余生来源于生产、服务、管理第一线，具有较丰富的实践工作经验，但理论知识相对较缺乏，因此需要通过专业知识的学习与深化，强化理论知识与实践的结合，培养专业技术知识的综合运用能力，而产生的学习目的是适应市场变化新形势，通过学习找到较满意的工作。因此，高校教育教学模式必须体现以高等需要为中心的“突出能力培养”的目标。

第二，应提倡跨时空的教学形式。高校教育学生的工学矛盾突出，文化基础差异较大，这为教学组织和教学质量的提高增加了困难。而以网络为基础的教学手段则有效地解决了以上问题，一方面，网络教育不受时空限制，从而为成教学生提供了跨时空的学习环境。另一方面，网络教育作为一种教学补充，有利于基础较差者的知识补充。因此，多元教学模式必须具备“虚拟学习环境与学习社区”功能。

第三，确立多元化的教学模式，应转变教育观念，改革和创新教学方法，采用适合高等学生心理特点和社会、技术、生活发展需要的教学方法。

四、引入校企合作的教学模式

在高校教育过程中，由于高等学员身份的特殊性，他们往往要兼顾学习和工作的双重压力，难以在两者之间恰当地分配时间、精力，形成较难解决的工学矛盾。另外，就职业发展理论而言，高校教育教学模式必须考虑到学员的职业发展需求是以学习专业理论和专业技能为主。为了找到学习和工作之间的平衡点，并提高学员的实践动手能力，有必要引入校企合作的双元制教学模式，以夯实学员的职业发展道路。

（一）建立校企联动机制

合作的前提是信任和需求，关键是寻求联动的结合点，否则难以形成合力。从前面的分析中我们已经清楚地意识到，校、政、企三方都有实施教育的愿望和条件，这就给创建“学校主办、企业和政府协办或督办”的共同办学联动机制铺平了道路，也为实施校政企合作人才培养模式扫清了障碍。

对于学校、政府、企业而言，发展是大家关注的焦点。因此，校、政、企联动的逻辑起点应该是发展。学校发展主要体现在人才培养上，政府（社会）、企业发展需要人才，人才就成为双方或多方联动的结合点。要让学校、政府、企业围绕人才培养走到一起，必须建立有效的联动机制，包括管理制度和运行模式。必须建立以现代信息技术为依托的网络交流平台以及信息员联络制度和信息发布制度，畅通对外宣传和信息沟通渠道。

（二）规范校企管理模式

双方或多方合作，必须以合同或协议的形式建立一种有约束力的办学关系，明确双方责任与义务，从而确保合作的有效性和规范性。同时，必须充分尊重高校教育规律和高等学员特点以及政府、企业的实际需要，建立以主办学校为主、政府和企业参与的教学管理制度，共同商议、决定重大事宜，合理安排各教学环节，确保教学质量，达到规范性与灵活性的完美结合。在办学实践中，我们实行的是项目管理，即由学校高校教育主管部门和企业、政府负责人组成项目管理组，共同研究制定培养计划、管理制度并组织实施。在具体的教学实施过程中，校、政、企各方紧密合作，及时掌握教学情况，有力地保证了人才培养质量。

（三）合理设置培养目标与教学计划

高校教育培养适应生产、建设、管理、服务第一线需要的德才兼备的应用型高级专门人才。要实现这个培养目标，关键是要制订一个以较高层次的技术应用能力为主线的培养方案，构建科学、合理的课程体系，确定学以致用的教学内容以及与学员的职业发展、从业岗位密切相关的实践教学环节。因此，必须彻底改变沿袭普通高校教育的人才培养模式，建立“学历＋技能”的学科课程与技能培训相结合的课程体系。学员来自各行各业生产、管理、服务一线，有的还是管理和技术岗位骨干，对职业、技术及其所需知识有着深刻的认识。学员所在单位和部门也希望自己的员工能学有所获、学有所成、学以致用。因此，我们在制订教学计划时，应该充分利用学员及其所在单位这一宝贵资源。让学员和社会各界充分参与到教学计划制订和课程设置中来，使我们的教学计划、教学内容更具针对性和实用性。实践证明，高校教育校、政、企合作人才培养模式是一种多方共赢的人才培养模式，也是高校教育事业可持续发展非常有效的一种模式，随着科技、经济、社会的持续快速发展它必将拥有一个美好的前景。

校、政、企合作之路还在探索之中，许多深层次问题还需我们在实践中不断地探索，如合作模型与运行机制问题、学历教育与技能培训关系问题、学员考核与评价问题等。我们必须在实践中改革创新，拓宽运作思路，主动走出校门，将高等高校教育真正办成面向社会的开放式教育，为社会各界、企事业单位提供更好的教育服务。

五、以学员为教学中心

职业发展理论的核心是职场个体的职业生涯发展，说到底是以人为中心的考虑点。因此，基于职业发展理论的高校教育教学模式的创新也应当坚持以人为中心的价值取向。“大学之道，在明明德，在亲民，在止于至善。”[①]“亲民”和“至善”从主客观方面都体现了人本思想。坚持以人为本，树立全面协调可持续发展理念，体现在高校教育教学中主要是坚持以学生为中心，以人的教育为出发

① 曾子．大学 [M]. 北京：北京时代华文书局，2014.

点，以人的教育为归属。

这就意味着高校教育的教学评价必须着眼于人的发展，着眼于社会对人的多元化的需求，而不能局限于知识的考核。基于职业发展理论的高校教育教学模式，要体现以学生为本的思想，就必须要尊重学生的评教权，尊重学生对教学过程的选择权，缺少这两者，就无法做到以学员为本。高校教育学生在接受教育时，他们不需要被动接受一些对他们没有用的知识，而是需要搜索对自己有价值的知识。他们需要的是一种自我的选择知识和构建知识的权利。因此，创新基于职业发展理论的高等高校教育教学模式应当坚持以学员为教学中心的价值取向。

基于职业发展理论的高校教育教学模式应以学员的实践动手能力为基本的评判标准。众所周知，高校教育与普通高等教育同属高校教育的范畴，它们有共性，但毕竟是两种不同的教育形式，有着它们自身独特的个性。但时至今日，仍有相当多的人以普通高校教育的观念、普通高校教育的模式、普通高校教育的标准来套用、衡量高校教育，力求在质量与规格上与普通高校教育“同类”“同质”“同轨”。这在学生的就业与求职中表现得最为明显。高校出于对学生前途着想，只好在日常教学的考核上，变求同存异为全同不异，导致高校教育慢慢被普通高校教育同化。踏入职场，接手工作岗位，对于缺少高等学历文凭和高等文化教育的他们来说，扎实学习一门专业学科并培养较强的实践动手能力，才是在职场上安身立命之根本，并且以此作为日后职业生涯发展的基石。因此，创新基于职业发展理论的高校教育教学模式应当坚持以实践能力作为评判标准的价值取向。

第三章　高校教育教学的策略创新

第一节　高校教育教学课程创新

一、创新课程理念，加强课程的人本性建设

当今的时代是充满竞争的时代，核心的竞争是人才的竞争。人才的成长主要靠教育，教育在人类生活的重要性也越来越被人们所了解。1993 年，中共中央、国务院在《中国教育改革和发展纲要》中指出："当今世界政治风云变幻，国际竞争日趋激烈，科学技术发展迅速。世界范围的经济竞争、综合国力竞争，实际上是科学技术的竞争和民族素质的竞争。从这个意义上说，谁掌握了 21 世纪的教育，谁就能在 21 世纪的国际竞争中处于战略主动地位。"

教育应该把人的发展放在第一位。21 世纪，整个社会所需要的人才是智慧型、复合型、创造型的人才，要求培养高素质、高能力、高水平的人才和数以亿计的一般人才，而不是单纯的传统的知识型人才。21 世纪的人才应该具有合理的知识结构和充分的智能，具有创新精神和创新能力、事业心、开拓精神和合作精神，具有高尚的人格和优秀的个性品质。21 世纪，人的发展是最为重要的，课程理念应该改变，把人（学生和教师）的发展提到核心地位予以认识和宣扬，树立"人本理念""人的发展"代替以前的"学科本位""知识本位"的提法，应强调学习过程中的"态度""价值观""兴趣和经验"以及"实践能力"等。

课程的发展变革应该为教育目的服务。高校课程理念、课程体系价值取向应该以人的发展需要为基础，要建立新的课程体制，统一、单调、固定的课程设置为灵活多样的、既有理论又有实践的课程设置。在课程中，要坚持以人为

本，并充分利用多媒体进行形象化教学，要从强调内容向强调过程转变，从强调积累知识向强调发现、重视创造、发展能力、形成素质转变。以学生的发展为本，培养创新精神和实践能力为课程理念是时代的要求。加强课程的人本性，建设以人为本的课程体系具体可以从以下方面入手。

（一）符合人的认知规律，重视知识的逻辑顺序和层次结构

教育的目的性和计划性首先体现在课程的设置和编排之中。课程设置和编排的基础，是对知识结构的规划和设计。因为，人的发展的各个方面，都是以“知”为起点的，智力、能力、技能、技巧也好，情感、兴趣、态度、动机、意志也好，理想、信念、道德和审美观也好，都离不开“知”，都要从“知”开始。科学的世界观的形成，更离不开知识和经验，离不开一个人对客观世界和人的主观世界的系统认识。课程的设计和编排就是要着眼于形成学生的某种知识结构，以此作为学生全面发展的知识基础。

按照认知心理学家的看法，认知结构是由知识内化而形成的。它不是简单的记忆和接受的结果，是经过了思维的创造性加工改造，并形成了相应的智力技能、操作技能和行为习惯。

课程设计中之所以要强调学科的基本结构，是由于学科基本结构对于学生的学习具有特殊的心理学意义。第一，掌握学科的基本结构有利于学生理解学科的内容。在新异的学习情境中，通过由一般概念原理到具体内容的演绎性教学模式获取新知识比归纳获取新知识要省时、省力。学生认知结构中一旦有概括水平高于新知识的原有固定观念，新观念和新信息的获取与保持才最有成效。第二，掌握学科的基本结构有助于学生记忆的保持与检索。人类记忆的主要任务不在于贮存而在于检索。只有把一个个材料放进“构造得很好的模式”里，材料才能因得到简化而拥有“再生”的特征，学生一旦掌握了学科的基本概念，就能简化信息，减轻记忆负担，并产生新命题，推演出大量新知识。第三，掌握学科的基本结构有利于学习的迁移。学科的观念越是基本，几乎归结为定义，则这些观念对新问题的适用性就越广，越有利于后继学习。

确定学科的基本结构，必须考虑学生的学习准备。这不仅是知识的准备，更重要的是认知发展的准备，即由一般认识成熟程度决定的学生从事新的学习和一定范围的智力活动所应具备的认知功能的基本发展水平。

布鲁纳虽然宣称可以将任何事物以适当的方式教给任何年龄阶段的任何人，但他同时也十分重视学习的准备。他认为，如果过早地将不适当的知识结构教给学生，超越了他们认知发展的水平，学生的认知结构就会“闭合”，反而不利于他们今后获得更适当的学科知识结构。因此，课程的选择和编排既要符合教学规律，又要体现大学生身心发展特征，即按照一定的程序将完整的知识提供给学生以保证教学的系统性和循序性，又按大学生的年龄特征来筛选课程以保证学习的量力性和可塑性。学科内容的体系是学生学习该门课程的逻辑线索，应以有关科学的体系为基础，处理好课程关系的“四个性”：①理顺课程的承续性（先行或后续课程）。②注意课程内容的过渡性。③重视课程结构的整体性。④实现关键课程的不断线。同时，教学是特殊的认识过程，教学规律必须符合学生的认知规律。古人言“欲速则不达”，课程偏多或偏少、过难或过易、“吃不了”或“吃不饱”，均会影响学生的发展，从而达不到教育的目的。大学生属于“中晚期青年”，身心发展趋于成熟但尚未成熟，具备了掌握系统科学知识的充分条件，且可塑性强。因此，课程设置的起点要适当，台阶要小，每学期课程门数要安排适当，不宜过多，主要理论课的门数和时间不要过分集中，要给学生自学和独立思考留出足够的时间和空间。

（二）符合人的个性发展规律，设计个性化培养的课程体系

课程设计的实质是设计学生的学习活动，其最终目标是促进学生个性和谐而充分地发展。在学校教育中，学生个性发展的全面性取决于学生学习活动类型的完整性。课程设计要实现其最终目标，就必须遵循功能完备原则，即将人类活动的各种基本类型完整地纳入学生的学习活动体系，以促进学生个性的整体发展。

高校教育的课程设计，既要遵循这一原则，也要和自己的专业教育相适应，如何将自己的学科、专业范围内的知识结构展现给学生，让学生根据自己的特长爱好选择自己的发展方向，是个性化培养的一个前提。

个性化课程组织强调个别发展，以学生的需要、兴趣和目的来进行课程的组织。它有两个特征：一是以个别学生而不是以内容为其组织的线索，二是不预先计划，而是随教师和学生一起进行教学任务（常常称为“生长”）而演化形成的。这种组织的主要有以下三个特征。

第一，课程的结构由学习者的兴趣和需要来决定。这意味着是学习者自觉感觉到需要和兴趣，而不是由设计者来考虑学生需要什么或他们的兴趣应当是什么。

第二，只有当教师和学生一起确定追求的目标，规定查阅的资料、计划实施的活动以及安排评定的程序时，课程组织才会形成。

第三，把重点放在所学习问题的解决过程上。追求兴趣的过程中，碰到某些必须解决的困难和障碍构成真正的、学生渴望接受挑战的问题。

这种课程培养学生的个别差异，强调的是解决问题的活动，我国高校教育的课程改革，曾经有过“产品带教学”的经历，但这种形式绝不是个性化教学的形式。要探索个性化教学的新模式，也不能照搬上述的组织形式，因为它已被国外教育实践证明是失败的，但是这种思想是值得借鉴的，摆在高校教育课程设计者面前的问题是如何利用这一思想来设计出符合大学生学习特征的个性化课程，这既是高校教育课程改革中的问题，也是改革的方向、奋斗的目标。

（三）符合人的社会发展特征来组织课程

在高校教育过程中，人是高校教育实施的对象。大学生的发展包括身心两方面的发展，它受到遗传和环境两大因素的制约，高校教育作为一种特殊的环境因素，在人的身心发展中起到主导作用。高校教育活动主要就是指培养和发展一个人全部潜能的过程，即把一个人在体力、智力、情绪、道德等各方面的因素综合起来，使他成为一个具有良好素质，在某些方面具备特长，身心得到全面发展的人。高校教育要达到其目的并体现其功能和价值，其活动就必须遵循受教育者——大学生的身心发展特征和德智体美等全面发展要求来进行。根据大学生的智力、体力及个性发展的水平和特点，结合大学生的个性差异，使大学生获得更多、更广的知识的同时，更要全面培养大学生的思维能力和独立地获取知识的能力，培养他们科学的世界观、方法论及崇高的理想和信念，使他们坚持社会主义的正确方向。

课程应该引导学生认识社会。社会如同一面多棱镜，不同的视角有不同的结果，社会的发展是动态的，不同的发展时期有不同的特征。高校教育要引导学生去正确认识、把握这些特征。教育学生懂得科技化知识是远远不够的，社会需要全面发展的人才，如理工科大学生不仅需要科学素养、工程素养，而且还需要人文素养。理工科人才面对具体的工程项目，考虑的不能仅是技术问题，必须考虑到社会多方面的因素，进行价值判断。在做可行性报告时，要考虑到特定的地理人文经济因素。产品设计不仅要经济实用，而且要满足人的审美情趣和心理特征（建筑设计还要考虑到历史文化因素）。理工科学生还应具备社会责任心，能够想到他们所从事的工作对自然、对社会的影响，并由此做出正确的判断。这对课程构成提出了要求，不仅要开设科学课程，而且还要开设工程课程、文化课程。

课程应该引导学生适应社会。社会的发展不以个人意志为转移，课程的变化、发展要与之相适应，课程的设置既要保证各自的学科性，还要有相当的灵活性，如现阶段，开设创业教育课。另外，要重视建设适应性课程，适应性课程的特点就是课程本身具有适应变化的能力，采纳以未来为导向的动态的学习材料，取代传统课程中以过去为指向的静态的学习材料。

有学者提出适应性课程体系由配套的四部分组成：数据书、阅读书、核心课本、教师参考书。适应性课程不仅有助于保持课程的相对稳定性，形成学生一定的思想方法，同时其灵活的组织方式和对学生的独立探究过程的强调也有助于随时纳入新的信息与材料，向新思想、新观点开放，从而促使学生在掌握文化发展规律的基础上了解历史，立足现实，适应社会。

课程应该引导学生融入社会。高校课程在加强学生专业基础理论课程教学的同时，必须根据社会发展、科技进步、生产方式变革的动向，或让学生深入社会和生产部门，以丰富社会经验，学习并应用实际知识，或让学生通过自主的科研活动加深与实践的结合。理论与实践的关系在不同的专业会有不同的要求。理、工、农、医各专业要获得实验、实习、计算机应用、绘图和某些必要的工艺及有关现代技术的训练；文科类专业要获得阅读、写作、资料积累、文献检索、调查研究、使用工具书等方面的训练；艺体类专业、师范类专业要加强专业技能的实践训练。因此，从某种意义上说，在大学教育中，理论课程是引导学生向学科纵深发展的基础，实践课程则是引导学生融入社会的敲门砖。

二、创新高校教育课程理论体系的研究与构建

（一）高校教育课程理论研究现状

对我国高校教育课程建设状态的研究，不同的学者有不同的观点。王伟廉教授从课程研究的角度叙述了课程研究的历程，他将我国高校课程研究划分为四个阶段。第一个阶段是从 20 世纪 50 年代中期调整到 20 世纪 60 年代中期，基本上是以经验指导教学工作的，此段称为“经验主导阶段”。从 1978 年到 20 世纪 80 年代末，是高校课程和教学理论发展的第二阶段。开始把高校课程与教学作为一个独立的领域进行探索。这一阶段也开始了对教育思想、专业设置、课程编制以及课程与教学评价等前一阶段比较忽视的方面进行了研究。虽然研究成果比较零星，但反映出我国高教界已开始对课程研究领域具有了“自我意识”，可以称之为“理论探索阶段”。从 20 世纪 80 年代末到 1997 年，是我国高校课程与教学领域研究的第三阶段。这一阶段产生一批比较系统的专著和文献。其中有些专著对这一领域的基本理论和研究范畴进行了总结，并逐步建立起了这一领域的有关理论的系统。可以认为，这一阶段是高校课程研究领域的“理论初建阶段”。1997 年以后为第四阶段。其他学者也有不同的分法，但事实依据基本相似。

多年来，对高校课程理论的研究主要表现在三方面：一是专业设置研究如何进行？或怎样的专业设置才是健全有效的？中国的经济走向计划化，必须有计划性的教育与之相配合，使建设所需人才在质与量上得到及时供应。有论者总结了专业教育的两种模式及其发展趋势：通才模式和专才教育模式。通才模式专业设置在第二层（相当于二级学科），甚至在第一层次上，其下一般不再设第三层次的专业，口径较大。培养的人才缺乏职业性、针对性、广泛的适应性。专才模式专业主要设在第三层次上，口径较窄，一般都与具体的分支学科、职业和产品对口，培养的是现成专家。二是课程体系问题无论是专业教学计划的编写，还是教学大纲、课程内容的处理，核心问题都是要研究出合理的结构，课程体系主要集中的问题为基础课程与专业课程的关系以及必修与选修课程的关系。三是课程综合化问题，指出课程综合化的内涵，也指出了课程综合化的成因。

（二）高校教育课程理论体系的研究与构建

在课程界，对课程理论的研究及理论体系的建立是一项长期而艰苦的工作，因为不同的哲学思想会导致不同的课程理论。在课程史上，曾有以泰勒为代表的科学课程理论（也称理性课程理论），以施瓦布为代表的自然主义课程理论和以后现代思想为主导的激进课程理论以及解释学课程理论、审美的课程理论等，但从没有某种理论能有“一统天下”之功效，这种百家争鸣的局面似乎表明课程理论尚未成熟。

在高校教育界，人们关心课程理论的进展，但更关注课程理论对应用研究的作用，即如何用这些已有理论来指导高校教育课程理论或课程体系的建立，脱离纯理论研究的羁绊，一般认为大学课程理论体系是由多个方面的内容组成的。它包括培养目标与规格的变化、课程政策的调整、课程结构的构建、课程建设标准的制定、课程资源的开发与利用、评价体系的建立、教师教育及制度创新等，是一个由课程建设所牵动的整个高校教育的全面建设，是一个系统，需要教育行政部门、科研机构、高校（其中教师是最为关键的因素）等的共同参与和完成。它牵涉到高校教育整体和各个局部的关键领域，受到课程内部和外部、宏观与微观等多方面因素的制约，其成功与否取决于诸多因素本身的质量水平及其构成。

课程是为培养目标服务的，课程建设必须服从于培养目标。因此，对培养目标的研究与解释，应该是课程理论建设中不可忽视的问题。但是，由于培养目标一般是由学校（或学科、专业）制定，它充满了个性色彩，不宜一概而论，但是对人才的规格问题，在我国高教界都充满了共性。中华人民共和国成立后，本科教育主要是以专才为其培养规格。人们现在普遍对过去的专才目标持批评态度，但并未形而上学地完全否定，只是强调要在通才教育的基础上进行专业教育或通才教育要与专业教育相结合。如陈岱孙认为，我们的高等院校所培养的人才，应该是在广厚的知识基础上具有专深研究能力的人才。[①] 自 20 世纪 90 年代中期以后，不少高等学校在考虑本科教育培养目标定位问题时，都极力回避使用“通才”或“专才”概念，更多地提介于两者之间的复合型人才概念。

① 陈岱孙. 从古典经济学派到马克思：若干主要学说发展论略 [M]. 北京：商务印书馆，2017.

课程政策是指国家教育行政主管部门在一定社会秩序和教育范围内，为了调整课程权力的不同需要，调控课程运行的目标和方式而制定的行动纲领和准则，它的重点在于解决“由谁决定我们的课程”或者课程权力的分配问题。它的构成要素主要有三个：第一，课程政策目标，它是课程政策三大要素中最重要的要素，反映政策的方向、目的和所要解决的课程问题。第二，课程政策载体（手段和工具），这是三大要素中的主体，它有保证实现课程目的作用。第三，课程政策主体，它是课程政策的制定者和执行者。国家课程政策制定就要考虑课程政策目标是什么，目前的形势是什么，什么样的课程政策才更能促进学生的发展？课程政策载体各有什么？并且随着时代的进步，课程政策也要相应变化。

对课程设置和课程结构方面的理论研究，是课程实践者的期待，也是当前比较薄弱的环节，我国高校教育的课程建设总体结构缺乏科学、合理的理论指导，课程间、学科间缺乏有机的融合，课程比例结构有待合理地论证，与课程目标、培养目标的对应也不是很好的。当前人们的研究多数集中在应用层面上，而且也发现了一些现象，如重工程科学，轻工程实践。重专业，轻综合，重知识，轻能力，理工科院校都非常注重科学理论的教学，实践教学方面不是很强，重点强调学好专业，不注重培养学生的综合能力。注意了课程内容的专业性，忽视了课程的综合性，注意了课程的科学性，忽视了课程的技术性。但是，这些现象在理论层面上表现出的是什么问题，应该用怎样的理论指导来防止这些问题，这正是当前缺乏的和需要研究的问题。目前，我国课程结构基本上是单一的学科课程，普遍存在重视学科课程，忽视活动课程，重视必修课程，忽视选修课程，重视分科课程，忽视综合课程的现象，这些现象反映出在课程结构研究上理论的匮乏，这些问题都需要课程理论工作者不断研究，重新构建一个科学、合理的课程体系。

课程建设标准的制定，课程建设的目的是提高课程的质量。一门课程的质量是受教师的教学水平和学术水平、教学环境和条件、教学方法及效果等诸种因素制约的。进行课程建设，就必须对影响课程教学质量的各个环节提出一定的要求，这就是课程建设的标准。课程建设的标准可以从以下几方面加以考虑：第一，师资队伍。教师是课程教学的组织者与实施者，教师的素质决定课程的教学质量。因此，课程的师资配备从数量上必须达到一定的要求。一门课程应配备两位以上的教师。也就是说，至少有两位教师能讲授该门课程，足够数量的教师可形成梯队，相互促进，有利于开展科学研究、教学改革等。第二，教学条件。教学文件完备、配套，大纲能明确本课程的性质及其在专业教学计划中的地位和作用，阐明本课程的教学目的、基本内容、教学的重点和难点，说明各章节的联系及本课程与先行课、后继课的衔接，合理安排各个教学环节，反映本学科的新成果，能体现培养目标对本门课程的要求。第三，教学方面。每门课程应有相应的教学研究组织，具有健全的管理制度，教学档案齐全，对教学研究、学术交流、师资培训等都能做到有计划、有措施、有总结；严格执行教师考核制度；重视本门课程教学质量的检查；注意经常听取学生的意见，不断改进教学工作。

高校课程理论体系建设是一个系统的工程，除了上述方面外，还应包括课程评价、教师教育及制度的创新等，包括广阔的研究范围和多种多样的研究内容。这里，我们仅提出课程理论建设的几个方面和课程理论或实践中的问题，以表明课程理论建设的重要性和必要性。真正的课程理论体系建设工作，应该是一项任重道远的工作，还有待课程工作者今后的不懈努力。

三、重视学科课程开发的研究与实践

尽管学科课程已经有悠久的历史，人们已经积累了成熟的经验，但是随着科技的发展和人们认识的深化，学科课程的设计仍然需要不断改进。在初等教育中，一门课基本代表一个学科，但在高校教育中（专业教育），代表一个学科的课程则是一组课程或者一个课程群。本书所要讨论的，正是学科课程在高校教育课程中的特殊表现。

（一）学科课程应具有开放性，以形成并容纳跨学科课程

面对当前学科知识既高度分化又高度综合，交叉学科不断涌现，社会需求多样变化的新形势，以培养专才为目的，以专、深为特点的旧的大学课程体系已经无法适应新的挑战。新时期的课程体系必须克服以往课程体系的弱点，在课程组合上，一方面要强化基础理论课程，增大学科知识中那些较稳定、持久部分的比重，使这些基础的知识成为学生构建其认知结构的平台，为学生的终身学习和进一步的深入研究打下牢固的理论基础。另一方面，要淡化学科壁垒，

有意横向延伸，向边缘学科或跨学科方向发展。如在设置公共基础课、学科基础课和专业基础课的基础之上，多设置一些综合性、边缘性交叉学科甚至跨学科的选修课程，以适应高校教育培养目标多元化以及多元经济时代的多样化要求，帮助学生了解现代科学技术的最新动向，迅速接近科学前沿，造就出适应未来需要的高素质人才。

另外，可以尝试开设跨学科课。跨学科课是为了扩展学生知识面而设立的跨专业、跨学科的课程。它的出现是与科学的快速发展和学科的快速分化息息相关的，为适应现代科学技术和社会发展的需要，必须开设边缘学科、交叉学科等跨学科课程，以利于大学生的知识在专业化基础上向综合化方向发展。

（二）学科课程要注重综合性，以利于人的全面发展

在今天这样的社会里，假如一个人的知识面狭窄单一，即便他的学问再深，也难成大器。为了适应社会要求，高校教育已经确立了多元化的培养目标。因此，必须采用设立综合性课程的办法来解除一些专业相互隔离的状况。而这种综合，并不是拼盘式的集合，而是符合教育基本规律，具有必然逻辑联系的课程设置上的优化组合。这种文理工课程的相互渗透、相互交叉的形式，不仅可以拓宽学生的视野，有效培养其思维能力，促进学生的全面发展，实现自然科学与社会科学、科学教育与人文教育的整合，并导致了许多跨学科领域的研究和新学科群的出现。

（三）学科课程设置要具有前瞻性，以利于知识的创新

在科技日新月异的当今时代，高等学校课程的编制必须把握时代的脉搏，预测本学科未来的发展方向，使这些课程中不仅包含前人所积累的知识和经验，还能反映本学科发展的现状和趋势。这就要求我们必须改变过去统一、刻板的教学计划，建立起动态发展的课程体系，在课程体系中留出一定的空间，充分调动教师和学生的积极性，发挥他们的主观能动性，鼓励他们积极探索、勇于创新，使我们的课程不仅具有知识性和系统性，学科课程要具有国际视野，尝试开设国际化课程而且处于动态发展之中。其实，目前世界上的许多国家都特别重视课程内容的更新，都积极地把科技文化的新成就吸纳到高校的课程中，

并开设了一些代表未来社会科学发展方向的课程。这充分地显示了当代课程改革的一个重要方向——前瞻性。

（四）课程开设要具有国际视野，尝试开设国际化课程

发达国家的高校教育对此早有觉醒，如美国的哈佛大学和耶鲁大学都声称要造就具有全球意识的人才，而麻省理工学院也声称要培养领导世界潮流的工程人才。所有这些也表明，人们已充分认识到只有突破文化差异的障碍，才能真正地吸收人类文明的优秀成果。

21 世纪是信息化社会的世纪，是人才竞争激烈的世纪，高校教育面向世界是由经济日益国际化决定的，国际竞争将是全方位的，其背后是国际教育的竞争，实质是较强应变性和适应性人才的竞争，这一发展趋势也必然对高校教育培养的人才质量提出了更高的要求。因此，我们在高校教育的课程设置中必须具有国际视野和全球意识，体现国际精神。我们应该教育高校学生，使他们认识到要在世界舞台上占有一席之地，高校就应开设一些与国际联系密切的课程，如外语、国际关系、国际文化、国际管理、国际科技、国际信息与市场信息，使学生能够通晓国际知识，具有全人类的视野，适应高度科技化的世界。

第二节　高校教育教学评价创新

一、高校教育教学评价理论发展的哲学基础

邱均平教授早就说过："没有科学的评价，就没有科学的管理；没有科学的评价，就没有科学的决策。"[①] 现在，这一科学论断已基本上成为一种社会共识。尽管如此，评价活动仍然受到来自社会的质疑和批判。因此，如何正确地看待评价、科学地开展评价、合理地利用评价，已成为社会各界关注的重要课题。我们生活在一个评价的世界里，任何人都离不开评价，都与评价息息相关。我们随时随地都在评价周围的人、事、物，同时也随时随地都在接受各种

① 汤建民，邱均平．评价科学在中国的发展概观和推进策略[J]．科学学研究，2017,35（12）：1813-1820，1831.

各样的评价。在学习、工作、生活中，任何人或组织都面临着各种选择，即做出决定和决策，而在做出决定和决策之前，需要对其对象进行了解和认识，还要根据自己的价值观念和行为准则对其进行判断和审视，这就是一个评价过程，“我们随时随地都在进行着各种选择和决策，因此也随时随地都在进行着各种评价。”①

我们生活的世界是一个复杂的社会系统，包含众多的评价标准、准则和观念。其中，政策、文化、制度、法律、法规等合在一起形成庞大、复杂的都是教学评价标准和评价系统，谁也无法完全脱离这个评价系统而生存。因此，事物的评价都被置于一定的评价系统和网络中接受被评价，并按照评价系统的要求行事，否则就会受到排斥和惩罚。

面对如此丰富和复杂的评价活动，我们应该采取客观的态度，科学地认识，合理地选择，这样才能做到科学地评价。科学的评价活动自产生之日起，发展非常迅速，受到全社会的高度关注和普遍重视。大致经历了从原始评价或本能评价到社会评价或大众评价，再到综合评价或系统评价三个不同阶段。随着评价活动的科学化程度日益提高，相关理论和方法逐步成熟，出现了从定性评价向定量评价以及定性与定量相结合的综合评价模式转变。

二、多学科视角的评价研究

哲学领域的学者对评价进行了大量的研究，成为评价学的重要理论来源之一。价值、认识与评价问题的研究在西方哲学研究中起步较早、时间较长，形成不同的研究思路和派别。而我国的研究虽然起步较晚，但也产生了丰富的研究成果。心理学视角的研究以英国哲学家艾耶尔等人为代表。他们认为，价值存于评价之中，它是一种心理现象或情感现象，而评价就是情感的流露和表达。因此，他们主要研究评价的情感因素，研究情感判断及其自明性。语言学视角的研究主要是从语言学的角度来分析“伦理句子”“价值句子”，认为这样就可以把握和揭示价值的本质、评价的本质。这种研究充分关注评价的表达形式。价值论视角的研究把人的活动看作是把握价值、创造价值和实现价值过程的各种不同表现，它对认知与评价做出实质性的区分，亦即认知从属于评价，这是

① 汤建民，邱均平．评价科学在中国的发展概观和推进策略[J].科学学研究，2017,35(12)：1813-1820，1831.

一种对评价的非认知意义的研究。研究者们认为，价值与评价紧密相连，价值决定评价，评价揭示价值。没有价值现象就没有评价活动，没有评价活动，价值就无法认识和体现。我们通常所说的价值，都是被意识到、认识到的价值。在评价之前或之外，价值只是作为一种客观的、潜在的形式而存在着。

评价是一种价值认识和价值判断行为，即“价值评价”。评价过程是对评价对象的掌握过程，是一种认识行为。因此，认识与评价密切相关，认识活动（包括事实认识和价值认识）是评价活动的基础。科学评价就是在事实认识和价值认识的基础上对评价对象于评价主体的价值和意义所做的合理判断，即了解、认识、确定和判断评价对象对评价主体有无价值及价值量的大小。

科学评价是准确、全面、系统认识事物的一种有效方法，它是在事实认识和科学认识的基础上对评价对象进行价值判断的活动（价值评价、评估或评定），本质上是一个价值判断过程，同时它也是一种特殊的认识活动，即价值认识活动。因此，价值理论和认识理论是教学评价的理论基础，是构成评价理论集合体的重要理论来源。

三、教育评价理念

教学评价的理念是指评价主体的教育理念在教育活动价值判断中的表现，亦是价值主体对教育评价的认识及在此基础上所确定的价值与行为取向。影响教学的主要理念有以下三种。

（一）终身教育的理念

教育是一种特殊的培养人的社会实践活动，教育实践活动的主体和客体都是具有能动性的人，这是现代教育理论公认的结论。现代人生活的过程就是教育和受教育的过程，学习和教育是贯穿现代人一生的重要特征，这是终身教育思想教育的过程。

对我国而言，终身教育并不是一个全新的观念。我国古代大思想家、教育家孔子曾说“吾十有五而志于学，三十而立，四十而不惑，七十而从心所欲，不逾矩”①，因为“人非生而知之”，而在于终身努力学习，“发愤忘食，乐以忘

① 孔子 . 论语 [M]. 长沙：岳麓书社 , 2018.

忧，不知老之将至”[①]（《论语·述而》）。孔子主张“学而不厌”的思想已流传千古；日本终身教育理论研究者认为，孔子是东方“发现和论述终身教育必要性的先驱者”。庄子也述及终身教育的必要性：“吾生也有涯，而知也无涯。”[②]这可以说是我国古代最早的“活到老，学到老”的关于终身教育思想的萌芽。

从现代知识经济社会发展的要求和个体自身发展的需要，每个人都必须终身学习和终身接受教育。终身教育无论是作为一种思想理念还是教育实践，它正在经历从满足个人或社会对教育的转向的应急需要，转变为适应个人或社会对教育价值的多向取向的长远需要；从被动地选择教育转变为自觉地追求教育的发展过程。这是一个长期的过程，也是现代终身教育体系形成并走向成熟的必经之路。

（二）“三全一多”的理念

“三全”是指全过程、全方位、全员性，“一多”是指多样化。全过程是指贯穿于教学的全过程；全方位是指与人才培养有关的所有工作的质量，或者说是指全校的各个系统、各个部门、各个单位的工作都直接或间接地围绕教学这一总目标而工作；全员性是指各个部门、各个单位的全体教职员工都要参与其中。任何一种质量管理最终都要落实到人，要以人为本，调动每一个人的积极性和创造性，并要强化团队精神，加强凝聚力和合作力。学校每一个系统的每一个员工的工作质量都将影响到人才培养的质量，每一个工作岗位都要参与到教育教学质量管理工作中来，把学校制定的人才培养质量目标层层分解，落实到各部门、各环节，直到每个岗位，建立各种规范标准，让全体员工都参与到质量管理的过程中。

（三）“以人为本”的理念

“以人为本”的教育理念作为一种教育哲学观，是高校的教育理念和素质教育观的实质所在，只有从这个根本点上去理解和把握它的精神实质，才能在教育评估工作中更好地体现评估为教育服务的宗旨。马克思主义认为，人首先是一个自然存在物，具有自然属性。但是人不是自然存在物，更重要的是人也是社会存在物，具有社会属性。因此，人的本质是一切社会关系的总和。此外，

① 孔子 . 论语 [M]. 长沙：岳麓书社 , 2018.

② 庄子 . 庄子 [M]. 北京：北京时代华文书局 , 2014.

人还是有意识的，具有精神属性。宋代著名思想家朱熹说："大学者，大人之学也。"[①] 这里的"大人"指的就是成熟的社会人，能担负重大责任的人；在对学校的重大事项做出决策时，都要"以培养人才为中心"。因此，教学评价或评估，要贯彻"以人为本"的教育理念，重在培养高质量、高素质人才的教学过程和教育成果上。

四、高校教学评价系统的要素理论

按照系统论的观点，系统是由多种要素相互联系、相互作用而形成的有机体。关于教学评价系统的构成要素主要有"三要素说""四要素说""多要素"。"三要素说"认为评价系统是由评价者、评价对象和评价手段三个基本要素构成的，教学评价主体一般由政府、学校构成，评价对象主要是教师和学生，评价手段采用评价表进行量化评价。另外，还包括非基本要素，如评价目的、结果等。"四要素说"认为评价系统是由评价主体系统、评价客体系统、评价目标系统和评价参照系统四个子系统构成的。无论是"三要素说"还是"四要素说"，它们所包含的内容和思想都是基本相似的。

一个完整教学评价系统应是由评价客体（对象）和评价中介或评价手段（包括评价方法、评价技术、评价工具、评价指标体系、评价模型、评价程序、评价信息、评价法规制度等）多个相互联系、相互作用的要素或子系统组成的社会系统。

高校教学评价主要构成要素一般包括政府、公众、学校、教师、学生、中介机构等，是一个多因素的综合体。从外部视角开展的宏观监控和管理的教学评价以政府、公众、中介机构为主体；而内部质量评价则以学校、教师、学生等为主体。高校的教学质量评价工作也主要分为两种类型——对教学主体的评价和学生课堂检测效果的评价。由于高校教育的专业性较强，学科纵横交叉，高校职能综合性等诸多特性，教学评价的复杂程度成为社会活动中最难精确化和量化的部分。高校教学评价产生于高校教育自身发展的需要，是高校对教学工作理性反思的重要手段。

评价内容包括办学效益和效度方面，概括起来包括：①办学条件和办学设备的效用。办学条件、设备是教学活动运行的基础。良好的办学条件、优良的

① 朱熹．四书章句集注 [M]. 北京：中华书局，2011.

设备是高质量教学生成的前提保障。对条件和效益的评价目的，一方面在于促进学校和管理部门加大教学软硬件投入，提高资源利用率。另一方面，不断改善办学条件和教学设施，充分发挥办学条件的可能性效用、实性效用。②学校教学运行机制的效率。运行机制是高校教育教学实施过程的依托，包括教学管理的机构体系、职能体系、人员体系、制度体系，对教学运行机制进行评价，能提升计划教学，执行计划对于教学改革措施的运作效率，教学管理制度能促进教学发展的效率。③学校人才培养模式的效果。人才培养模式是资源配置的方式、教学条件组合的形式和教学手段运用的总和，是一所高校教育教学思想和观念最为集中、最为典型的表征。评价学校人才培养模式，主要是评价这种模式在实践中实施的效果。④办学传统与特色的效应。办学传统和特色是高校教育教学的灵魂和基石，决定学校办学的品位、层次和特点，是学校的优势所在。学校的办学传统和特色以效应的形态让人们感受和意识，对它评价的同时就是对它效应的评价。

五、教学评价过程的非制度因素

制度是保障活动有序开展的重要手段，而非制度因素对人类一切活动的结果也都将产生积极或消极作用。在教学评价活动中，评价参与者的职业道德、思想、意识等非制度因素一样，也会影响制度执行效果。

（一）在活动初始阶段，由于参与身份的不同，呈现不同的心理需要

1. 角色心理

人们在社会活动中由于担负着一定的角色而形成的一种角色心理。

评价者在教学评价活动中往往以显示其身份、专门知识、品质、爱好和特长来要求评价对象，如果这种要求与评价指标、标准相一致，就能对评价起积极作用；如果超出评价指标的要求，就可能影响评价的客观性。例如，在设计评价方案时，评价者容易从其职业、兴趣、特长出发，表现出不同的价值取向。最明显的是学科专家、教育理论专家往往偏重方案的理论依据和科学性，而实际工作者则倾向于方案的可行性和实践性。

2. 心理定式

这是由一定的心理活动所形成的常规、模式化的心理状态。在评价准备工

作中，各人往往按各自心理来表达其意见，从而影响评价方案的客观性和创新性。

3. 时尚效应

这是指对新颖、时髦事物或观点追求的心理现象。在追求时尚中，顺从社会潮流，接受多数人热衷的思想或观点，影响评价的正确方向。

（二）在评价实施阶段评价者的复杂心理活动会因个体差异导致不同结果取向

1. 首因效应

首因效应也称第一印象效应，指的是评价者因对评价对象的最初印象比较强烈，便在其后的评价过程中，总是“先入为主”地左右自己的评价思维。从而影响对评价对象的正确评价。

2. 近因效应

近因效应指的是最近获得的信息对认知产生的强烈影响。因为，个体对新近获得的信息往往感觉最新鲜、最清晰，其作用往往会冲淡过去获得的印象。这种近期效应会影响对评价对象全面的、正确的评价。

3. 晕轮效应

晕轮效应又称光环效应，它是评价者因对评价对象的某些特征产生强烈或深刻印象，且会弥散到其他方面，形成“总体印象”。

4. 参照效应

参照效应又称对比效应，它是评价者对一些评价对象的强烈印象会影响对其他评价对象的判断。

5. 理想效应

理想效应又称求全效应，它是指评价者总是以对评价对象所持有的完美先期印象，来衡量评价对象的现实行为表现。

6. 趋中效应

它是指某些评价者在评价时避免使用极值（最大值、最小值），大多取中间分值或中间等级，如较好、一般等。

（三）在评价结果处理阶段，参与评价主体的心理倾向同样会导致结果的偏差

1. 类群效应

评价者和评价对象属于同一类别或同一类群体，如同行、同事、同学等，有较强的相互理解、认知基础，容易产生效应关系。

2. 亲疏效应

亲疏关系会使评价带有较多的情感因素，产生亲疏效应。对亲近者容易看到长处，给予偏高的评价。而对疏远者则容易看到缺点，给予不适当的评价。

3. 从众心理

研究表明，从众心理和从众行为的产生取决于情境因素和个体因素。从众心理也是评价者的一种保护心理。

4. 威望效应

这是评价小组内有威望者的态度对他人观点的形成所产生的显著影响。威望者可能是学术方面的权威，也可能是权力方面的权威。

5. 本位心理

这是指评价者坚持本部门（本专业领域）的利益和价值观的心理倾向。评价小组成员来自不同部门，在评优或进行综合评价时，各方代表强调本部门的优势或成果，这种心理影响评价的客观性和公正性，甚至还会影响评价内部的团结和合作。

6. 模式效应

这也是一种心理作用。即评价者依据对评价对象群既有的印象（经验模式）来进行对评价对象现实教学的价值判断。

六、高校教育教学评价的应用创新实践

从近几年的评估实践看，现行的评估方案对于促进学校的教学工作、提高教育质量发挥了比较好的作用。在充分肯定教学评估取得成绩的同时，我们也认识到，在我国开展大规模的高校教学评估还是第一次，实践中还存在许许多多的问题或不足。用一个评估方案评估所有的学校本身确实有针对性不强的问题，有待完善。另外，有的评估指标设计可操作性较差，导致专家在考察评估过程中难于准确把握。总之，根据不同层次和类型的高等学校的特点，制订不

同的评估方案，以加强分类指导是当务之急。高校教育评价体系应该建立一套适合这种院校发展的评价机制，鼓励其找到自身发展的位置和方向。

高等学校教学质量主要是指在高等学校教育活动中的人才培养质量。高等学校为了满足社会和个人发展需要，设置教育教学目标并采取一系列措施保证目标的实现。院校教学工作评估属于水平评估，与研究型高校的咨询评估和高职高专院校的合格评估有本质的区别，因此科学合理地设置教学型院校教学质量评价指标体系很重要。从国内外文献中可以梳理出各类高校本科教学质量的诸多关键因素，如教学理念、办学定位、本科教学水平评估、教学质量内部监控体系、教学与科研的结合、教师发展与教师队伍建设、招生方式和生源质量、学风、课程建设、人才培养模式、学科建设、教育方法改革、教学管理、教学设施和条件、国际化等。这些因素或虚或实，影响作用有大有小，有的是直接影响，有的是间接影响，需要我们抓住影响教学型院校教学质量的主要因素，从而设置关键性的评价指标。如果说研究型高校要力争构建探索型的教育，这种探索精神把高校的教学和科研结合起来，使教学应该表现出较强的科学研究的特色，高校要紧紧围绕教学这个核心展开。影响高校的主要因素可以考虑以下几个方面:办学定位和办学特色、人才培养目标与计划、师资队伍与教学水平、教学条件与利用、专业建设与教学改革、教学管理与服务、学生的学习、教学效果等。

七、评价指标体系构建

从以下七个方面对学校教学质量进行具体的评价：办学指导思想、师资队伍、教学条件与利用、专业建设与教学改革、教学管理、学风、教学效果，再加上特色项目，这是一级指标，再分成 19 项二级指标和 44 个观测点。

参照对院校教学质量的主要影响因素的分析来设计院校教学质量评估指标体系。

第一，办学定位与特色。①学校的办学定位与思路。学校的方向选择、角色定位，是学校制定发展规划、方针政策和拟定各项制度的理论依据，关系到学校在教育系统中的地位与作用。②办学特色。在长期办学过程中积淀而成的、本校特有的，优于其他学校的独特优质风貌。③学校与社会的联系。

第二，人才培养。①培养目标。受教育者所要达到的质量要求和专业规格。

②培养计划。人才培养工作总体设计的具体体现，是安排教学内容、组织教学活动及实现人才培养目标的基本依据。

第三，师资队伍。①队伍结构。专任教师结构状态、师生比、硕士博士学位比例。②师资培养。教学业务培训、技能培训、学术交流、教学质量、主讲教师教学水平、质量评价状况、教师风范。

第四，教学条件与利用。①教学基本设施。校舍、实验室实习基地、图书馆、校园网和运动设施状况。②教学经费。四项经费的增长情况。③条件利用情况。指教学设施和教学经费的利用效率。

第五，专业与课程。①专业建设。学校专业结构与布局、专业教学质量、新办专业情况。②课程建设。教学内容与课程体系建设、教材建设与选用，教学方法与改革手段。③实践教学。实习实训、实践教学内容与体系、综合性设计性实验。

第六，教学管理与质量保障。①管理队伍。结构与素质、管理研究成果与实践效果。②质量控制。规章制度建设和执行情况、各教学环节的质量标准、教学质量监控体系的运行形成与运行情况。③服务状况。教学管理人员对师生的服务能力和水平、校园环境和文化氛围、对学生学习的支持程度、学生遵纪的程度。

第七，教学效果。①学风。守法情况、学风建设情况、学习积极主动学习的状态。②学习能力与素质。学生学习经验积累、自我教育与自我学习水平、团队精神与合作能力、思想品德修养与文化心理素质。③基本理论与基本技能。基本理论知识的水平、基本实践技能水平、创新精神和实践能力。④毕业设计（论文）状况。毕业设计（论文）的质量。

第八，社会声望。①招生与就业情况。招生生源状况与新生素质状况、毕业生当年就业率与就业状况。②社会评价与资助情况。社会对学校办学状态和毕业生质量的评价、社会企业与各界人士对学校事业和困难学生的支持与资助状况。

八、评价的创新与趋势

我国目前是世界上规模第一的高校教育大国，高校教育发展的重点已经从扩大规模转向提高质量。提高人才，特别是创新人才培养水平的要求变得日益迫切。我们要建设高校教育强国，就必须有较高的入学率、有竞争力的质量和完善的制度体系。今后建高等院校教学评价的趋势有以下特点。

（一）统一性与多样性并重

高校治理的国际新趋势是在扩大高校自主权的同时，强化问责机制，加强对高校的质量与绩效评估。我国教育部今后仍将扎实推进由高校教育评估中心组织的高校教学评估工作。在高校多样化背景下，我国将实施分层与分类评估，在评估中注重高校办学特色。如将高校分为研究型、教学型、高职高专、民办学院四类，或按归属性质和层次分为省属重点高校、普通本科院校、民办学院等。同时，在评估的参与上将形成政府、学校、用人单位、专业团体与社会人士、中介机构等广泛参与，形成高教质量保障的共识。在评估的类型上，综合评估、机构评估与学科专业（专题）评估相结合。在评估的性质上，比较性评估与发展性评估并重，前者侧重于鉴定等级；后者侧重于发现问题，找出差距，改进教学。

（二）校外保障体系与校内保障体系相结合

内部质量保障体系是高校教育质量保障体系的主体和基础，外部保障体系是社会监督。内部评估（自我评估）与外部评估相结合，加强问责制是各国高教质量保障的共同趋势。高校评估强调外部评估与自我评估相结合，建立了制度化的高校自我评估制度，有明确的要求和指标，如自评报告要公布，强调高校自评要突出办学特色、个性特征。欧洲各国几乎都建立了高教评估机构，制定通过《欧洲高校教育区质量保障标准与指南》，适用于博洛尼亚进程参加国的所有高校，内容包括高校的内部与外部质量保障，评估的目的是改善欧洲高校教育质量，为高校自身的质量管理与提高提供支持，构筑质量保障机构自身业务的基础。高校内部质量标准包括质量保障的方针与程序；教学计划与授予学位的认可、监督与定期审查；学生的评价；教师的质量保障；学习资源与对学生的教学服务；信息系统；信息公开。外部质量保障方式包括：学校的办学资格认证；学院和专业认证；学校、学院、专业的声誉排名；学校内部质量保障体系审计；全国性专项调查（如新生教育调查、毕业生调查等）；专家资格认证、全国质量系统规划与建设等。我国要加强高校自我评估，使其制度化、义务化、指标化、特色化、公开化，进一步增强高校自身质量保障的自觉性。

（三）教育投入、教育过程与教育产出并重

教育输入主要是指教育资源与生源。教育过程是人才培养的过程，主要考察教学计划、教学管理、教师管理、教学质量控制制度等方面。教育输出主要考查学生的成长、人才的质量和毕业生的就业与专业表现。目前，在评价高校的教学质量与进行专业评估时，评估指标对教育投入、教育过程和产出因素并重。评估从重视硬件到重视软件，开始关注教师“教”的能力，学生的学习过程和收获。

（四）院校的教学质量评价要重点关注的两个方面

1.人才培养质量评价要充分关注教师“教”的能力

我们说教学过程是一个以认识活动为起点，通过掌握他人和前人的间接经验、发展能力、直接经验和态度倾向的过程。教学过程是师生双方共同的活动。高等学校的教学活动是一种特殊的认识过程，具有专业性、独立性、创造性、实践性等特点，其成败在很大程度上取决于教师“教”的能力，需要教师根据教学内容和教育对象妥善地选择合适的教学方法。因此，对高校教师教学评价要着重体现其进行研究性教学、探究式教学、创新实践教学、思想教育等方面“教”的能力。在探索教师教学评价指标体系时，要明确评价内容，如教学评价内容要体现时代要求，体现教师是否激发学生的兴趣，是否调动学生的主动性，是否有助于发展学生的潜能，是否授以研究方法和学习方法。还要重视对教师教学评价的反馈，提高教师“教”的能力，对教师给予直接帮助。为了提高教师教的能力和水平，对教师给予及时的帮助和训练指导是必需的。

例如，美国加州大学欧文分校的标准化教学评估，对教师的教学评估列出以下十个指标：教师对课程内容满怀热情和兴趣；激发了学生对课程内容的兴趣；达到了课程的规定目标；有问必答；创造了一个开放、公平的学习环境；在课程中鼓励学生进行思考；对概念的表达和解说清楚；作业和考试覆盖了课程的重要方面；学生对教师的总评分；学生对本课程的总评分。

2. 人才培养质量评价要充分关注学生“学”的能力

目前，学生学习产出评价存在的问题是：仅仅停留在对学生的智育评价，而智育评价往往又限于对学生知识掌握的评价，主要是通过课堂考试进行；评价游离在学习过程之外，没有将其纳入指导学习、规范学习、推动学习的过程之中。因此，我们在进行对学生评价时，要注意以下几点。

（1）要重视对学校人才培养目标的评价

学校要制定明确的教育产出的目标，明确培养出何等质量的毕业生，并使学生知道，自己进入了怎样的学校，进了学校可以得到怎样的培养和训练，毕业时可能成为怎样的人才等，使学生懂得在高校学习，不仅要掌握知识，而且要培养良好的道德品质、创造精神与能力、批判思维、全球视野、优质专业训练、终身学习的能力。学生心中有“质量”标准，就会遵照执行并主动积极地参与评价。

（2）要重视对学生学习能力的评价

美国已有越来越多的学校把自己的NSSE（National Survey of Student Engagement）数据挂上了美国学校排行榜，成为美国国内高校选择的重要参考。NSSE已成为美国高校教育质量评价新风向标。此调查指标主要包括五类：学习的严格要求程度、主动合作水平、师生互动水平、教育经验的丰富程度和校园环境的支持程度。调查采用学生自我报告行为和观点的方式进行。因此，院校为了提高学生的学习能力，要提供条件，创设支持的环境，让学生在学校教育中、在社会生活中去感受、感悟，增强学生学习的主动性和合作水平，从而获得教育经验和提高自我教育的能力。

（3）要重视学生创新、实践能力的评价

创新、实践不能停留在书面和口头上，也不是仅仅开设几门课程，而应贯穿于教育教学的全过程。要探索有效的评价方式和方法，使实践创新能力的培养成为广大教师、学生自觉的理念和行为。

第四章　多种技术论在高校教学发展中的应用研究

随着以网络和多媒体为代表的信息技术的迅猛发展，教育领域内发生了翻天覆地的变化。信息技术教育应用的理论与实践研究不断地改变着学与教的面貌，教学目标、教学内容、教学方式、课堂环境、评价体系等都发生了较大的变革。这种变化在高等教育教学实践中最为显著。本章就主要对网络资源、视听觉媒体、教育效能工具和知识管理工具、远程教育中的自主学习与学习支持、翻转课堂等在高等教育教学中的应用进行相应的探讨。

第一节　网络资源在教学中的应用

网络资源主要是指蕴含了大量的教育信息，可以创造出一定的教育价值，以数字信号的形式在互联网上进行传输的信息资源。这些资源可以供学习者使用，帮助他们学习。在这一过程中，这些资源可以被单独使用，也可以由学习者将它们组合起来使用。在高等教育教学中应用网络资源对教学效果的提高来说无疑具有重大的意义。

一、网络教学资源的类型与特点

（一）网络教学资源的类型

教学中的网络资源根据不同的分类标准有不同的分类方式。从学科角度，可分为语文、数学、英语、物理、化学、历史、地理、生物、政治等教学资源；从语种角度，可分为汉语、英语、法语、俄语等教学资源；从资源的作用角度，可分为课件、模拟演示、教案、操作与练习等教学资源；从资源的使用环境角度，可分为基于课堂教学的资源和基于学习者课外自学的资源。

（二）网络教学资源的特点

传统的教学资源容易受到环境、条件的限制，如书本、报纸、杂志等放置时间长了易发黄等等。随着现代信息技术的发展，现代信息技术教育中的网络教学资源弥补了传统教学资源的不足，特别是在网络技术高度发展的今天，网络教学资源具有以下几个特点。

1. 数字化

数字化是计算机数据处理和网络传播的本质特性。正像构成物质世界的基本单元是原子一样，计算机处理的数据是 0 和 1 两种状态，构成网络信息世界的基本单元也是 0 和 1 两种状态。教学资源数字化是指将文本、视频、动画等信息经过转换器抽样量化，由模拟信号转换成数字信号。各种各样的图片和声音，归根结底都是通过 0 和 1 这两个数字信号的不同排列组合来表达的。数字信号的可靠性相对较高，能够较容易实现对它的纠错处理。

数字化的意义不仅是便于复制和传送，更重要的是便于不同形式的信息进行相互之间的转换。一定的信息通过编码转换成数字，再经过信道的传输到达终端，然后通过译码还原为一定的信息。这样的教学资源可以通过网络实现远距离传输，学习者可以在任何一台上网的计算机上获取自己需要的信息。

2. 开放性与动态性

随着网络的发展，教学资源已经能够将传统的或者说物理上的空间概念完全打破。从北京到泰国与从北京到杭州的距离，在网络上是一样的。这就意味着现实的地理隔离、国界等限制不复存在，网络上的教学资源可随用随取。此外，对于各种教学资源，其信息结构不再是一成不变的，用户可以对信息进行重新组织、重新建立链接。

所以说，网络教学资源也具有动态性特征。

3. 多媒体化与非线性化

网络教学资源的显示呈现是多媒体化的，这是指人们可以利用多媒体计算机技术存储、传输、处理文本、视频等多种媒体学习资源。这与传统的用文字或图片处理信息资源的方式相比要丰富得多，对教学信息和教学资源的种类进行了极大丰富。使用多媒体信息进行教学，不仅可以快速、有效地传递知识内容，还能够灵活适应各种不同类型的学生学习，满足不同层次学习者对学习的需求。

现代信息技术教育中的网络学习资源采用超媒体技术构建，支持文本、音频、动画等多媒体信息，并采用超文本的方式组织信息，这十分适合表现非线性的网状知识，也与人脑的认知思维方式相适宜，能够促进教学信息的有效组织以及知识的迁移。所以说，网络教学资源的组织是非线性化的。

4. 交互性

交互性是新一代以“学”为中心的教学资源的核心特征，也是区别于传统信息交流媒体的主要特点之一。传统信息交流媒体对信息进行单向的、被动的传播；而交互性的信息化教学资源则可以使人们积极主动地选择和控制信息，从而打破时空界限，学习者可以用同步或不同步的方式进行学习，教师与学习者、学习者与学习者之间可以采用文字、声音等媒体进行双向或多向信息交流。网络上的学习资源是一个全球性的数字图书馆，无论学习者需要何种信息，都可以在其中找到。Web 用超媒体的方式对信息进行组织，与人们的认知结构比较符合。另外，现代信息技术教育中的网络教学资源还有极其强大的搜索机制，便于学习者在茫茫的信息世界中快速找到所需的信息。

二、网络教学资源的检索和下载

（一）网络教学资源的检索

1. 搜索引擎概述

当我们在互联网上获取需要的某类教学信息却不知道其所在的网址时，通常使用搜索引擎进行检索。搜索引擎是一种用于帮助互联网用户查询信息的搜索工具，它以一定的策略在互联网中搜集、发现信息，对信息进行理解、提取、组织和处理，并为用户提供检索服务，从而起到信息导航的作用。①

搜索引擎按其工作方式的不同，主要可以分为三种，分别是全文搜索引擎（Full Text Search Engine）、目录索引类搜索引擎（Search Index/Directory Engine）和元搜索引擎（Meta Search Engine）。

---

① 王建勇. 海量Web搜索引擎系统中用户行为的分布特征及其启示[J]. 中国科学，2001，31(4)：372-384.

虽然利用搜索引擎能够检索到大量的信息，但是没有任何两个搜索引擎的搜索结果会完全相同。为了获得理想的搜索结果，需要选择合适的搜索引擎。在高等教育教学中，常用的搜索引擎主要有百度（https：//www.baidu.com）、360导航（https：//hao.360.cn）、Google（https：//www.google.com.hk）、有道（http：//www.youdao.com/）等。

2. 利用搜索引擎检索教学资源的步骤

（1）明确检索需求。在开始检索之前，首先应该对检索需求进行仔细分析，明确所要检索的是什么样的信息，这是成功进行信息检索的前提。

（2）选择合适的搜索工具。每种搜索引擎都有不同的特点，只有选择合适的搜索工具才能得到最佳的结果。

（3）确定检索范围。网络信息纷繁复杂，因此，要想检索出需要的信息，就必须对网络信息资源进行选择。也就是说，检索的范围对检索的结果起着很大的作用。检索范围过于宽泛或过于狭窄，都会使得检索效果大打折扣。

（4）选择合适的关键词。关键词是反映主题概念的词或词组。搜索引擎会根据输入的关键词，自动检索包含关键词的信息。关键词的选择，很大程度上决定了检索结果的相关性和有效性。

（5）构造合适的检索表达式。检索表达式是用户检索所用的计算机可以识别的公式，它由检索词和操作符根据一定的语法规则组合而成。检索词是用于检索的正式词；操作符包括逻辑操作符、截词操作符、位置操作符、字段操作符等。检索表达式的构造能否对用户需求进行充分反映，决定了检索质量的高低。最常用的操作符有加号“+”、空格等。通常情况下，为了让检索结果更加精确，可以输入多个关键词，多个关键词之间用加号“+”或空格进行组合，形成一个检索表达式。例如，搜索《春》（朱自清）一文的写作背景，关键词应该是“春＋写作背景”。如果以“朱自清＋写作背景”为关键词，则找到的是朱自清生平、朱自清作品集等。如果要查找描写春天的古诗，就要以“春天＋古诗”作为关键词进行搜索，不能用“描写春天的古诗”为关键词，这里的“描写”和“的”会影响搜索结果。

（6）正式检索。正式检索通常不用用户亲自执行，用户只需按“检索”或“开始”等按钮即可。计算机检索系统会根据用户提供的检索表达式自动搜索数据库，并且将匹配结果显示给用户。

（7）评价检索结果。对检索所得的结果进行评价，看是否可以满足自己的检索要求，如果已满足，则利用该检索结果，不再对其他检索过程做任何处理；否则，应再回到以上步骤，对检索需求重新进行分析，确定检索范围，重新选择检索工具，必要时修改关键词以及检索表达式，重新进行检索。

（二）网络教学资源的下载与保存

无论通过哪种检索方法搜索到的教学资源，往往需要从互联网下载到自己的计算机中。由于素材文件的类型不同，其下载方式也不同。

1. 下载素材类资源

对于文本类素材，可以通过选中文字内容，单击【复制】→【粘贴】命令保存所需文字，或者将整个网页另存。

对于图片类素材，可以通过鼠标右击图片，单击【图片另存为】命令保存所需图片，注意在保存过程中更改保存路径。

对于动画、音视频甚至是整个教学资源课件压缩包等其他素材，可以用鼠标指到资源链接地址并单击右键，在弹出的菜单中，选择【目标另存为】选项，即可将资源保存到本地计算机。但是这类资源占用往往比较大，采用【目标另存为】的方法来下载，有时速度会很慢，有一些素材还不能直接用【目标另存为】的方法来下载。此时，就需要一些专业的下载工具，如网际快车、迅雷、电驴、硕鼠等。这些下载工具都支持多任务下载。

2. 保存网页资源

检索教学资源时，如果需要保存网页中的全部内容，可以打开【文件】菜单，选择【另存为】选项，弹出保存网页对话框，选择对应的“保存类型”，将所需网页的内容全部保存或只以文本文件格式保存到本机。

（1）在保存类型中，选择网页，全部（*.htm；*.html）项，保存的结果是，除了具有这个网页的文件外，还有一个文件夹，文件夹里面存储的是该页面的图像、动画等素材信息，断开网络之后，打开网页文件，各类信息都还存在。如果删除该文件夹，那么整个页面也会被删除。

（2）选择【Web 档案，单一文件（*.mht）】项，保存的结果只有一个 mht 文件。此文件中不仅包含了该页面的文本信息，还包含了该页面中的图像等其他信息。

（3）选择【网页，仅 HTML（*.htm；*.html）】项，保存的结果只有一个网页文件。断开网络之后，打开网页文件，则页面只剩下文字信息，其中的动画、图像等各类信息都已经消失。

（4）选择【文本文件（*.txt）】项，保存的结果是一个文本文档，里面只包含纯文本文字信息，多媒体信息均被删除。

3. 收藏网址

利用搜索引擎可以搜索到很多优秀的教学网站，为便于今后访问这些网站，通常需要收藏这些网站的网址。

打开要收藏的网页，单击【收藏】菜单，单击【添加到收藏夹】命令，弹出【添加到收藏夹】对话框。在对话框中，输入网页名称，单击【确定】即可。

为便于对这些收藏的网址进行有效管理，往往创建一些文件夹进行分类管理。在【添加到收藏夹】窗口中单击【新建文件夹】命令，在【文件夹】名后面输入要创建的文件夹的名称，单击【确定】，这样就在收藏夹下面新建了一个文件夹，有关课件类的网址就可以收藏到这个文件夹中。

为了进一步管理收藏夹，可以打开【收藏】菜单，单击【整理收藏夹】命令，弹出【整理收藏夹】对话框，可以对收藏夹进行创建文件夹、对文件夹或网址重命名、移动文件夹或网址等操作。

三、网络教学资源的应用形式

互联网上丰富的教学资源不仅建立了一个拥有大量数据的资源仓库，更发挥着对教育教学强大的支持和服务功能，这些功能极大地冲击着教学结构本身的改革，无论是教师的备课、教学，还是学生的学习，包括教务人员的管理工作，都会由此而发生根本性变革。也就是说，网络教育资源实现的是从效率到效果的双重改变。网络教学资源主要的应用形式有以下五种。

（一）电子备课

电子备课的概念是相对于传统的教师基于教材和教学参考书进行备课而言的，它指备课过程的信息化，即利用计算机和其他现代信息技术，以多种媒体信息作为素材，以操作电子文件的方式查阅资料，或制作能够更好地表现讲授内容的文字、声音、图形和图像文件，最后以适当的方式将它们有机地集成在某种介质上。

电子备课的资料范围广；备课效率高、生动形象、交流方便。在形式与内容上其突破了传统的文本教案的局限，使得教学环节的设计能够直接运用于课堂，实现教案、课件、学件的综合一体化，有利于学生的个性化学习与自主性学习。

（二）基于资源的学习模式

网络为学习者提供了极为丰富的学习资源，包括数字化图书馆、电子阅览室、网上报刊和各种数据库、多媒体电子书等。学习者只要掌握了一定的信息获取技能，就可以通过各种网上检索机制，方便快捷地获取自己所需要的知识。

基于资源的学习与传统的学习模式有很大不同，这不仅表现在学习者及教师的地位与角色发生了改变，更主要地表现在基于资源的学习强调学习的过程，而传统学习模式强调学习的结果；基于资源的学习侧重于培养学习者发现信息、利用信息解决问题的能力；而传统学习模式侧重于强化学习者对知识的记忆。总之，基于资源的学习模式是一种更适合于信息时代网络化社会的学习模式。

基于资源学习的主要目标是为学生提供各种机会，使他们在获得基本知识的同时，学会独立的学习技能，逐步使学生具备终身学习的意识与能力。这种学习模式的特点是：不是将现成的答案直接展现在学生面前，而是为他们提供一个非良构的学习环境，这个环境中包含了要实现学习目标可以参考的各种资源，学生通过对这些资源进行筛选、分析、综合以及实际应用，最终达到对知识的深层建构，并形成信息加工和解决问题的能力。

（三）信息服务

互联网正以一种特殊的顾问身份，为用户提供全方位的信息服务，不仅提供具体的资源内容，还针对用户的实际需求主动提供策略与解决方案。教育教学信息也是其中之一，它能对教育中存在的问题进行诊断和评价，帮助用户找到解决问题的可行性方案。用户通过互联网获取教育信息的同时，也贡献了自己的观点和资源，从而完善和丰富了教育信息网络。网络教育信息中包含了大量优秀的有关教育教学的理论、模式、策略、经验、案例以及学科知识，一旦我们求助它，它就可以分析组合所有有关信息，最终给我们一个合理的方案。当然，完全依靠技术的手段来实现是不可能的，网络教育仍需要大量的人工因素，通过制定一系列的信息规则和推理机制，我们才能将原来杂乱无序的信息加工成具有信息服务功能的资源。

（四）知识存储与共享

知识的数字化存储已成为不可扭转的趋势。虽然用于教育中的知识大多是人类长时间的实践所证实了的，网络资源的开发并不能增加知识本身的数量，但它能大大提高知识积累的质量，实现对知识的高效利用。它把原本无序的、零散的知识加以科学组织，使之系统化、条理化，学习者因而能对积累的内容有更为深刻的理解和认识，并能借此发现新问题，产生新想法，得到新启示，实现真正的创新。

互联网集中了每个人所创造的信息，多种多样的信息瞬间就可以存取，跨学科、跨文化的对话和交流可以广泛进行，合作和竞争进一步加强了。求变、求新、多样化和快节奏是网络时代学习的重要特征。它要求我们具备广阔的视野、活跃的思想、敏捷的思维和随机应变的能力，积极地利用网络资源与他人交流并不断完善自我。

（五）模拟体验

网络教学资源以非线性的、更符合人类思维习惯的方式进行组织，既包括静态的数字资源，又包括因人的交流与交互所形成的社会化氛围，如虚拟社区和专题学习网站。蕴含在网络信息中的这些氛围来源于生活在现实中的人，因此，它与现实社会有一定的相似性，但由于有着媒体属性，每个人都以自由化的方式演绎着个性活动，因此，在网络上的信息活动是一种虚拟的体验，既可以是现实生活学习的模拟，如虚拟实验室、虚拟实验平台、专题学习网站，使位于不同区域的人像同班同学一样共同参与讨论，并协作完成基于实际问题的任务；也可以是对过去和未来的一种幻象，如对历史事件的模拟重放、对宇宙空间的多维展现，使网络能构建出现实教学中无法实现的场景。

第二节　视听觉媒体的特性与教学应用

记忆心理学研究表明，视听觉并用所获得的信息，能得到最高的记忆保持率。所以，在学习过程中，视觉、听觉并用，也必然有利于人们提高学习效率。视听觉媒体正是一种能让视觉、听觉并用，促进学习效果的媒体。它既可以提供活动的图像画面，又可以提供与画面相配合的声音信息。视听觉教学媒体设备主要有电视机、录像机、摄像机、无线电视系统、闭路电视系统等。

一、视听觉媒体的主要特性

（一）视听结合

视听觉媒体是通过形象逼真的画面与优美动听的音乐、音效和语言同时呈现视听觉信息的。图像画面擅长形象直观；语言解说擅长抽象概括；音乐、音效擅长渲染气氛。视听通过多种感官的综合作用，使学生身临其境，有助于在教学中弥补学生实际经验的不足。

（二）突破时空限制

视频具有极其丰富和灵活的时空表现力，能够充分表现宏观、微观、瞬间和漫长的事物及其过程，能够按教学需要有机地组织画面内容，有利于在教学中让学生深入地观察、认识、理解和思考。比如，用显微摄像可以将肉眼看不到的现象、过程放大呈现出来，化小为大；用普通摄像手段可将宏观事物缩小呈现在电视屏幕上，化大为小。同时，可以将变化极快和极慢的现象、过程用合适的速度表现出来，化快为慢，化慢为快。应用动画技术可以追溯远古、预测未来、创设时空。应用画面景别的变化，镜头运动和组接技巧，可以表现事物现象的空间和时间变化，更好地引导学生观察。

（三）较强的时效性

通过卫星的电视转播可将世界各地发生的重大事件实时、准确地传遍全球，这样就能使教师和学生及时获得当前新闻，从而大大扩展他们的视野，让他们在信息获取上更为快捷便利。

（四）灵活多样

随着电子技术的进步，电视教材在制作程序、方法及使用操作上越来越灵活多样。在教材的使用和保存方面可以采用存成录像带、VCD、DVD 等形式，更加符合教学需求并便于携带，可以实现从课堂教学到家庭自学的各种教学模式。

（五）教育范围广

卫星教育电视系统所构建的“天罗地网”，可以同时面对众多观众，也可以进入课堂，进入家庭。它传播面广、受教育面大，使大规模远程教育及终身教育成为可能。

二、电视的教学应用

在视听觉媒体中，电视是最具代表性的媒体。电视是通过通信线路把节目活动现场或记录的景物现象在一定距离之外以图像的形式重现的技术。电视信号的传播过程，就是在发送端通过摄像机将实际景物的光像信息转变为图像电信号，声音信息则通过话筒转变成声音电信号，经过一系列处理后进行发射传输，而在接收端则是通过电视机将电信号还原成图像和声音的过程。

当前，电视广播教育、卫星电视教育、电视录像教育等教育手段由于其特殊的优势，在提高全民文化素质，进行职业技术教育、成人教育、终身教育等方面发挥了较大的作用。以下几个方面是电视类媒体在教学中的常见应用。

（一）利用广播电视系统进行系统教学

系统教学是指采用录像、电视手段进行整门课程的教学。教学信息主要通过卫星广播电视、闭路（有线）电视、录像教学点三种播放形式进行传播，而教师主要参与辅导、答疑、批改作业等。例如，我国的广播电视大学、电视师范学院就主要采用这种教学形式，它不仅可以大面积地传播教学信息，提高教学效率，还可以解决师资不足的问题。

（二）应用电视录像媒体进行示范教学

教育者通过利用电视录像媒体为学生提供典型的示范材料可以进行示范教学，指导学生进行教学实践。在实际教学中，教育者可以利用电视录像媒体将实验原理、实验步骤、实验方法等形象、直观地再现于课堂，对学生进行实验前的指导教学。比如，实验前，学生通过观看实验演示录像，不仅能目睹实验的全过程，还能通过不同角度拍摄的近景、特写等画面详细观察仪器设备的构造和细节，依照相应的解说和示范，准确高效地掌握实验操作步骤，同时通过对错操作的比较吸取经验教训，避免类似错误的发生。另外，教师也可避免每次实验讲解的重复劳动，集中精力加强指导。所以，利用电视录像媒体可以优化教学、提高实验教学的质量和效率。

另外，在体育训练时，用电视录像可以展示分解动作及要领；在生产实习中，用电视录像可以展示规范的生产过程和操作方法；在师资培训中，用电视录像可以展示优秀教师的教学精华等。

（三）利用插播教学片辅助课堂教学

在课堂教学中，教师可以根据教学内容及教学计划，直接利用电视教材和播放设备，穿插播放定量的教学片进行辅助教学，及时解决教学中的重点和难点。至于播放什么内容、何时播放、播放长度、播放次数，均可以由教师根据需要及实际情况而随机地选择和控制。这种教学方式不仅使课堂教学更加灵活，而且能更有效地发挥教师的主观能动性，还能使学生的易受性大大增强。

（四）利用录像反馈加强学生技能培训

微格教学在培训师范生课堂教学技能上具有良好的效果。微格教学是利用摄像机和录像机等设备将每个学生在讲台上的教学过程记录下来，然后通过录像反馈和小组评价，使被培训者能较清楚地认识到自己的优势与不足，从而取长补短，及时纠正存在的问题，并较快地掌握各种课堂教学技能的运作规律。

（五）辅助课外教学

在课外，应用电视录像对学生进行素质教育也是非常好的教育方式。影视题材广泛丰富，内容生动活泼，寓意深刻，教育性和思想性较强，具有极强的吸引力和感染力，易为学生所接受，能给学生多层次、多侧面的直接感受。例如，播放科普教学片，既可以补充教师的课堂教学，还可以开阔学生的视野，扩大知识面，有利于学生综合能力的培养。利用电视教材与中外名片欣赏对学生进行德育、智育、体育、美育、劳动技术教育与心理素质等多方面的教育，不但丰富了学生的课外活动，而且使学生增长了知识，对学生的潜能开发、心理品质培养和社会文化素养提高都有十分重要的意义。

（六）帮助学生自学

电视教材不仅提供了丰富的感知材料，而且有教师在屏幕内外做分析与讲解。所以，学生利用电视教材进行自学，往往要比自学文字教材更有效果。可见，电视媒体还是帮助学生自学的一种理想工具。

第三节　教育效能工具、知识管理工具的应用

一、教育效能工具的应用

教育效能工具就是指能提高教育、教学工作效率的各种工具。当前，微软公司出品的 Microsoft Office 系列办公软件（也被称为办公自动化软件）是教育教学中最常用的效能工具。以下主要对 Microsoft Word（文字处理工具）和 Microsoft PowerPoint（多媒体演示工具）及其应用进行一定的阐述。

（一）文字处理工具及其应用

Microsoft Word 是微软公司出品的 Microsoft Office 系列办公软件之一，它主要用在信函、报告、论文等办公文件排版方面，也用于其他印刷品的排版，比如，宣传单、书籍、报纸、杂志等，是人们最喜爱的专业文字处理软件之一，在自动化办公方面应用非常广泛。Word 的主要功能是创建和编排具有专业水准的文档，具体功能则包括创建文档、制作文本、绘制图片、设计表格，制作包含图片、声音、电影的多媒体文件，制作网页并设置各种链接，设置字符、

段落和文档格式，编辑长文档，制作批量文档等等。

1.Word 在教育应用中的优点

（1）有助于提高教师文字处理的效率。例如，教师借助 Word，可以更为方便快捷地编写教案和备注、编写试卷、绘制教学用图、制作课堂规章制度列表、批量制作传单、通知、学生经常使用作业单、练习和成绩单，撰写新闻稿和有抬头的信笺，撰写年终报告，批改学生作文。

（2）能制作简单的教学软件。例如，组词成句，组句成段，调整句子顺序，调整文章的段落等电子练习。与手写作业比起来，使用 Word 文档完成这类电子练习尤其是需要重新调整整篇文章的结构和段落的练习更加方便。同时，教师可以很方便地修改这些电子作业并保存为不同的版本；也可以通过拷贝和修改等方法比较方便地面向不同的学生布置有针对性的作业，从而实现“因材施教”。

（3）便捷的编辑、加工、排版、作品展示与打印功能可以节省学生的撰写时间，使学生将更多的精力集中于作品内容。同时，也能使学生的作品形式更专业、更精致、更整洁，既方便教师的批阅，也使学生免去书写难看的尴尬。

（4）采用多媒体写作、超文本和超媒体写作、学生联合写作能拓展学生的写作方式、激发学生的写作兴趣，并使学生的作品更富有个性和创造性。

2.Word 在教育应用中的局限

（1）如果缺乏适当的指导，文字处理工具本身并不能提高学生的写作能力，并且由于文字处理工具在编辑和加工上的便捷性，有可能导致写作的随意性，出现文章结构松散、文字重复拖沓等问题。

（2）缺乏必要的键盘输入能力无法有效地进行文字处理，而过多的键盘输入可能影响手写文本的能力，而目前普遍认为这两种能力都是必须具备的。同时，究竟在学生的哪一个年龄段开始学习文字处理也存在着争议。

3.Word 的教育应用

（1）输入学科符号和公式的应用。在日常工作中，很多教师对数学、化学和物理等理科的公式编辑排版，常常采用设置下划线、行间距、字符升降、字符上标和下标等方法编辑排版，操作过程是十分烦琐的，而且排出的公式也不标准。如果采用文字处理软件 Word，不仅能方便地排版编辑出标准的、美观的公式和数学、化学等学科的特殊符号，而且会大大提高教师的工作效率。

（2）“修订”“批改”操作实现教学交互。Word中的修订功能可以保留团队或者工作组成员对于文档不同的修改痕迹，甚至完成对文档的审阅。将此功能引入教学可以加强师生之间的互动，从而改变教学课堂的学与教。教师运用“审阅”工具栏中的“修订”“批注”“突出显示”等功能，可以批改学生的作文或作业，也可组织学生互评和编辑同一作文或作业；教研室的教师（甚至不同学校的教师）可在合作编写教案和论文时协同工作、相互批改、共同提高。除了文本图形批注功能外，Word还提供了“声音批注”功能进行教学交互。单击“声音批注”按钮（需要用户添加）会弹出“录音机”窗口，并在“编辑区”右侧显示“声音批注框”。教师用“录音机”录制的声音被自动转为“声音批注”，并可保存于文档中；学生双击“声音批注框”的小喇叭图标，即可听到教师慈祥的赞许、鼓励和客观评价之声，这是传统作文或作业批改无法做到的，应大力提倡与推广。

（3）利用“宏”编写教案模板。编写教案是教师的一项日常必做的工作。由于教案内容的翔实性以及教案格式的复杂性，其编写往往占据了教师备课的大部分时间。尤其是很多学校对教案的格式规定相当严格，即便教务部门专门统一提供了教案格式范本，由于格式呆板、排版复杂往往效果不是很好。利用Microsoft Word中的“宏”可以设计出灵活的、个性化的教案设计模板，从而将广大教师从复杂枯燥的排版工作中解放出来，提高了工作效率。当教师反复编写不同的教案时，也可以依据所录制的“宏”添加每个环节，并能根据实际情况加以修改，从而完成个性化的教案。

（4）使用邮件合并功能制作学生成绩报告单。教师在实际教育教学工作中，经常会遇到需要处理具有相同格式和框架但部分项目不同的文档，如学生的成绩报告单、通知、获奖证书、参赛证、名片、工作证等。一份一份地编辑打印，尽管每次只修改个别数据，但仍然十分烦琐。为此，Word提供了非常方便的邮件合并功能，可以减少许多重复工作，大大提高了工作效率。批量引用数据源中的数据生成具有相同格式并以指定的方式输出过程称为邮件合并，它是Word自动化的重要体现。

（5）研究报告等长文档的编辑。在新一轮的课程教学改革中，教师的角色需要由传统的“教书匠”向“教学研究者”转变。作为教学的实践者和研究者，教师常常会撰写相关的研究型报告、论文等一些长文档。教师利用Word可以进行长文档的编辑，在编辑时，通常需要用目录和文档结构图的形式展示其纲要，使文章整体结构和主要内容一目了然，从而便于查找、修改和编辑。

（二）多媒体演示工具及其应用

Microsoft Power Point 也是微软公司出品的 Microsoft Office 系列办公软件之一。它是一个专门制作和演示电子文稿的软件，由于文稿中可以带有文字、图像、声音、音乐、动画和视频文件，并且放映时以幻灯片形式演示，所以利用它可以高效、高质地制作出精美的幻灯片，在教学、学术报告和产品演示方面的应用非常广泛。

PowerPoint 的主要功能是制作和演示电子文稿，具体功能包括创建演示文稿、编辑演示文稿、设置演示文稿版式、编辑和绘制图形、插入及编辑表格和图表、插入和编辑其他对象、放映、打包及打印演示文稿、协同工作等。

1.PowerPoint 在教育应用的优点与局限

（1）有助于教师和学生制作和演示美观的幻灯片，如制作和演示学术报告幻灯片、产品介绍幻灯片和学习成果展示幻灯片。也可以制作一些简单的动画类和交互类的多媒体教学软件。

（2）课堂教学中采用电子幻灯片，节省了板书时间，大大增加了教学信息量，有利于教师教学方式和学生学习方式的改进。

（3）可以自定义放映幻灯片，针对不同的学生放映幻灯片的不同部分，或按不同的教学顺序播放幻灯片，从而有利于实现个性化教学。

PowerPoint 在教育应用中也是具有一定的局限性的。比如，电子幻灯片无法展示教师个人板书风格的独特性，在书写方面对学生可能产生潜移默化的影响。

2.PowerPoint 的教育应用

（1)利用 PowerPoint 制作教师教学课件。传统教学以黑板为主要上课工具，教学质量是较突出的，但其难以避免形式单一、灵活性不强等问题。而现代信息技术中的 PowerPoint 技术为教师教学带来了一场新的革命。用 PowerPoint 软件制作课件来辅助教学，能弥补黑板教学缺乏灵活性和单一形式的不足；在教学过程中能传递给学生更多直观的、丰富的信息，有利于拓宽学生的知识面；可以通过创设生动的情境烘托课堂气氛、激发学生学习的兴趣，从而达到一定的教学效果。

（2）利用 PowerPoint 制作宣传展示文件。随着计算机的普及和多媒体技术的发展，运用多媒体教学已经逐渐成为一种趋势，在众多制作课件的软件中，PowerPoint 无疑是比较简单和容易操作的。PowerPoint 不仅可以用于学校教学中的课件制作，还可用于在学校或其他机构制作各类生动形象的宣传文件或者展会文件。在电子幻灯片制作过程中，教师并不需要掌握编程技巧就可以制作出包含文字、声音、图像和动画在内的多媒体展示文件。此外，利用其具有自动循环播放的功能，可以在活动中循环展示，提高工作效率、烘托活动气氛。

二、知识管理工具的应用

知识管理的概念源于企业界，它是企业经济发展的主要驱动力和提高企业竞争的重要手段。伴随着知识经济时代的到来，知识管理越来越受到人们的重视。知识管理的最终目的在于提高个人和组织的应变及创新能力，进而提高组织整体的生命力与竞争力。知识管理的重要内容是实现知识的转化，即显性知识与隐性知识的转化。知识管理的重要过程和步骤是知识的获取、存储、共享、利用、创新的不断循环往复的过程，这个过程体现了知识管理的价值链重要性。在当前的教育教学领域，知识管理这一内容十分突出，尤其是在教师专业发展方面。教师如果能更好地进行知识管理，则能大大促进自身的专业能力发展。在当前信息技术环境下，教师的知识管理拥有诸多的信息技术工具支持。

在知识获取上，网络资源、数据库为教师获取所需要的知识提供了便捷的手段，如使用搜索引擎、中国学术期刊网站。

在知识存储上，教师利用数据库等系统可以对显性知识（教案、教学笔记、论文、教学参考资料、课件等）进行有效的分类与整理，使其数字化、档案化。

在知识分享上，基于网络的异步或同步交流工具（如电子邮件、BBS、博客、即时通信等）让教师彼此间的知识交流与分享更便捷。

在知识应用和知识创新上，借助通用教学工具（如概念图、思维导图工具等）和学科平台工具（如几何画板等），教师可以将获取的新知识、新理念在课堂教学实践中付诸实施，并发现教育教学的新知识。

以下主要对博客工具和维基工具进行相应的探讨。

（一）博客工具及其应用

1. 博客与教育博客概述

博客源于英文单词 Web log/Blog，是以网页形态展示个人或群体的日志或札记，也有人把 Blog 翻译为网志。根据语境的不同，有时博客也指书写网络日志的人。博客网页上一般呈现着简短且经常更新的帖子（Post，或称文章或博文），它们按照年份和日期倒序排列，与 BBS 上的帖子或网页呈现上的普通文章不同的是它们可以时间、类别方式组织、整理；它们具有固定不变的网址链接可供阅读者读取；它们具有时间戳印，记录着撰写、编辑的时间；它们标出体现时序性的日期标头。博客的主要特点是频繁更新、简短明了以及个性化。

自从 2002 年下半年方兴东在国内推介博客以来，这个简单易学、几乎没有技术门槛的网络新应用逐渐受到了国内教育界的关注，不断激发着教育工作者的想象力。教育技术专业的老师和学生成为国内较早一批的博客应用者。他们把博客当作自己学习、研究、反思、交流的平台。有的学校、地区把博客作为促进教师专业发展的重要手段，由此涌现了很多优秀的教师博客群，如海盐教师博客、广州天河部落等。总之，博客在教育教学中的应用潜力被不断地挖掘出来，出现了各式各样的博客，如教师个人博客、校园博客网站、校园博客群、区域教师博客群等。其中教授个人博客最受教师青睐，根据每个教师的兴趣和工作重点，这些个人博客在内容主题上分为教学反思、学科教学、教育管理、知识管理、成长档案、家校沟通、课题研究、文学创作等。博客像一块巨大的吸铁石吸引着无数的教师、教育管理者和学生加入，开启有意义的教育博客旅程。

2. 博客在教育中的应用

作为继电子邮件、BBS 和即时通信之后的一种新型网络应用工具，博客在与教育结合过程中，越来越显示出了其强大的生命力。当前，博客已融入教师专业发展的实践中，成为教师进行实践性反思和教育叙事研究的重要工具，同时也为教师实现知识管理提供了必不可少的技术支撑。

利用博客，教师可以将关注领域的信息进行有效的分类，特别是利用超链接，把网络上分散的海量信息进行筛选、组织，并在此基础上进行知识的再生产。教师还可以建立自己的个人知识库，收集和整合某个主题的相关教学资料，以便快速提取。

教师对博客的应用无外乎是撰写博文、阅读他人博文、评论他人博文等几个活动，这些活动恰好与知识螺旋式转化过程对应，撰写博文就是教师隐性知识显化的过程；阅读他人博文就是教师消化吸收显性知识并通过教育实践创造出新的隐性知识的过程；评论他人博文和通过博客与同行互动就是教师隐性知识的传递过程；教师利用博客创建知识库就是教师将零碎的显性知识系统化、组织化的过程。因此，教师应用博客的过程就是在自觉地进行知识管理，教师知识的社会化、外在化、组合化和内在化无一不体现在教师使用博客的过程中。

（二）维基工具及其应用

1. 维基概述

维基是 Wiki 的汉语音译，Wiki 是夏威夷语“wee kee wee kee”的缩写，原本是“快点快点”的意思。维基是一种支持社群协同创作的超文本网页系统，任何人（有的维基网站只允许注册用户）都可以对维基网站进行浏览词条、新增词条、修改词条、版本比较等操作。因此，维基网站的使用者承担着传播者和受传者的双重角色，它们常被叫作维客。维基网站包含一组供浏览、编辑的讨论主题网页（也称词条或条目），这些词条构成了维基网站的传播内容。维基网站不是一般的 Web 网站，它包含一组支持协作式写作的辅助工具，能提供多人在线创作，方便人们对知识进行积累、管理和共享。

维基具有开放、平等、自由的特点。它是一个聚集众多个体的力量来构建内容丰富的知识库和创新型知识平台，如中文维基百科。中文维基百科是一个人人可编辑的自由百科全书。截至 2015 年 12 月，维基百科一共有 280 种语言版本，其中英语超过 500 万，瑞典语、德语、荷兰语、法语、瓦瑞语、俄语、宿务语、意大利语、越南语和波兰语这 10 个语言版本已经有超过 100 万篇条目，接近百万的为日语，中文接近 86 万，另外还有 40 多个语言版本的超过 10 万篇文章和超过 120 个语言版本的维基百科有多于 1 万个条目。由于众多人的贡献，维基百科在不断更新，它与传统纸质百科全书相比，内容更完整、观点更中立、时效性更强。

除中文维基百科外，还有天下维客和互动百科。天下维客是一个由网友共同建设的开放的电脑知识网站，许多维客爱好者都在天下维客网站里通过参与修改站内文章来分享知识与经验；互动百科是全球最大的中文百科网站，它以词条为核心，与图片、文章等其他媒体形式共同构筑一个完整的知识搜索体系。由于汇聚了上亿网民的头脑智慧，互动百科不断积累成全人类共享共建的开放知识库。从以上三个维基实例，我们可以发现以协同创作为主要应用功能的维基充分展现了网络时代对分享知识和群创知识的追求，维基为我们提供了一种全新的网络时代协同工作与知识共享的平台，使我们的个人智慧与集体智慧互为影响、互为促进，知识的螺旋式转化模型也有了维基技术的支撑。

维基与博客相比，最大的区别在于博客一般是由个人撰写的，而维基是群体创作的，所以任何网络用户都可以浏览维基并参与维基文本的创作。维基的目的是实现知识的积累、共享、交流、传播和再创造。

作为一般用户，可以使用万维网上现成的维基网站，如中文维基百科、天下维客、百度百科等，如有一定网络技术基础，则可以利用开源软件（如 Media Wiki）搭建自己的维基系统。

2. 维基在教育中的应用

自从 1995 年维基诞生以来，它已用于百科全书、知识库和某一领域的专业知识网站建设中，也在项目开发、协作、翻译、资料整理、知识问答等领域有所应用。由于维基具有协同工作、群体编辑的特点，它在教育领域中的应用潜力也引起了广泛关注。目前在国内，维基应用于教育教学的主要模式和方法包括建设教育教学资源库、专业学科的百科全书、教学管理、网上协同写作、学术研究等。我们主要介绍以下几种应用。

（1）开放课程资源建设。教育大发现维基网站（Social Learn Lab Wiki）是由北京师范大学教育技术学院庄秀丽博士发起并用维基技术搭建的一个社会性学习社区（http：//sociallearnlab.org/wiki/，简称 SLL），它是一个知识管理、项目管理与运行和开放课程资源建设的园地。根据社区用户的兴趣，可以参与各种维基板块的学习与贡献。例如，共建课程：用开放的方式来建设一系列社会化学习课程；学习伙伴：汇聚教育实践者、专家顾问；社区教研：展示社会化网络学习与教学方法在中小学应用的案例；知识管理：帮助个人和群体在系统思考、交流分享中应对环境的变化；热点推荐：社区当前热点动态；社区简报：每月两期发布，促进社区内部知识分享传播、向外传播分享社区实践；社区沙龙：线下的沙龙活动，以主题座谈、研讨为主；社区项目：呈现社区项目列表、项目动态以及参与方法；工具之家：合力汇集、编写优秀学习工具资源。

（2）教师协同备课。维基提供的教师协同备课为教师共同体的知识管理、教学研究提供了新型的网络环境。例如，淄博市电教馆构建的淄博信息技术学科教师自生长学习社区维基（http：//wiki.zbedu.net/）将淄博市的信息技术学科教师连接起来，并组建小学教师组和中学教师组，在基于分享、交流、学习的理念下开展群体网络备课。在教师协同备课过程中，一般由一位教师针对课题先拟定教学目标、教学重点及难点等项目，然后参与备课的其他教师对已有项目进行思考，提出与课题相关的其他备课重点，教师们共同修改备课专栏，添加、修改各个项目内容。在确定备课中关键部分内容时，备课项目的这些词条经过多位教师的反复修改和争论，直到大家的认识趋于一致。

维基环境下的教师协同备课为教师的知识管理和专业发展提供了可操作的现实途径。新入职的教师可以在协同备课中体悟优秀教师的教学智慧，并将这些隐性知识融入自己的教学实践，以改进自己的教学行为和提高教学技巧。优秀教师通过协同备课可以将自己的实践性知识应用于真实课例，并在与其他教师的思维碰撞中进行知识的社会化互动。由此可见，教师协同备课有助于教师知识的螺旋式转化。

（3）网上协同写作教学。由于维基工具的简单易学，而且支持共享共建和协作式学习，国内已有高校教师将维基应用于大学英语写作训练中，并依托现有的维基网站构建起一种不同于传统写作方式的新型写作环境，通过实验形成了基于维基的写作教学应用模式。在这个模式中，维基工具渗透到常规作文教学的多个方面：通过共建共享组织作文素材、通过共享智慧撰写作文、在各抒己见中修改作文、在生生互动和师生互动中批阅作文、立足写作过程的作文讲评和汇聚多次作文学习活动形成作文档案袋。通过维基的作文教学实践，教师们普遍感到维基激发了学生的写作热情，给学生一种语言表达、抒写真情的自我感、归属感、成就感。学生的写作活动贯穿始终，从收集素材到撰写作文，再到修改作文、发表评论、参与讨论等，学生的学习主体性和责任感增强，学生不仅是写作者，也是修改者、评价者。此外，维基打破了传统作文交流的时空限制，师生、生生之间的互动、共享达到了前所未有的高度。

第四节　远程教育中的自主学习与学习支持

一、远程教育中的自主学习

远程教育是以“学生为中心”、以培养学生自主学习能力为主要目标的一种教学活动。作为知识社会教育体系中的一个重要组成部分，它在高等教育中也得到了充分的应用。它突破了传统教育课堂面授学习的局限，学生能够不受教育时空的限制，充分利用教育技术和多媒体手段，开展自主学习。所谓自主学习，就是“自我导向、自我激励、自我监控”的学习。这种学习充分体现了学习者的主体性和能动性。

（一）远程教育中自主学习的主要特征

就远程教育来说，自主学习主要有以下五大特征。

1. 主动性

远程教育的学习建立在学生从被动学习到主动学习的基础之上，因此主动性是自主学习最突出的特征。它也是开展远程教育的前提和保证。学生主动学习的心声就是“我要学”。“我要学”是学生对学习的一种内在需要，主要表现在学习兴趣和学习责任上。远程教育强调学习方式的转变，要求远程教育的教师在强化责任感的同时，还必须把学习的责任真正地从教师的身上转移到学生的身上。学习者只有产生浓厚的学习兴趣，有明确的学习责任，才能在学习过程中有精力地投入，有内在动力的支持，也才能从学习中获得积极的情感体验，取得良好的学习效果。

2. 独立性

自主学习是独立学习，所以，独立性也是自主学习的主要特征。它在学生的学习活动中表现为“我能学”。“我能学”是学生对学习的一种认知取向，表现为学生能够在学习活动中，不依赖他人，选择自己感兴趣的学习内容、确定对自己有意义的学习目标、选择适合自己的学习方式、制定符合实际的学习进度、设计自己满意的评价指标。

3. 技术性

远程教育是信息技术高度发展的产物，因此，远程教育的自主学习是建立在现代信息技术基础上的。远程学习是在师生准分离的状态下进行的，学生的学习是借助多媒体教学资源来完成的，学生只有通过现代信息技术才能将中断的学习行为继续下去。因此，技术性是自主性的第四个表征，它在学生的学习活动中表现为“我能学”。也就是说，远程教育中的学生必须能够熟练地掌握现代信息技术，充分利用多媒体教学资源。

4. 开放性

远程教育中师生异地，没有严格的约束，这给学生的自主学习带来了更大的开放性。开放性在学生的学习活动中主要体现在以下几个方面：入学前，学生可以根据自己的爱好、习惯以及优缺点，选择适合自己个性发展的专业；入学后，学生可以根据自己的学习特点及其他实际情况制订学习计划，确定达到目标所需要的时间；在学习过程中，什么时候学习、怎么学习都由自己制定。

5. 监控性

自主学习是一种元认知监控的学习，所以，远程教育中的自主学习也有监控性这一突出特征。这一特征突出表现在学生对学习的自我计划、自我调整、自我指导、自我强化上，即学生能够对自己的学习过程、学习状态、学习行为等进行自我观察、自我审视、自我调节，能够对自己的学习结果进行自我检查、自我总结、自我评价、自我补救。

（二）远程教育中自主学习的过程

在远程教育学习支持系统的支撑下，远程教育中的自主学习过程主要包括以下五个基本阶段。在这五个阶段中，第二个阶段和第三个阶段是远程自主学习的核心部分。

1. 制订学习计划阶段

作为自主学习的主体，远程教育中的学生应该重视、调整自己在传统学习中的学习理念，变“要我学”为“我要学”；要加强学习自律意识，磨炼学习意志，养成自我激励、自我引导、自我发现、自我监控、自我检查和自我评价的学习习惯；要弄清楚课程的目标、要求和难点，使自己的学习有一个比较明确的起点和方向；通过与同学的交流和讨论，制订并调整自己的学习计划；通过交流，与其他的学习者进行深入的讨论，确定自己的大致学习步骤，达到共同进步的目的（在制订学习计划时，从学习支持系统中获取帮助也是非常重要的）；要充分听取教师和辅导人员的建议，在支持学生自主学习的管理制度和管理模式下，获得高度规范的教学管理制度的支持，使自己的学习能够得到必要的保障。

2. 获取学习资源阶段

远程学习者应该熟悉并能使用远程学习技术，这是对远程学习者素质的基本要求。学习者只有对计算机以及网络的基本操作有所了解，才能在网上获得自己需要的学习资料。在经济不发达地区，要重视利用文字材料、电视广播等各种学习资源、技术手段进行自主学习。在获取与利用学习资源的具体策略和具体步骤上，一是要确定学习目标，二是要制定学习进度，三是要学会选择媒体资源，四是要注意网络学习资源的选择。

3. 参与合作讨论阶段

这个阶段的讨论不仅包括学生与老师之间的讨论，还包括学生与学生之间的交流和讨论。讨论可以通过面谈、信函、电话、短信息、电子邮件、电子公告板、直播课堂或虚拟教室系统进行。其中，信函与电话在师生不能谋面的情况下是一种较为经济、便捷而又具有广泛适用性的通信方式。而在互联网已经开通的地区，参与合作讨论则主要是通过基于网络的通信方式，诸如电子邮件、电子公告板以及其他各种实时或非实时的网络通信工具来进行的。此外，由于远程通信方面的发展，即电视和电话技术的结合通过压缩视频、全带宽或卫星连接，为在虚拟教室里的远程面授教学提供了可能。

4. 提交学习成果阶段

这个阶段相对于其他阶段要简单一些。学习成果的界定比较宽泛：可以是一门课程结束之后书面考试的成绩，可以是就某个主题写作的论文，也可以是理论联系实际工作的项目汇报，一切视自主学习者的具体情况而定。提交的方式也不尽相同，可以是传统学校里提交的纸质材料，也可以是统一的书面考试，在面对面交流不方便的情况下，还可以在网络上开辟一个大家的作业提交区域，将学生的作业按照一定的命名方式提交，然后由教师或教辅人员收齐后进行评价。

5. 评价学习效果阶段

自主学习评价是远程教育的自主学习过程中不可或缺的一环，它以内外双向评价为主要特征，即教育者代表社会对受教育者自主学习动机、策略和能力等进行评价与受教育者内部自我监控评价相结合。远程教育中自主学习效果评价的内容包括学生的学习观、学习动机、学习策略、自我监控能力、学业求助能力、学习反思能力等。对于采用自主学习这种高度策略化的学习方式而言，单一的评价方法已不再可行，必然要求在自主学习评价中量性评定与质性评定相结合，并注重动态、纵向的形成性评价。

远程教学将“以学习者为中心”当作核心思想，它要求学习者能实现自主学习。但是，远程学习者由于原本都是在传统的教学模式中接受教育的，要求他们一开始便能自主和自制，显然是不可行的。因此，为保证学习者自主学习的顺利进行，为学习者提供学习支持服务就显得非常重要。

（三）远程教育中自主学习的影响因素

自主学习是学习主体独立地获取知识的行为，因而它要受主体和客体的影响和制约，主体认知水平的高低和客体环境的好坏决定着自主学习的顺利与否和效果好坏，因此，影响远程教育中自主学习的因素可以从以下两方面分析。

1. 主观因素

影响远程教育学习者自主学习成功的主观因素主要包括学习者学习的基础、动机、能力等几个方面。

（1）学习基础。如果没有一定的学习基础，那么从事高一层次的学习是比较困难的；如果没有基础知识，那么学习者在以后的自主学习过程中就会遇到种种困难，从而影响自主学习的积极性和自觉性。因此，自主学习应该遵循循序渐进的规律，要先具备一定的学习基础。

（2）学习动机。动机是推动和指引个体从事各种活动的内部动因，其作用在于促进人们进行有目的的行动。学习动机实际上就是学习主体对学习的一种需求，是引起、维持和推动主体学习的一种内部动力。

（3）学习能力。如果学习能力不强，在自主学习过程中，遇到疑难困惑就无法解决，就会动摇信心和丧失勇气，自主学习就难以进行下去。

2. 客观因素

影响远程教育中自主学习的客观因素主要包括两类：一类是自主学习的环境因素，主要有学校环境、家庭环境和社会环境。另一类是自主学习的媒体因素，主要有文字教材、音像教材和计算机网上资源等媒体。

（1）环境因素。学校环境主要包括教室、图书馆、实验室、电脑室、校园文化、气氛、风气、人际关系以及学习支持服务系统等因素。一个宽敞、美丽、宁静、舒适，具有和谐气氛、功能完备的校园，能使人静下心来自主学习；而一个嘈杂喧闹如农贸市场的校园，不能叫人安心学习，更不用说自主学习了。家庭环境主要包括家庭的经济条件，家庭成员的文化程度、思想观念等。经济条件好，在家里学习的条件就好；如果家庭成员不理解、不支持学习者的学习，学习者的自主学习就有较大阻力。社会环境主要指社会学习氛围。社会是学习者学习的大环境，如果一个社会不崇尚学习、不鼓励学习，学习者的自主学习就有很多困惑和干扰。

（2）媒体因素。文字教材是知识的主要载体，文字教材的好坏直接影响学习者自主学习的效果。而对于现代远程教育来说，音像教材和网络资源对学习者自主学习的影响也越来越大。

（四）远程教育中自主学习能力的培养

远程教育环境下学生自主学习要求学生能主动地、有主见地学习，也就是要在教学过程中充分调动和发挥学生的主观能动性。在学习过程中，培养学生的自主学习能力尤为重要。要想培养这一能力，需要从以下几个方面努力。

1. 激发远程学习者的学习动力

学习动机是学生自主学习的内在推动力，它主要表现为学生的学习志向和愿望。远程学习者由于入学之前长期处于传统教育环境中，已习惯依赖教师的学习方式，自主学习意识淡薄。因此，远程教育中学习中心和教育者应加强引导，通过各种形式向学习者宣传讲解远程教育的特点和优势，加深学习者对新的教学模式和学习方式的理解和认同，促使他们转变学习观念；通过开展网上答疑、网上讨论、网上测试等活动，帮助学习者对远程网络学习环境的熟悉和适应，增强他们自主学习的信心。同时，帮助学习者形成对远程学习价值的正确认识，帮助他们通过对自身知识技能、智力水平及学习任务的分析，制定具体的、可实现的学习目标，以激发学习者的自主学习动机。此外，在教学过程中要利用各种教学途径、教学内容和激励机制等，调动学习者的学习积极性和主动性。

2. 丰富远程学习者的学习策略

要培养远程学习者的自主学习能力，教会他们一定的学习方法，重建他们的学习策略是非常重要的。学习策略的熟练掌握和运用是自主学习的重要保障，是一个成熟的独立的自主学习者所必备的能力。在远程教育教学设计中，教育者不仅要注重“授之以鱼”，更重要的是“授之以渔”。在具体教学过程中，教育者要在结合教学内容的基础上提供尽量多的范例，讲明相关策略知识及策略使用的范围和条件，给予学习者充分的策略练习机会，使之熟练运用。同时，也可以考虑设计开发基于网络的远程学习策略指导咨询系统，对远程学习策略进行专门指导和训练。

3. 培养远程学习者的自我监控能力

培养远程学习者的自我监控能力就是指培养远程学习者控制整个自我学习过程（识别、规划、管理、评价、修改）的能力。在培养学习者尝试自我识别、组织、制订并执行学习计划、自主选择学习策略的情况下，还要培养其对学习进行自我评价的能力，并在学习的过程中不断总结经验，根据学习的实际情况调整学习的进度和方法，积极探索构建适合自己的、最佳的自主学习模式的能力。另外，要培养学习者通过现代通信技术主动、积极地与学校的教师、教育管理工作者联系，以便在学习环境中形成一个组织良好的反馈系统，帮助他们自主决策，共同探索和营建有效的自主学习方式。

4. 加强远程学习者的相互协作，增强归属感

马斯洛的需要理论认为，归属和爱的需要是人的基本心理需要，这种需要若长期得不到满足，就会降低行为效率，造成心理障碍。虽然远程教育以学生的自主学习为主要方式，但也同样支持协作学习。加强协作学习可以减轻远程教育环境中学生的孤独感和心理压力，有效稳定和刺激学生的学习动机。因此，在远程教育的自主学习中，教师要充分利用远程教育的技术优势，使学生在进行自主学习的同时学会并习惯在信息技术支撑的虚拟交流空间进行协作，进行思维的碰撞，以利于他们用多重观念理解知识，思考问题，增加生成性学习的机会，并增强归属感。

5. 为远程学习者提供信息技术保障

培养远程学习者的自主学习能力还必须加强信息技术的支撑与保障作用。在教育信息传播过程中，信息技术把教师的教与学生的学紧密联系起来，并通

过互相反馈，达到教与学在方式、风格、内容上的最佳契合。现代远程教育环境中的学习，由于与传统的学习方式有所不同，因此更加需要学生主动地通过各种媒体来加强互动，这就是自主学习的精髓，即学习不是在没有支持的独立状态下进行的，而是在主动与周围环境的交互作用下达成的。因此，决定自主学习的关键因素是个体与环境的交互，而支撑交互的信息技术则是自主学习成功的关键因素之一。

二、远程教育中的学习支持

远程教育中的学习除了以课程材料为核心的教育资源创作、设计、开发、发送与评价做支撑外，学生学习支持服务也是一个重要的支撑。完善的学习支持服务系统能够有效保证远程教育质量、降低辍学率，同时直接决定着远程教育的成败。因此，必须重视远程教育中学习支持服务系统的构建。

（一）学习支持的内涵

学习支持也可称为“学习支持服务”，是伴随着远程教育而产生的，它一开始只是作为解决函授教育中的辍学问题而提出的一项措施，是课程设计、开发和发送的函授教育的补充部分，但后来逐渐发展成为远程教育的一大基本功能，并逐渐成为新一代远程教育的核心。学习支持服务思想体系伴随着长期的远程教育实践与研究也越来越成熟。

对于学习支持的理解，向来有不同的解释。有学者认为，学生学习支持服务就是师生之间或学生之间的人际面授交流活动。这一界定来源于对传统校园面授教育的亲近和认同。它是对学习支持最原始也是最狭义的理解。后来出现了一种更为普遍的界定，即将学生学习支持服务分为包括师生之间或者学生之间的人际面授活动和基于信息通信技术媒体的双向交流两大部分。远程教育受到关注后，有学者将学生学习支持服务界定为远程学生在远程学习时接收到的各种信息的、资源的、人员的和设施的支持服务的总和。

总之，学习支持的内涵变得越来越宽泛。在此，我们认为远程教育中的学习支持就是学生从注册学习课程的远程教学院校得到的各种学习支持服务的总和。

（二）学习支持服务的类型

根据上述学习支持的概念界定可知，远程教育中的学习支持服务主要包括以下四种。

1. 信息服务

信息服务既包括向学生单向发送的课程注册信息、广播电视教学节目信息、网络课程教学信息等，也包括对学生求助信息、咨询信息或反馈信息的答复。

2. 人员服务

人员服务包括人际面授活动和基于技术媒体的双向通信交互活动两大类。在为远程学习提供的诸多人员服务中，辅导服务或教学辅导是最基本、最重要的一种人员服务，并且是与学生学习课程内容直接相关的一项教学服务。教学辅导服务可以是以班级或小组为单位集体进行的，也可以是个别进行的，可以面授（在平时或周末，在学生工作单位、当地学习中心或其他教学基地，或者举办短期住宿学校或课程培训），还可以通过通信媒体进行“非面授”和“非连续”的函授辅导、电话辅导、电视辅导、音频视频会议辅导和网络辅导等。

咨询服务是除教学辅导之外又一种重要而常见的人员支持服务。它是远程教育院校及其代表对学生在学习期间遇到的各类（与学习有关的和与学习无关的）问题提供解答、帮助和建议的服务。从学习支持服务的功能分工上讲，教学辅导和咨询具有不同的服务功能和内容，对那些与课程学科教学内容有关的问题，以及与各类课程学科性质和教学内容相关的特定的学习方法和策略问题的解答和帮助应该归属教学辅导服务。而咨询通常是对那些与特定课程学科教学内容无关的交流或个人的问题的解答、帮助和建议。

3. 资源服务

资源服务就是给远程教育中的学习者提供全面的资源支持，这些支持涉及资源环境的改善、资源的共享和传播形式的完善、收集学习者对资源使用的反馈信息等内容。在资源服务中，包括课程材料发送、图书馆服务、网络资源服务等形式，其中图书馆服务是最重要的服务形式。这里的图书馆不再是传统的藏书库、阅览室，而是通过计算机网络与各地大学、图书馆、博物馆联网，拥有多媒体、多载体馆藏资源和各种动态开发资料库、数据库的电子图书馆。远程教育院校的图书馆还应具有自己作为开放与远程服务的专业特色，建立从校本部到各地学习中心辐射的分布式网络结构的电子图书馆系统。同时，要与其他大学的公共图书馆结成紧密的协作关系，实现资源共享。

4. 设施服务

设施服务就是远程教育院校及其在各地的学习中心或教学站点为学生提供各种学习设施和设备服务。上述信息、资源、人员服务都是在设施服务的基础上进行的，设施服务为其他各类学习支持服务提供了物质技术基础与保障。设施服务主要包括图书馆相关设施服务、视听设备服务、通信设备服务、计算机及网络服务等。

（三）学习支持服务系统的结构

远程教育是一种师生时空分离并依靠媒体技术对教与学的过程再度进行整合的教育形式。由于远程学习者以自主学习为主，师生间交互的缺乏和非连续性为远程学习带来很多阻碍，因此为远程学习者提供学习支持尤为必要。世界各国在具体实现远程教育支持服务时，在内容、形式、深度、研究方向上存在许多不同之处，但根据对学习支持服务系统构成要素的分析，远程教育中学习支持服务体系的系统结构一般有四个构成要素，它们分别是学习者、教师、服务资源和通信媒体，四者之间有着紧密的联系。

在支持服务系统里，教师是支持服务的提供者；学习者是支持服务的接收与获得者。教师根据学习者的需求和特点，一方面通过通信媒体与学生进行内容丰富的双向对话交流，向学习者提供针对服务资源的各类支持服务。另一方面积极建设丰富的以通信媒体为载体的各类服务资源，给学生对资源的学习提供支持服务。

学习支持服务系统具有开放性、丰富性、选择性、灵活性、远程性等特征，其总的目标是：为学生提供有效的学习引导服务，形成完善的学习服务体系，提供准确、及时、有效的信息服务，提供个性化的职业生涯和职业发展服务等。

学习支持服务系统的运行应坚持以学生为主体，努力为学生自主学习和个别化学习提供完善的管理、咨询、辅导、答疑、沟通等服务，营造一种有助于学生自主学习的环境，不断加强远程教育学生支持服务。远程教育在为自主学习的学生积累丰富学习资源的同时，还要建立一种具有高度平等和互助性的学习方式，形成一种更有活力的学习环境，增强远程教育中学生自主学习的平等性、互助性和理解性，消除自主学习的学生在社交方面的孤独感，这有助于增进学生之间的关系。

（四）构建学习支持服务系统的原则

在现代远程教育学习支持服务系统的建设与运行中，为保证对远程教育学习的实际推动效果，要遵循以下几个基本原则。

1. 以学生为中心的原则

以学生为中心是远程教育的本质特征和核心思想，是指整个学习支持服务系统的构建要充分考虑学生个体差异和全面发展的需要，整个系统要围绕学生的特点、学生的需求和学生的学习设计、组织和运行。这一原则是构建学习支持服务系统的最重要、最基本的原则。

2. 多元化原则

学习支持服务系统需要为学习者提供在学习过程中各个环节所需要的所有支持与帮助。在具体实践操作过程中，服务项目、内容要逐步丰富并完善。支持服务的开展应该是多方位、多层次的。比如，在学习资源的服务上，既要提供相对简单的实用资源，如传统文字教材、学习辅导等，又要提供较高级、精致的资源，如多媒体课件、电子教案等网上资源，最大限度地满足学习者的需求。

3. 综合性原则

学习支持服务系统的设计和构建在内容和形式上都要体现出综合性，通过要素的取舍、功能的区分、资源的配置、媒体的选择以及关系的协调等方面的统筹规划和综合考虑，使学习支持服务系统能充分发挥其整体功能，取得最大的效应。这就是学习支持服务系统构建的综合性原则。学习支持服务系统要为学生的远程学习提供全过程、全方位的服务，那么其内容要素体现出极高的综合程度，要从分析服务需求、设定服务目标、选择服务策略、传送学习资源、评价服务效果等方面进行综合考虑。

4. 及时性原则

及时性原则一方面要求教师对学习者的服务要求做出及时、快速的反应，以缩短交互影响距离。另一方面要求支持服务系统要根据学科的发展、社会的要求、科技的进步，及时更新学习资源，调整服务策略与方式，使学习者得到及时有效的帮助。

5. 适应性原则

学习支持服务系统的支持服务内容、服务项目的设置要符合远程学习者的实际需求，支持服务方式的选用要符合学习者的实际情况，尽可能保证没有一个学习者有接受的不便，或因为某些原因造成服务要求受到阻碍。这一原则要求充分考虑学习者的需求，如学习者的年龄、性别、职业、个性、学习经历、学习动机、经济状况等的差别对学习支持服务系统的不同要求，从而向学习者提供个性化的服务。

6. 因地制宜原则

由于各地经济、文化发展存在一定的差异，所以远程教育的发展具有不平衡性。因此，远程教育的学习支持服务系统的构建不能搞一刀切，既应符合现代远程教育的基本原则和要求，也应因地制宜，特别是经济文化发展相对滞后的西部地区，更应当从教育经济学的角度考虑，既要重视基于互联网的运行平台，也要注意运用有相当运行基础的数字卫星电视、音像等二代媒体。总之，我们不应当简单地以现代化手段和多媒体资源运用的多少来衡量学习支持服务体系构建的质量，而是要提倡在混合学习理念的指导下，因地制宜地去构建学习支持服务体系。

第五章　高校教育教学的实践创新

第一节　高校教育教学创新之 VR 课堂

一、高校 VR 课堂的教学实践

VR 技术在高校教育教学中的应用途径多种多样，主要应用于日常性的课堂教学、多样的实验教学课程以及数字图书馆的建设等方面。VR 技术的广泛应用，极大地提升了学生的学习兴趣，完善了教学环境。VR 技术已成为高校高效率开展工作的重要组成。

（一）高校 VR 课堂教学的应用

VR 技术在高校基础教学中的应用主要集中在两个方面：基础的课堂教学和实验教学。

（1）VR 技术在课堂教学中的应用

课堂教学是高校教育教学的主要方式，也是最基础的方式。当下多媒体教学已经普及，但是这种以二维图像为主的多媒体方式更能吸引学生的注意力，激发学生的热情。VR 技术能够将现实世界进行多维的信息化呈现，将其应用到课堂教学中，可以丰富教学内容，同时这种新颖的技术可以吸引学生的注意力，提高学习的积极性。比如，在学习建筑结构相关知识的时候，VR 技术就可以发挥自身优势，构建一个多维立体的建筑模型，教师可以根据教学需求，将虚拟的模型通过计算机进行改变，学生可以获得身临其境之感，加深学生对知识的认知与理解。VR 技术可以将枯燥的课堂变成生动有趣的课堂，提高课堂的教学效率。

第一，课堂教学的技能训练。技能训练一般需要对简单的工作进行反复练习，以达到熟练程度。根据 VR 技术的特点，其具有显著的交互性与沉浸性，因此将其融入技能训练，将有利于学生专注地置身于虚拟环境模拟出的训练场景中，通过与虚拟场景交互来实现技能训练。如在医学领域中，学生可以通过虚拟交互系统模拟出的手术场景，操作完成一台手术，其间可以虚拟出手术过程中的任何一种细节，学生通过这种实践教学，不但能够进行反复练习，而且真实模拟了现实情况，同时又不存在风险。

第二，课堂教学的探索学习。VR 技术与传统实践教学工具不同，它不存在材料的消耗和维护，可以在课后向学生开放，促进学生自主实践的兴趣，在实践过程中不断提出自己的条件假设，并对此进行模拟验证，从而培养学生通过虚拟交互系统的实践探索能力，促进学术进步。比如，对于电子与电气相关学科，学生可以在不购买不消耗任何电子器件的基础上，在虚拟实验环境下搭建自己设计的电路，并进行可行性分析；对于环境领域的学生，只需要在虚拟实验环境中搭建出温室效应的模型，便可以完成温室效应的影响因素分析。总之，基于 VR 的交互系统与高校实践教学相结合，能够提高学生对于学科领域的学术探索精神。

（2）VR 技术在实验教学中的应用

VR 技术在实验教学中的应用，可以发挥 VR 技术的交互性特点，实时为学生提供有效的实验数据，指明实验操作步骤，解决学生在实验中的困惑。教师在这一教学过程中，可以通过 VR 技术实现对学生的针对性指导，提高实验教学的效率。学生在虚拟教学环境下，可以通过实验数据资料的指引完成实验操作，提升自身的实验水平。

高校实验教学作为教学与生产、社会实践紧密结合的环节，既是 VR 技术的潜在重要使用者，同时也是 VR 内容的重要提供者，并可能成为 VR 技术研发的重要引领者。因此，高校实验教学应对 VR 技术发展的策略应当是：根据自身发展实际情况，积极、主动适应新技术革命的变化，以开放适应、引领的态度和行动去面对 VR 技术对教学的影响。

第一，厚植基础，继续推动高校开展实验教学领域的虚拟仿真项目教学改革。全国高校已经建设了几百个国家级虚拟仿真实验教学中心，覆盖了大多数部属高校和一大批地方所属高校以及军队院校。省级教育行政部门也开展了省级虚拟仿真实验教学中心建设工作，建设数量约为全国层面的两倍。按照平均每个虚拟仿真实验教学中心建设几十个虚拟仿真实验项目估算，仅获得省级和全国层面认可的虚拟仿真实验教学项目就有几万余项。在现有基础上，高校应继续根据自身的教学实际需求，按照问题导向和目标导向的原则，创造性地开展虚拟仿真实验项目建设。

第二，优势共享，以搭建在线开放虚拟仿真实验项目平台为契机助推优质资源共享。在线开放虚拟仿真实验平台建设，就目前来看，在全球范围内还没有类似的集成式平台，属于集成创新的范畴，也属于中国特色高校教育管理的优势领域；平台建设要注重顶层设计坚持成熟一批、推出一批，确保推出的实验项目已经在学校、区域或行业内试点，并获得基本认可；坚持符合专业实践教学发展方向，对于不能很好反映教育教学规律、不能体现专业教学需求、不能适应时代发展的实验项目，不进行平台支持；坚持创新驱动，鼓励与行业、企业合作共建共享，推动教学形式创新、技术创新、组织模式创新等各项创新；坚持互利共赢，确保集成平台与分布站点之间保持平等互利关系，确保实验效果和网络通畅。注重科学分类，体现平台为学生服务、为高校服务的目标。可以考虑按照专业类型进行分类，如工、农、医等，也可以细化到专业类；可以按照区域进行分类，如华北、东北等，也可以细化到省份，甚至到达市级层面；可以按照技术类型进行分类，如虚拟类、仿真类、增强现实类、增强虚拟类，也可以按照实现技术，如软件类、硬件类等进行分类；可以按照实验类型进行分类，如演示性、验证性、综合性、设计性等。总之，分类的目标是实现多维度的快速检索，提供更为便捷的服务。要注重规范建设，为实验项目可持续发展奠定基础。在平台建设初期，要注重对外展现和使用的统一化，进一步要注意虚拟仿真技术的接口统一化，逐步实现虚拟仿真实验开发标准的统一。

第三，主动介入，以高校实验项目的使用为需求引导中国虚拟现实产业发展的方向。美国高盛集团发布的报告显示，2020 年 VR 教育市场规模将达到 3 亿美元，而 2025 年将达到 7 亿美元。根据以往的历史经验，信息技术对教育的投入，往往可以带动其他行业实现十倍以上的营业收入。VR 产业在我国的发展，高等学校实验教学领域可以从供给和需求两侧综合发力，实现高校教育与 VR 产业发展的深度融合，体现高校人才培养、科学研究和社会服务的综合功能。

从供给侧看，高校实验教学基于已有的虚拟仿真实验项目研究，可以为VR技术的发展提供技术支撑；同时，作为现代信息技术人才培养的主要基地，高校实验教学承担着培养VR技术研发人员的重任，可以为产业发展提供人才保障；最后，高校实验教学领域是虚拟仿真教学内容的重要提供方，也是解决VR产业应用内容初步设计和研发的主要承担者，通过将教学内容在更大范围的推广与应用，促进“VR+”相关产业的发展。

从需求侧看，高校实验教学是“VR+教育”的具体使用方。需求决定供给，有效的需求将引导供给的方向。因此，高校实验教学改革要关注VR技术的发展，注重VR技术与人才培养的深度融合，注重理顺生产实践和社会发展的虚拟实践与真实实践的关系。

从长远发展来看，VR技术的兴起、发展，将会对未来高校教育的教育教学形态产生越来越重要的影响，高校实验教学研究和改革人员要从提高人才培养质量角度出发，对VR技术可能产生的技术革命保持高度关注，并积极介入其中，推动和引领整个高校教育教学与现代信息技术的深入融合。

(3)VR技术在高校实训教学中的推广

第一，前期投入成本。

尽管近几年VR技术得到了迅速的发展，但VR设备及其软件开发的成本还是比较高的。如果高校在实训教学中引进VR技术，需要的设备数量不是一个小数目，引进初期仅在设备购置这一项的投入资金就是相当大的。

第二，场景的建模。

VR设备的使用需要虚拟场景的支撑，而虚拟场景的开发离不开虚拟现实建模，所以在实训教学中，如何根据实训教学的需要建立合适的模型成为该项技术应用的重要前提。面对不同的学校、不同的专业、不同的教学目的，实训的种类繁多，根据不同的实训内容构建不同的VR实训模型。

第三，统一标准，共享平台。

VR场景的开发是一项复杂的工作，如果每一个高校都根据自己的要求来开发VR相关的实训教学内容或系统，从全国范围来看，就会造成资源的浪费。可以由政府牵头规范，制定一个统一的VR教学开发的标准。

全国范围内的高校可以共同开发，并构建共享平台，这样不仅能节约教学资源，而且能节省开发时间。

第四，VR 技术应用在实训中的教学设计。

VR 技术的革新日新月异，在教学实践中为了让学生及时了解和掌握这些技术，能够更好地理论联系实际，并做到与时俱进，高等院校在实践教学中应引入虚拟现实技术。

以物流仓储实践教学为例，具体教学课程设计如下：①实训前的理论教学。在进行实践教学之前，需要先让学生了解物流仓储系统，仓储是一个系统工程，大致分为入库、盘点、分拣、包装、出库等。先把学生分为几个组，分别对应这几个作业流程。让每个组的学生都认识一下各个流程，为实训打下理论基础。②虚拟现实教学。利用 VR 技术，展示某仓库的市局及其设施，通过预先的设计，学生可以通过触摸按钮，对某一设备进行更具体的观察和认识，并进行比较。每一个设备都会配有对应的说明以及注意事项，从而让学生对仓储有个大致的直观认识。③安全教育。虽说是虚拟现实环境，但也要按现实生活可能遇到的非安全因素，对学生进行相关的安全教育，利用 VR 技术先让学生身临其境地观看易出现状况的环节和出现状况后正确的应急处理方式。这样才能在学生遇到实际情况时，知道该如何处置。④实操训练。按之前分好的组别，模拟某电商仓库的日常运营（训练主题不仅限于此），在进行模拟实训过程中，对学生出现的违规操作以及不安全的操作，可以在操作的界面引入警报系统。当出现这些操作时，界面就会出现红色闪烁报警，提醒学生出现错误，并会扣掉相应的分数，同时也会设有加分环节，来表扬那些操作得当和娴熟的学生。⑤实训总结。最后会在模拟实训结束后，系统会根据每位学生在实训过程中的表现，进行评比打分，并打印出实训成绩单，包括最终的分数和扣分的原因。实训结束后，学生要根据成绩单和实践训练写实训报告，交给指导老师，并由老师给予指导建议。

（二）VR 技术在高校数字图书馆中的应用

图书馆是高校学生重要的综合性学习场所，图书馆的数字化建设是符合现代化知识教学要求的。高校数字图书馆信息技术的引入，便利了学生的借阅，在一定程度上改善了学生缺乏阅读兴趣的问题，但是初步的信息化并未将图书馆在高校教育教学中的主体地位凸显出来。VR 技术在高校图书馆的应用，则可以有效地提升学生在图书馆学习知识的意识。VR 技术可以将图书馆资源进行全面、立体、真实的呈现，可以为学生提供丰富全面的参考资料，提高学生阅读学习的主动性。

二、AR/VR 技术对高校教育教学模式改革创新

（一）AR/VR 技术对高校教育教学模式改革创新的影响

AR 通过计算机技术将模拟的信息叠加到真实世界，真实的环境和虚拟的物体实时融合到同一个画面中。

AR 允许用户看到真实世界以及融合于真实世界之中的虚拟对象，因此增强现实是“增强”了现实中的体验，而不是“替代”现实。

AR/VR 对于促进教育发展，增强学生的注意力和学习兴趣具有明显优势；通过师生双向的交互，提高学生沉浸感和想象力，使学习的深度、广度有所增加；在教学情境创设、学习模式创新方面、AR/VR 创设探究与体验情境，学生由被动学习变为自主学习、体验学习、探究式学习，显著提高了学习效果。

高校教育教学模式的改革一直与信息技术息息相关，从传统的课堂教学手段到图文教学，再到多媒体教学，以 AR/VR 为代表的可视化技术教学，必将对教育影响深远，已经成为教学发展和改革的新方向。2017 年 1 月 19 日国务院关于印发《国家教育事业发展“十三五”规划》的通知里提道：“要全力推动信息技术与教育教学深度融合。综合利用互联网、大数据、人工智能和虚拟现实技术探索未来教育教学新模式。”

（二）AR/VR 技术对高校课堂教学模式改革与创新的内容

教学模式是指在一定教学思想或教学理论指导下建立起来的较为稳定的教学活动结构框架和活动程序。教学模式的框架结构一般包括教学思想或教学理论、教学目标、操作程序、师生角色、教学策略和教学评价等因素。不同的教学理论、教学目标、师生角色等都会形成不同的教学模式。作为结构框架，突出了教学模式从宏观上把握教学活动整体及各要素之间内部的关系和功能；作为活动程序则突出了教学模式的有序性和可操作性。AR/VR 技术在教学中的应用会对教学目标、师生角色、教学策略、教学评价等因素产生一定的影响，增

强学生的主观能动性和创新能力培养，对高校学生的学习兴趣具有提升作用，从而提升高校课堂的教学效果。

1. 重构教育教学理念

传统教学理念是教师教、学生学，一般的过程是教师先教授理论知识，学生再到实际环境中体验和应用。AR/VR 技术具有沉浸性、构想性和交互性，使得学生的学习具备了情境认知特性。情境认知理论认为，大多数知识都是人的活动与情境互动的产物。如果能为学习者提供接近于真实的学习环境或仿真情境，对提高学习者学习热情与对所学知识的理解掌握大有益处。AR/VR 教育思维不是告诉学习者什么叫知识，而是让学习者自己尝试直接体验知识，从学习知识到体验知识是一种学习方式的转变。在 AR/VR 技术下的教学中，学生通虚实结合，与场景互动，变被动学习为主动探索学习，改变了教学思维和形式。

2. 改变教学目标

在传统教学中，教学的主要目标就是教师教授学生知识。AR/VR 模式下的教学可以通过学生的互动操作、师生互动等方式促进学生主动参与和自主学习，其主要目标是通过体验式学习提升学生的学习兴趣以及加深学生对知识的理解，提升课堂教学效果。

3. 操作程序的改变

每一种教学模式都有着其对应的操作程序和逻辑步骤，即围绕课堂师生先做什么，后做什么。在传统课堂中，操作程序更多地是针对教师来说的，是教师如何安排组织课程的讲授、测评等过程。AR/VR 模式课堂教学中，互动教学环节会增强，有时候课堂必须要学生互动参与才能完成教学任务，课堂测试等环节的运行形式也与传统课堂相比有较大变化，整个课堂的教学程序发生了改变。

4. 师生角色转变

传统教学的普遍形式是教师在讲台上讲，学生在下面听，课堂总是以教师为中心，这种形式导致学生没有自我性，认为课堂跟自己无关，通常在课堂上做自己的事，听课效果不好。AR/VR 模式下教师可以针对不同的学生设计不同的内容，提出不同的要求，往往要求学生互动完成，这样的课堂更多地是围绕学生来开展，以学生为课堂的主角，教师作为引导者，这种师生角色的转变可以增强学生课堂学习的积极参与性。

5. 教学策略的变化

教学策略是指在教学过程中，为完成特定的目标，依据教学的主客观条件，特别是学生的实际，对所选用的教学顺序、教学活动程序、教学组织形式、教学方法和教学媒体等的总体考虑。在 AR/VR 技术支持下，教学活动不再都是以教师的教为主，更多地是围绕着学生的学展开，教学的组织形式和教学方法也会发生改变。

6. 教学评价方式的改变

在传统课堂中，一个教师对多个学生，教师对于学生的课堂评价比较难以实施，特别是个体学生的评价。在 AR/VR 教学环境下，教师可以通过学生的交互活动，AR/VR 教学系统自动实现对学生的个体评价。如在叉车结构知识点学习中，可以设置一个叉车结构的测试题，让学生自己动手选择，系统自动判断正误，实现对学生知识掌握情况的测试。此测试可以同时对所有学生进行，解决了传统课堂教师提问学生受时间限制的问题。

教学评价是双向的，除了教师考评学生，学生也可以及时反馈教师的教学效果，以便教师清楚地了解学生对知识的掌握情况，在后续的讲解中有所侧重，从而提升课堂教学效果。

第二节　高校教育教学创新之慕课

一、高校基于慕课的新型教学模式探索

当前，基于慕课的教学模式日益渗透我国高校教育的课堂，慕课的教学理念也推动着我国高校教育人才培养方式的转变。“慕课来潮”对高校培养人才和实现内涵式发展是一个难得的机遇。对此，慕课有哪些优势？是否适用于高校的教学？高校如何构建基于慕课的新型教学模式？值得深入探讨。

相对于传统课堂教学模式和一般的网络课程，慕课主要具有以下两个方面的优势。

1. 慕课给我们带来广泛的、优质的、模态化的教育资源

现开设的慕课突破了国际和校际壁垒，并不局限于传统的学科，而更注重

课程的综合性、实用性和普适性，既有涉及国际前沿的理论课程，如“博弈论”，又有应用型和通识类的课程，如“英文写作”“食物、营养与健康”等。

在慕课中，教师讲解环节主要通过视频实现。慕课的授课视频一般经过师资团队反复研究制作而成，大部分视频的主讲是名校名师，专业师资团队对专业知识的讲解一般比单个教师课堂讲授的质量更高。慕课课程的设计能够突出每门课程的特色，课程教学内容主要以模块的形式呈现。通过约 10 分钟的微视频把知识体系分解为单元模块，突出知识要点，这有利于学习者集中注意力和利用碎片化时间学习和理解。

2. 慕课体现了以学习者为中心的教育理念和教学模式

（1）慕课能够兼顾学习者学习能力个性化的要求

传统课堂以教师为中心，教师按照一个版本，面向学生群体统一授课，这难以照顾不同学生个体的能力差异。在慕课中，学习者可根据自己的学习能力自主选择课程内容和难度等级，自主调节学习进度，如果遇到难点或外文课程的语言障碍，可以回播教学视频继续学习。这种个性化的学习方式有利于增强学习效果。

（2）慕课能够满足学习者学习方式多样化的需要

在慕课平台注册的学习者可通过多个社交网站、论坛，运用多种社交媒体与教师、同伴讨论和交流，形成“师生互动”和“生生互动”，共同解决学习问题。学习者在慕课平台中可通过授课视频内嵌测试、在线测试、线下作业等多种方式加强训练；可利用在线教材注释、在线虚拟实验室、可视化游戏等软件辅助工具做课程笔记和模拟实验；可借助教师评价、同伴评价、自我评价所构成的多元化评价方式审视自身学习效果和不足，以便总结提高。

（3）慕课让学习者在学习时间和地点选择上更具有灵活性

在传统课堂中，学生修读课程需在规定时间到指定课室听课或做实验。而慕课课程在时间安排上相对灵活，也没有固定的地点。学习者可以自我计划和管理学习时间，主动营造良好的学习环境。

二、慕课的适用性

慕课的到来为我国高校教育人才培养模式的改革提供了一个很好的机遇，但我国高校在把慕课运用到教学实践中需要考虑慕课的适用性，因地制宜，针对不同高校、不同类型学科课程采取不同的实践模式和应用策略。

（一）不同类型高校可采取不同的应用慕课的策略

对于国内一些综合性研究型高校，在利用国际慕课资源的同时，可开发一系列品牌课程参与到国际慕课平台之中。对普通本科院校和职业院校而言，其策略以吸收、引进和利用国内外慕课资源为主，利用慕课资源实现内嵌式教学课堂以提高教学质量；再根据高校自身的学科优势选择性地开发一些特色专业类或技能型的慕课课程，参与到全球慕课平台中去。

（二）慕课对不同学科课程的适用性不同

慕课在技术和制度设计上尚不成熟，高校教育不同学科课程有不同的知识结构体系和不同的思维能力要求，因此慕课对一些学科在教学过程中的应用有一定的限制性，并非适合所有学科课程的教学。慕课的学科课程适用性具体表现在：一是慕课本质上属于网络课程的范畴，对于理论课程的教学，可以借助慕课实现优质教育资源的共享，优化教学设计，提高教育质量。但对于实践课程，慕课的实用性并不强。实践课程更多地需要学生现场做实验、实地调研等才能有效培养学生的操作技能和实践能力，而慕课难以实现实地操作和现场体验。即使有些慕课课程试图用虚拟实验室来模仿实验，学生也不能获得如化学实验所释放气味的真实感受。二是慕课更多地应用于以结构化知识传授为主的程序化的学科课程，对于高阶数理推导和逻辑思维训练的学科课程的适用性较小。三是目前慕课的授课语言以英语为主，少数课程配有中文翻译字幕，这对于外语类课程和双语教学的课程而言，慕课是十分合适的教学资源，学生通过慕课既可学习地道的外语，又可汲取专业知识。而对于其他课程，禁课的大范围应用还有赖于中文禁课的开发。

三、高校慕课应用教学模式的构建

慕课具有优质教育资源和先进教育理念的优势，而实体课堂又弥补了课堂难以督促学生、无法面对面交流和开展实践活动等不足。因此，将慕课与实体课堂相结合才是有效应用慕课推动教学模式创新的可行途径。对于高校而言，慕课与实体课堂结合的主要形式是将慕课作为课程主体内容，构建翻转课堂；

或是将慕课作为课程的强化与补充，形成混合式学习。所谓“翻转课堂”是把传统课堂的“先教后学”模式翻转为“先学后教”的新型教学模式。在上课前，学生独立完成对教学视频等教学资源的学习；在课堂上，学生在教师指引下进行作业答疑、协作探究和互动交流等活动。混合式学习在形式上是在线学习与面对面学习的混合，在内容上涵盖多种教学理论的混合、教学资源的混合、教学环境的混合和教学方式的混合。当前促进高校课程教学改革的一种有效路径是突出资源整合和教学互动，充分利用慕课课程资源，将慕课与实体课党相结合，建立基于慕课的翻转课堂和混合式学习。具体而言，高校可着力构建“课前设计、慕课学习、课堂互动、实践拓展”四位一体的慕课应用教学模式。

（一）课前设计

在课前设计阶段，由任课教师事先设计课程的体系结构、筛选合适的慕课资源、制作教学视频、提供预习资料，给学生在之后的慕课学习和课堂互动阶段提供导航。课前设计是慕课应用教学模式必不可少的阶段。由于慕课平台所提供的课程并没有严格的课程体系结构，教师在开课之前告知学生关于课程的体系结构和相关的基础知识，可让学生对课程有一个整体把握，避免学习后形成“知识碎片”。由于慕课的课程比较多，而学生对课程的甄别能力有限，且不同学生的能力层次和学习需求存在较大差异，教师在课前设计中筛选合适的慕课课程推荐给学生学习，并为学生设计不同的学习路径以供选择，可帮助学生选择适合自身学习能力和学习需求的优质慕课课程。

（二）慕课学习

在慕课学习阶段中，学生根据教师课前布置的学习资料，自行观看必修模块的慕课教学视频和选择性地学习选修模块的慕课教学资料，并完成相应的作业，以便对课程新知识有一定的了解，找出疑难之处。该阶段的学习一般在课外完成，学生可根据个人情况适时调整教学视频学习的进度，遇到授课语言障碍或知识难点，可反复播放视频或查阅相关学习资料，以便加深理解。在慕课学习阶段，学生可以自控式地深度学习，获得个性化的学习体验，完成“知识传递”的过程，该阶段的“先学”是实现下一个阶段课堂互动后教学的基础。

（三）课堂互动

课堂互动是基于慕课的翻转课堂教学模式的核心，是真正实现“以学习者为中心”的课堂组织过程。在课堂互动阶段，学生在教师的引导下，进行作业答疑、小组讨论、协作探究等学习交流活动。学生的学习过程一般由“知识传递”与“吸收内化”两个阶段组成，在慕课学习阶段学生完成了“知识传递”的过程，而在课堂互动阶段的主要任务是促进知识的“吸收内化”。如对于经管类课程，知识的吸收内化侧重通过问题讨论和案例分析等方式促进知识的综合应用；对于外语类课程，则侧重语言的“输出”练习；对于理工类课程，吸收内化主要是通过实验和方案设计等方式验证原理并在实践中运用。

课堂互动的主要活动包括作业答疑、小组讨论与展示、反馈评价等。在作业答疑中，教师首先根据课程大纲内容，针对学生观看慕课视频和课前预习中提出的疑问，总结出有代表性的、有探究价值的问题；然后教师在课堂上给予学生答题思路和方法指引，由学生独立或师生共同完成作业的解答，并在作业解答和知识点梳理中达到化零为整、知识融通的教学效果。在小组讨论与展示中，学生组成小组，根据教师设置的问题、案例、场景等，开展小组讨论，通过辩论、案例分析等方式探究问题，并通过团队报告、小型比赛等形式展示小组学习的成果。这种协作学习的方式能够增进学生间的合作，提升关联体验，弥补线上慕课学习缺乏情感交流和社会关联的短板，增强学习效果。对于反馈评价，在课堂互动阶段，需要通过教师点评、同伴互评、学生自评等方式，对学生之前是否自觉完成慕课学习、是否掌握基本知识要点、是否积极参与小组讨论、团队成果展示水平如何等进行多维度的评价，以便达到“以学定评”“以评促学”的效果。

（四）实践拓展

高校实施慕课的翻转课堂和混合式学习模式的最终落脚点是学以致用，培养应用型人才。课前设计、慕课学习、课堂互动和评价考试并非课程构成的全部，而实践拓展也是课程教学的重要一环，是课堂教学的延续。实践拓展阶段以成果分享、技能竞赛和社会实践为着力点。由学生团队根据自身对课程内容的理解和学习感悟制作成视频等形式的作品，上传至网络平台，与同伴分享课程学习的成果，通过学生对知识的再创造，加深其对新知识的理解。师生根据课程内容共同开展相应主题的竞赛、调研、实验等实践活动，并给予计算相应课程的学分和学时，以达到训练学生的应用技能和提高其创新能力的教学目的。对于经管类课程，可采取企业调研、社会调查、沙盘演练等。

对于外语类课程，可开展英语演讲比赛、英语情景剧比赛、担任兼职翻译等。对于理工类课程，可让学生参与新实验开发、新产品设计、小发明制作等进行实践拓展。

总之，慕课的引入一方面提供实用性较强、覆盖面较广的教育资源，更大程度地满足高校培养应用型人才的需要，同时也弥补高校优质教育资源缺乏的短板；另一方面，慕课的引入也带来先进的教育理念，这种教育理念强调“以学习者为中心”，注重学习能力的培养。

在这种教育理念引导下，构建慕课的新型教学模式，是推动高校教育教学改革和实现应用型人才培养目标的有力举措。

四、高校慕课教学的改革

慕课的快速推进，给高校的课堂教学改革带来了新的机遇和挑战。这就要求管理者要搭建更高效的资源共享平台来促进课堂教学。教师需要重建课堂教学理念，确立新的教学目标，重新组织课堂教学过程并更加注重过程化、多元化的考核方式。与此同时，教师要做好由统一化培养到个性化培养的转变，由课堂教学到多平台教学的转变，由单向教学到多向互动的转变，由人工教学管理方式向智能化教学管理方式转变。

（一）搭建有效平台，促进资源共享

慕课是与现代教育技术紧密结合的产物，慕课下的课堂教学改革需要凭借平台来运作。目前，慕课运作平台主要有公共的开放平台和校内网络教学平台，搭建好两个平台有助于教学资源的整合，有助于课堂教学改革的顺利推进。

1. 搭建慕课联盟平台

对于高校教育发展来讲，建立高效、共享、优质的教学资源合作机制，开展慕课建设、推动课堂教学，将有助于提升高校教育整体发展水平。在搭建慕课联盟平台的过程中，要改变过去的观念；达成推动共建共享慕课机制这一工

作共识；制定参与慕课共建共享有关规章，形成和构建相应的共建共享机制。

（1）铺垫平台基础

首先是政策基础。政府需要在政策上给慕课资源共享提供保障，特别是制定学分互认政策，协调学分互认关系，并确定慕课在教学中应用的比例。其次是技术基础。各高校慕课建设应执行国家相应标准，实现平台的交互操作，建设的慕课能够在不同高校的平台上顺利运行。最后是教学基础。教学的基本内容和基本要求应达到一定程度的规范和统一，为学分认证奠定基础。

（2）丰富平台资源

首先，盘活现有资源。各高校现有的精品课程、精品开放课程、资源共享课程、课堂教学设计与创新课程、双语教学课程等课程建设项目，前期进行了大量的投入和建设。这些项目虽然已经完成了阶段性使命，但仍有开发利用的巨大空间，根据慕课建设要求和技术标准对以上相关课程进行改造，充实到平台中去。其次，引进优质资源。目前，很多慕课资源平台提供了大量优质慕课资源，在尊重知识产权的基础上，通过协议等形式把这些资源课程嫁接到高校慕课平台上去，使学习者通过一次身份认证便可以学习到更多慕课平台上的课程。最后，自主开发资源。鼓励高校自主开发慕课。尤其是在平台运行初期，对高校中的选修课、公共课等共性较多的课程加大扶持开发力度，为高校校际慕课学分互认积累经验。

（3）提供平台保障

首先，处理好“权”“利”关系。在平台上运行的慕课存在着知识产权和利益分配等相关问题。这就需要签署《联盟高校慕课学分认证协议》《联盟高校慕课学分收费协议》等相关协议，以及制定《联盟高校慕课制作规范》等相关制度。平衡好教师、学习者、学校和平台提供者之间的“权”“利”关系，以保障慕课资源共享机制长效运转。其次，成立慕课评估组织。政府可以委托某一高校牵头成立慕课评估机构，对纳入平台的课程，组织各方面专家进行评估。尤其是教学大纲、课程目标、授课内容以及对学生应掌握的知识、技能以及应达到的水平进行信誉等级评定，为课程学分认证提供参考。最后，建立协调机制。政府是协调慕课商业化的有效保障，在校企合作过程中发挥着助推作用，也能够敏锐地把握慕课在企业、高校之间的关系。所以，政府应该对慕课平台进行统筹管理。

2. 加强校内网络教学平台建设

在国家和各级政府的财政支持下，目前国内大部分高校都建立了网络教学平台。但从目前运行来看，需要加强以下三个方面的建设。

（1）加快网络教学平台数字化对接

高校内的图书馆信息系统、财务缴费平台、教务管理系统、毕业设计平台、网络教学平台等多个与教学密切相关的系统（平台）分属于不同的管理部门，由不同的公司开发与维护，技术参数标准不尽统一，造成师生身份认证重复操作，为教学和管理带来诸多不便。校内网络教学平台应及时和校园数字化平台对接，共享相关数据信息，使教师上课、学生学习以及其他信息查询都可以在一个身份认证下完成。

（2）加快网络教学平台的运用

首先，加强宣传。通过多途径宣传网络平台的优势，发放平台使用手册，并有针对性地开展培训工作，让更多的学生知道并使用平台。其次，出台使用网络平台相关鼓励政策。教师在网络平台上开放慕课或进行相关的课堂改革，耗时耗力，对技术要求高，学校应给予一定的资助或奖励。最后，给学生提供便利的网络学习条件。实现校园网无线网络全覆盖、便捷的活动桌椅讨论教室、快速的机房上网服务等。

（3）加强网络教学平台管理

一个合格的网络教学平台需要一套系统的管理模式，才能保证平台的平稳运行。首先，制定和完善相关管理制度。学校要出台《网络教学平台管理办法》等相关制度并及时更新制度内容。其次，及时更新课程资源。及时了解网络技术与课程资源的发展动态，实时引入和更新网络课程资源。再次，做好网络教学平台管理服务工作。做好平台设备的日常维护、使用管理，及时排查故障，确保平台始终处于正常工作状态。最后，做好网络信息安全工作。严格执行课程准入制度，定期巡查入库课程内容，防止无关信息的渗入与传播。

（二）强化过程评价，注重实际效果

传统的课堂教学改革多以公开发表论文、提交研究报告作为改革的成果来呈现。慕课背景下的课程教学改革应建立过程性、多元化的评价标准，着重考核实际课堂教学效果，这就需要采用新的策略来重建课堂教学。

1. 重建课堂理念

传统的课堂教学教师处于主导地位，教师控制着教学进度，课堂教学内容中的重点、难点均由教师来掌控，学生是被动接受知识的客体。而慕课的课堂教学翻转，教学的重心由原来教师的“教”转移到了学生的“学”上，部分内容则由学生通过慕课微视频来实现，教学中的重点是在教学情境中生成的，教师的工作重心在于课堂教学设计和辅助教学。在教学理念上发生了根本性的转变。

2. 重建课堂教学目标

传统的课堂教学主要在课堂上把基础知识和基本技能传授给学生。而慕课背景下的课堂“翻转”使教学目标重建成为可能。学生可以利用课下时间通过微视频来完成基本知识的呈现、讲述与传授，课堂则成为师生探究、问题解决、协助创新的场所。学生可以不受时间的限制来掌握基础知识和技能，通过学生自主学习，掌握学习过程中的重点和难点。在课堂中，学生带着自己的问题与教师探讨、交流，从而获得新的知识建构。

3. 重建课堂教学实施过程

慕课背景下的课堂教学由于教学目标发生了变化，所以教师需要重新组织和安排教学。在教学实施过程中主要包括课前自学、课中内化讨论、课后深化三个阶段。学生通过课前观看教师拍摄的视频完成初步知识、技能的接受和理解；通过解答教师预设的问题来检验学习过程中遇到的问题或不足；通过网络交换平台和同学、教师讨论学习中遇到的问题，将仍然解决不了的问题记录下来并带到课堂教学中去。在课堂中，教师搜集学生提出的问题，通过讨论、讲解等给予现场解答。其间，教师给学生提出具体的实践活动任务，由学生自主探究或协助学习；在课后深化阶段，教师根据学生对知识的掌握情况，提出一些拓展性的实践任务，给学生提供在真实情境中解决问题的锻炼机会，同时辅以反思、活动，促使学生课后自主探究与反思，促进知识、技能的进一步内化、拓展与升华。

4. 重建课堂教学评价模式

慕课背景下的课堂教学，在教学模式和教学方式上较传统授课模式有很大的区别，更注重过程化考核和多元评价办法。这就需要教师在教学进程中分阶段对学生进行考核，考查学生对已学内容的掌握情况、学习能力、初步运用知识分析问题和解决问题能力。教师可以针对不同的课程性质和特点，选择平时作业、阶段测试、期中考试、研讨交流、答辩、调查报告、读书笔记、项目设计、实践操作、专业技能测试、课程论文、学生互评等灵活多样的考核形式，或采用方法的部分组合。慕课下的课堂教学，需要教师以全新的视角来审视教学，重视过程化考核，注重学习者实际学习成效。

（三）发挥慕课优势助力课堂教学

教师要熟记慕课开发及管理相关知识，指导学生学习方式的转变，调整课堂教学知识结构，利用好慕课资源。重点在于教师如何更好地促进课堂讲授与学生慕课学习相结合，线下辅导与线上辅导相结合，自主开发的慕课与其他慕课资源相结合等问题。为此，教师需要做好以下三个转变。

1. 由统一化培养到个性化培养的转变

慕课体现了一种以学生为中心，以“学”为本的教育价值取向，重视激发学生主动学习的积极性，强调学生自主学习。班级授课制下预设的假设是所有的学生有相同的基础，培养出具有该课程基本知识和技能的学生，可以说是同一化培养。而慕课则更注重学生个性化的学习需求，侧重差异化和个性化培养。

2. 由课堂教学到多平台教学的转变

传统的课程教学往往局限于课堂时间内，虽然也要求学生课前预习、课后深化，但缺少检验、交流的平台。而慕课给传统课堂带来了转机，教师可以利用现有的慕课平台课程资源，打破课堂时间限制，形成实体课堂和虚拟线上的合理衔接，由单一的课堂教学转变为丰富的多平台教学。与此同时，教师可以有效利用其他网络资源，如微信、微博、QQ 等交流平台，来补充慕课资源的不足。

3. 由单向教学到多向互动教学的转变

线上平台的开放，无疑延伸了课堂教学时间，形成了师生、生生、个人和小组、小组与小组等多向互动局面。尤其是在“翻转课堂”中，教师的角色发生了重大变化，传统课堂中的基本知识在翻转课堂中教师不再讲授，而由学生课下线上学习。教师的角色由原来的“教学”变为“导学”，授课方式也由原来的单向教学到多向互动教学转变。

4. 由人工教学管理方式向智能化教学管理方式转变

运用慕课技术实现由有纸化向无纸化传变、由有人化向少人化或智能化转变。传统的教学资料中的教材、作业等多以纸质的形式呈现，而慕课下的课堂教学更多采用的是电子资料、视频材料、电子书、电子作业、帖子等，甚至考试也在线上进行。这就要求教师适应无纸化现代教学的需要，更新教学技能，利用好线上资源，做好数据统计与分析。

（四）把握慕课发展趋势

1. 政府引导，把握慕课发展大趋势

（1）慕课类型发展趋势

从目前来看，慕课主要有两种形式：C 慕课和 X 慕课。C 慕课，“C”代表“连通主义”，认为知识的本质是“网络化的联结”。强调知识的获取“去中心化”以及知识的创造与生成；强调的是同伴学习，其运行于开放资源学习平台。就目前的几大慕课供应商所提供的课程来说则属于 X 慕课，基本上还是传统的课程，即以教师课堂教学为主，只是通过现代的技术方式表达出来。由于 X 慕课简单易行，熟悉亲切，和传统教学模式相近，加上运营商不惜成本大力推介名校、名师、名课堂，目前发展比较迅猛。而随着先进的网络技术被不断用于高校教育，人们更重视“人”在慕课中的作用（而不仅仅是技术在慕课中的作用），从而将会把 C 慕课推向新的高度。

（2）慕课建设发展趋势

从目前慕课开发的主体看，主要有运营商、高校个体和高校联盟。运营商虽然有较大的资本投入，不遗余力地进行广告推广、技术更新，但必须依靠高校优质的师资进行“原创”，高校虽然有雄厚的智力资源，但往往缺乏资金的投入和技术的指导。鉴于此，就诞生了“校企合作”式的慕课开发和“校校抱团”式慕课联盟。从发展趋势看，这两种慕课开放模式都将有很强的生命力。但需要注意的是“校企合作”式的慕课开放模式，高校要重视知识产权保护以及正确处理合作开放中的角色。在“校校抱团”式慕课联盟中，要处理好高校间的权利和义务关系，遵循互通有无、优质共享、凸显特色的原则。

2. 符合校情，稳步推进课堂教学改革

不同的高校有不同的教育使命，要量力而行。一是分类推进慕课建设。通识类选修课以及部分专业选修课可以通过慕课形式来完成，或尝试“翻转课堂”等教学方法，但专业核心课程要慎重推行。对于一些简单的知识点应鼓励通过慕课来学习。未来的课堂教学应更多体现知识的探索和师生的互动。二是引进与本土化慕课建设相结合。一方面高校要引进一些名校、专家的慕课资源，另一方面要立足区域联盟开发一些本土化慕课，凸显本校的办学特色。三是借鉴慕课优势，激活现有课堂教学。在普通的课堂中增添一些慕课环节，利用现代化的即时通信工具增强师生互动，把“静”的课堂教学变“动”。

3. 与时俱进，提升教学管现服务水平

传统行政化教学管理要向信息化学习与课程服务体系转变。努力为学生提供最优质的课程和个性化学习服务，为教师提供全方位的课堂教学支持服务。一方面，教学管理部分要充分利用大数据资源为教师提供个体化的“学情”信息，揭示在传统教育的经验模式中无法检测出来的趋势与模式，以便于教师洞察学生是如何学习的，学生理解了什么，没有理解什么，是什么原因导致学生获得成功等关键问题，从而使教师能够卓有成效地开展因材施教。另一方面，充分利用现代信息技术，通过各种学习终端向学生推送选课、空余教室、作业、讨论、考试及相关教学信息，为学生提供快速、简单、直接的各种学习服务，让学生更高效地进行学习。

4. 着重引导，培养学生自主学习能力

虽然慕课落实了学习者的中心地位，拓展了学习方式的时间界限，创设了沉浸式、社交化的学习环境，但慕课自由化的学习方式，对学习者自主性和自我约束力以及学习过程的可持续性提出了更高的要求。与此同时，海量的信息来源和知识资源，也容易使得学生无所适从。因此，高校必须着力引导学生培养自主学习能力。

五、利用信息技术促进高校慕课教学

慕课的广泛推广离不开信息技术的运用。慕课时代，对高校教师也提出了更高的要求，高校教师需要充分利用信息技术促进慕课教学。对利用信息技术促进高校教育教学的途径提出如下对策：

（一）教师个人制作动画、电子手写板书等新型慕课资源

慕课资源如果全靠院校管理者提供经费请人制作，那平台的更新和有效应用将得不到保障。美国可汗学院的慕课视频就是利用录屏软件、电子手写板独

立完成的，费用不高，完全靠教师个人的发挥，在手写板上完成板书。技术和教学的关系应如何对待早已是人们探讨的话题，手写板书反映了教师的思维，对学生也有更深层的教学效果，将信息化技术的应用深入教学的精髓。此外，动画、电子手写板书完成的慕课资源在同等清晰度下能比课堂实录压缩得更小，有利于在线学习。

（二）将移动学习应用于开放课程资源的应用

目前，青年学生使用大屏幕手机浏览网络资源已经非常普遍，慕课资源如果不能在移动网络上方便点击观看就失去了生命力。因此，开发时间短、容量小的片段式慕课视频，并适用于手机平台浏览就是目前最紧迫的工作，除了传统的网络课程，微信课程等新生事物也能应用于学生的在线学习。

（三）在试点专业进行慕课的研究

慕课是否适用于所有课程还需要研究，可以首先把部分专业开展自主学习、自我发展教学形式作为研究案例，从采用形式、条件、培养目标、管理形式、评价标准等方面做重点分析，以指导提升学生创新能力为目标进行开放教育资源应用。以国际商贸和模具类专业试点课程学习方法的转型为例，由于国际商贸系所面向的就业范围广泛、模具类学生毕业后转行的比例相对较高，为使专业培养适应工作岗位的条件，根据现在师资条件难以让每个学生得到全面发展机会的现实，每个专业方向通过专业教师管理引导并实施考核，学生主选择慕课资源进行自主学习。根据部分高质量国外教学资源，访问速度不能保证以及语言障碍等问题，学校应帮助解决，搭建良好的自主学习平分，提升学生创新综合能力。试点专业可采用贯穿学程的学分制、专业选修课体系，提供教师自由安排学习模式的可能性。

（四）教师要正确认识教育技术对自身教学的重要性

在慕课大潮的冲击下，随着现代教育技术化程度的不断提高，高校教师只有及时将最新教育技术纳入自身的专业知识体系中，才能胜任新形势下的教学工作，专业化发展道路才会通畅，以慕课为代表的新技术应用并不只是专业教育技术人员的事，而是和广大教师息息相关的。

六、慕课资源在高校的利用

嵌入学科服务强调以"为用户"为出发点，将学科信息资源与信息服务融入用户实体空间或虚拟空间，构建一个满足用户个性化信息需求的信息保障环境。结合图书馆的实体空间将慕课嵌入学科服务进行介绍。

（一）实体信息共享空间

如今图书馆的实体信息共享空间发展迅速，包括了各种形式的信息环境，如咨询空间、研讨室、学术报告厅、开放交流空间等，有的图书馆还以学科分馆为基础，按学科和专业对图书馆的空间和资源进行整合，为用户提供了更为便利的学科环境。慕课除了视频之外，还有非常重要的交互部分，那就是师生、生生之间的交流，可以借助图书馆的信息共享空间实现面对面的交互，如授课教师与学生之间大规模的异地实时视频讨论，可以在图书馆的学术报告厅进行，课后某一慕课学科学习小组的成员可以借用研讨室进行学习交流。利用信息共享空间，可以支持用户顺利开展慕课线下学习活动，同时学科馆员也可以和用户一起进入空间，提供在询服务，可以依据课程内容提供纸本、电子的参考资源列表以及网络开放获取资源的信息，对用户的学习提供帮助和支持。教师录制慕课课程可以借用图书馆的学术报告厅，获取配备音响、投影等较完备的课程录制环境和工具。

（二）学科服务平台

学科服务平台通常应包括学科知识资源、特色资源、学科信息门户、学科导航、学科咨询、个性化定制、主题服务、知识挖掘等信息，它是图书馆提供学科服务非常重要的窗口。目前，各高校的学科服务平台形式多样，有学科博客、专业的学科服务平台、自建的学科信息网页等，但无论哪种形式都可以将我们的慕课资源嵌入其中，为学科服务的内容拓展一个新形式。可以学习国外高校的方式新建慕课指南（或者慕课指南博客、慕课信息网页等），通过这个指南展示慕课宣传的信息、常见的综合类慕课课程、信息素养知识慕课课程、慕课版权等。学科类的慕课课程、特色多媒体资源、课程参考资源、学科专题信息、素养知识课程等信息嵌入发布到各个学科指南中去，方便用户按照学科获取，利用学科服务平台工具对本学科相关课程信息进行系统的收集、整理，并将学科服务平台上的常用专业资源如电子资源、图书、信息门户等整合，融入教师学生的研究和教学。

（三）移动图书馆

目前，国内高校推出的移动图书馆服务已经非常丰富，如手机短信服务、移动图书馆 APP 服务、微信服务、RSS（简易信息聚合）订阅等。移动图书馆服务利用网络技术与移动设备帮助使用者在任何时间、任何地点获取图书馆的相关资源与服务内容，馆员可以通过移动图书馆将慕课课程服务嵌入教师建设课程与学生学习课程的过程中去。

微信具有的基本功能为基于学科服务的慕课活动嵌入式服务提供了重要途径。基于语音文本交互和群聊的交互功能，可应用于慕课课程协作学习，实现师生与图书馆员之间的交互沟通。例如，学科馆员可以通过一对一或者一对多的方式回复某个学科群组里师生的咨询。基于微信公众平台的信息聚合与推送功能，可以开发慕课课程学科参考资源的订阅推送和自动回复响应功能，使师生能够检索和获取学科慕课资源，如推送信息素养知识的微视频。如检索策略的编制、学科数据库的使用技巧、学科开放资源的获取与介绍等主题微视频，或者读者发送微视频的关键字，可通过微信自动响应发送相关主题微视频至读者的手机终端。基于微信公共账户的信息发布功能，发布慕课相关新闻信息。

RSS 个性化需求定制也可以为读者提供订阅推送慕课资源可新闻的服务。图书馆员发布信息时可以将慕课资源按照不同学科类别聚合，为读者提供分类查询的途径。读者进入图书馆 RSS 服务页面后，可以看到按学科排列的资源链接地址，读者用鼠标点击需要的慕课信息链接地址，从菜单中选择增加频道，粘贴上复制的信息链接地址即可。图书馆员也可以将慕课信息按照主题词和关键词进行聚合，为读者提供主题词和关键词的查询方式。读者进入图书馆 RSS 服务页面，可以按主题词和关键词进行搜索，如检索慕课版权、慕课工具、参考资源、慕课课程等关键词，然后将搜索结果中需要的信息资源链接地址复制粘贴到新建频道中。图书馆可以根据课程的内容设置、学生的在线咨询等提供配套于慕课教学的资料推送、个性化需求定制等服务。

图书馆员通过实体信息共享空间、学科服务平台、移动图书馆等途径，根据不同慕课服务的特色，选择较合适的途径传播给用户，教师与学生也可以通过这三个途径产生信息互动。

（四）慕课嵌入学科服务的特色

1. 促进学科服务的内容嵌入

学科服务是学科馆员主动深入教学科研活动中，帮助用户发现和提供更多针对性更强的专业资源。很多情况下传统教学和科研工作的模式使得教师、学生局限于自己的课堂、实验室，与图书馆员之间的交互难以深入并持续。通过将慕课资源嵌入学科服务，扩展学科服务的信息来源、信息形式，满足师生们浏览学科慕课资源的需求，图书馆员有更多的机会将学科内容嵌入教学中去，提高学科资源的利用率。当然，这也要求学科馆员对现有的慕课资源进行搜集、评判选择、重组、分类、标记等工作，并与其他学科资源进行整合。

2. 促进学科服务的过程嵌入

学科服务需要深入了解读者的行为习惯、信息能力以及信息需求，根据学科特征，为读者提供主动、个性化的服务。图书馆为慕课教学师生互动、生生互动提供实体空间，使得学科馆员有机会参与教学活动，为教师提供数字化资源的内容支撑，了解教师与学生的实际信息需求，并提供相应的在询服务，推荐参考文献，帮助学生利用图书馆资源解决慕课课程中遇到的难题。

3. 促进学科馆员专业服务水平

学科馆员在整理慕课资源的同时，对该学科优质的教学内容、学科领域的研究热点、该领域的学术专家等会有更深入的了解，会从一定程度上提升自身的专业服务能力，与教师和学生交流时，能更加了解其信息素养需求、教学需求，以做好辅助研究工作。学科馆员也可以自学一部分学科课程内容，结合图书馆员的专业知识，提升工作效率与学科服务能力。将慕课嵌入高校图书馆学科服务，试图找到一个馆员为教师教学和研究提供学科服务的小窗口，为新信息环境下赋予学科服务新活力提供一些思考，当然馆员也将面临更多的挑战，期望进一步通过实践开展相关研究。

七、慕课背景下高校人才的信息素养教育

我国高校慕课的建设步入稳定发展的阶段，而高校人才的信息素养教育仍

未受到足够关注与重视，开设学生信息素养系列慕课是大势所趋。

（一）慕课与高校发展

慕课的问世与开放课件、开放教育资源有着密切的关系。可以说，慕课是在开放课件的热潮与开放教育资源运动的背景下出现的。

2000 年，美国麻省理工学院提出“MIT 开放课件计划”，计划把该校所有的课程资料放到因特网上提供免费利用。2002 年，该开放课件网站建成，该计划的提出与实施，不仅为师生提供了丰富的数字课程资源，向全世界宣传推广了开放课件的理念，而且在全球范围内掀起了开放课件的热潮，进而引发了一场高校教育资源开放与共享运动。

2002 年 7 月，联合国教科文组织在法国巴黎举办“开放课件对发展中国家高校教育的影响”论坛，正式提出了“开放教育资源”这一概念，并对其内涵进行了界定：OER 是“通过信息通信技术为全社会成员提供的、开放的教育资源，这些资源允许被进行非商业用途的咨询、利用和修改”。开放教育的核心是免费和开放共享，并能够在任何时候、任何地方为任何人增加获得教育和知识的机会。从此，OER 运动的浪潮席卷全球，得到国内外许多高校和其他机构的积极响应。

值得一提的是，2003 年 10 月，我国教育部批准成立了中国开放教育资源协会，旨在推进中、美两国高校之间的紧密合作与资源共享，致力于引进国外大学的优秀课件、先进教学技术、教学手段等资源，同时将中国高校的优秀课件与文化精品推向世界，搭建国际教育资源交流与共享的平台。该协会成员包括北京交通大学、北京大学、清华大学、北京师范大学等 12 所高校。

成立于 2008 年的开放课件联盟是 OER 运动的成果。该联盟的成员包括来自 52 个国家和地区的 250 多所高校教育机构和相关组织，开放共享了超过 20 种语言的 1 万余门网络课程。该联盟致力于推进开放教育及其对全球教育的影响，力求通过扩大获得教育的机会来解决社会问题。近年来，随着慕课的发展，全世界各大名校纷纷建立了慕课建设平台。

（二）我国慕课发展的整体状况

中国的高校在 2013 年开始参与慕课建设。2013 年 1 月，中国香港地区的香港中文大学加入 Coiursera 平台。4 月，中国香港地区的香港科技大学加入 Coiursera 平台。5 月，北京大学、清华大学、中国香港地区的香港大学、中国香港地区的香港科技大学等 6 所亚洲大学宣布加入 edx09 月，北京大学开设了 4 门慕课，并通过 edx 开始全球教学。

值得关注的是，除了中国香港地区的 12 门慕课全部是由 Coiursera 和 edx 提供建设平台之外，中国有 50% 以上的慕课是在本土自主开发的平台上建设的，清华大学的全部慕课均在其自主开发的“学堂在线”平台上建设，上海交通大学的全部慕课也在其自主开发的“好大学在线”平台上建设。

中国高校的慕课从无到有，从少到多，步入稳定发展的阶段，并呈现出以下特点：一是中国的慕课主要集中在北京和华东两个地区，二是超过五成的课程均依托本土平台建设，三是中国台湾的慕课建设已经形成规模，发展迅速。

2011 年 11 月 9 日，作为教育部、财政部支持建设的中国高校教育课程资源共享平台，由高校教育出版社承办的“爱课程”网站正式开通，并推出了第一批 20 门“中国大学视频公开课”。2013 年 6 月 26 日，“爱课程”推出首批 120 门“中国大学资源共享课”。

（三）信息素养慕课建设现状

在对中国慕课建设现状进行调查的基础上，为了解国内外信息素养慕课的开设现状，通过网络调查方法对网站上提供的 20 多个慕课平台上的 1 万多门慕课进行调查发现，开设信息素养慕课数量最多的是美国，其次是英国，再次是中国、加拿大、荷兰和爱尔兰。有关数字素养和计算机素养的慕课数量最多，共 18 门，占 50%，这说明数字素养慕课受到了相当的关注。

在美国开设的 20 多门慕课当中，有 4 门课程的名称含有“素养”，有关数字素养、计算机素养的有 13 门，有关科学素养的有 3 门，有关媒体素养的有 2 门。开设的机构除了 7 所高校之外，还有地方政府的教育部门、教育基金会、教育机构和商业机构，类型多样，这些非高校的机构所开设的慕课内容丰富，范围广泛，生动有趣，值得一提的是，由微软公司开设的“数字素养与信息技术技能”为系列课程，共有数字素养、计算机基础、计算机安全与隐私、数字生活方式、信息技术原理、因特网与生产计划、生产计划、因特网与万维网等，包括阿拉伯语和英语的子课程。

当前国内外信息素养慕课的建设尚属起步阶段，呈现以下特点：一是欧美经济发达国家的信息素养慕课发展较为迅速。二是高校仍然是开设信息素养慕课的主体。三是内容主要集中在数字素养和计算机素养等领域。四是信息素养慕课数量少，参与机构不多。

（四）高校开设学生信息素养系列慕课

我国信息素质教育始于20世纪80年代，主要采用在全国高校开设“文献检索与利用课程”（全校公共选修课）的形式，对在校学生进行信息素质教育。尽管课程名称比较多，如信息获取与利用、信息检索与网络资源利用、现代信息直询与利用、文献信息检索等，但其课程的核心内容主要围绕文献检索的基础理论和基础知识、各科各类检索工具的基本原理及检索方法、主要数据库的利用、图书馆利用等。在进入信息社会的今天，该课程无论是形式还是内容均已过时，一方面无法适应社会发展和时代进步的需求，另一方面也无法满足学生对信息资源获取与利用以及其他信息素养相关知识的需求。

近年来，国外高校纷纷从开设传统的文献检索课改为开设信息素养课程，国内也有些高校紧跟国际潮流，开始开设信息素养课程，如北京大学的“信息素养概论”、上海交通大学的“信息素养与实践”、深圳职业技术学院的“信息素养步进课程”、韶关学院的“大学生信息素养教育”等。

在高校开设学生信息素养课程，不仅能够培养学生的信息检索技能、图书馆素养、媒体素养、计算机素养、因特网素养、数字素养和研究素养等，而且能够培养学生对现代信息环境的理解能力、应变能力以及运用信息的自觉性、预见性和独立性，从而提高综合素质。随着国内外高校开设慕课热潮的到来，开设学生信息素养系列慕课不仅必要，而且已经是大势所趋。高校开设慕课教学意义如下：

第一，慕课的交互性能提升学生信息素养课程的教学效果。与传统的面授课程相比，慕课的形式多样，有大量穿插于慕课视频中的交互式练习。这些练习不仅能帮助学生及时理解并巩固所学的内容，而且能够激发他们的学习兴趣，鼓励和引导学生更加积极地学习与思考，使他们从被动学习转变为主动自主学习，大大提高了学习效果。与此同时，慕课的交互性也有利于进行信息素养课程的模拟检索操作。

第二，慕课的开放性有利于面向全校本科生甚至社会公众开设学生信息素养课程。开放性是慕课区别于以往其他网络课程的最大特点，而这种开放性特别适合开设作为全校公选课的信息素养课程，不仅因为学生都需要信息素养教育，而且因为社会公众也需要信息素养教育。因此，信息素养课程应该以慕课的形式同时面向在校学生和社会公众免费开放，使得更多的人有机会获得信息素养教育，提升自身的信息素养和综合素质。

第三，慕课的灵活性非常适合学生信息素养课程的模块化教学。由于学生有不同的学科专业，不同的学科专业对信息素养教育的需求各异，因此可分为人文社科、自然科学、理工、医学等四个模块，才能满足各个学科门类的需要。与此同时，还可以开发类似“插件和游戏”的模块，方便教师随时嵌入慕课当中，充分利用慕课的灵活性开展教学。

第四，慕课的互动性为信息素养课程中需要的多方互动与交流提供了有利条件。依托网络社区和社交网络进行互动交流是慕课的优势之一，它不仅可以开展学生与老师的互动交流，而且也可以进行学生之间的互动交流。学生可以围绕老师提出的问题进行交流和讨论，也可以开展基于网络社区学生群体的“同学互评”，增强了学生的参与感，也促进了学生之间的相互学习。

八、慕课在高校教育教学中的应用

慕课在教学理念、教学设计、教学模式、教学评价等方面都有独特的优势，并将改变高校的教学机制。

（一）慕课资源的优势对传统教学的镜鉴

1. 教学理念——“自主学习”对“接受学习”

现行的高校教育教学理念是“接受学习”，教师是教学的绝对主体，他们是知识的拥有者，以“传递高深学问”为己任，将教材上的知识以及自身所拥有的知识以自己最擅长的方式教给学生，“教”完全支配“学”。而慕课的教学理念是“自主学习”。它将学习的主动权交回给学生，允许学生根据自身知识、能力水平自主选择学习内容，自行把握学习进度，自主选择学习环境。一门慕课课程通常会持续几周至十几周，每周一次课，每次课一般几个小时，以事先录好的视频形式呈现。每次课程的视频又经过事先处理被划分为若干时长在10

分钟左右的知识单元。这种设计的目的就是允许学生在学习过程中，根据自身的实际需要，自定学习步调，不必受传统教学的限制；允许学生根据自己的兴趣爱好选择学习自己感兴趣的内容；在学习环境方面，学生也可以自由选择在宿舍、教室、家庭等不同场所进行学习；在学习工具方面，学生可以选择台式电脑、笔记本电脑、手机等不同设备。由此可以看出，慕课所主张的是一种自觉、自愿、自立、自为、自律的学习，体现了“自主”的本质特征。

2. 教学设计——“技术性、便捷性”对“工具性、烦琐性”

慕课的教学设计是技术性和便捷性的统一。以 edx 为例，其课程的教学设计包括两大阶段：前期阶段和核心阶段。前期阶段主要是对学习者需要、教学目标和教学内容进行分析。首先，根据学习者的职业、学习背景对其学习需求进行分析。其次，根据不同类型学习者的需要，确定不同类型的教学目标。最后，根据对学习者需要和教学目标的分析，确定教学内容，并将其科学地划分为若干个相对完整且相互关联的知识点。核心阶段则是对学习资源、教学活动、学习评价和学习支持的设计。对学习资源的设计主要就是对教学视频的设计，它包括对教学视频的制作、视频内容的设计等方面；对教学活动的设计主要是对学习者个体活动、生生互动、师生互动的设计；对学习者个体活动的设计就是根据学习者的兴趣合理设置小测验或试题库，对生生互动的设计是根据合作学习原理合理设置小组互评等形式的活动；对师生互动的设计则是以注重交互性为前提，设计线上师生问答互动、线下博客、微信互动讨论等；对学习评价的设计就是根据学习者需要、教学目标和教学内容对相关内容的测验、作业以及试题的设计；对学习支持的设计就是对学习资源、教学活动、学习评价等工作提供相应的技术支持。

3. 教学模式——“以学为本”对“以授为本”

传统课堂教学模式是“以授为本”，这体现了教师对整个课堂教学活动的绝对控制。也就是说，教什么、怎么教和教多久都要由教师决定，较少考虑学生自身的需要和想法，学生只能被动地接受。而慕课是将众多优质课程资源置于专门的网络课程平台，供学生根据自身的兴趣、爱好和需要自主选学。其规模之大、时空范围之广、开放程度之高是传统课堂教学无法比拟的，其核心就是强调“学”，体现“以学为本”的特点。这种从“以授为本”到“以学为本”的转变，归根结底是由慕课自身的特点决定的。首先，慕课的大规模和开放性为学生的自主选学提供可能，而慕课简便的操作方式、低廉的学习成本使得这种可能变成了现实。其次，慕课的可重复性为学生正式学习之后的温故知新创造了便利条件，学生可根据自己情况重复学习其认为重要的或必须掌握的内容。最后，慕课重视学生自身的体验和师生、生生之间的互动，有助于巩固学生的自主学习成果。体验是一种静态的自主学习，它突出的是学生对学习内容的独立认知和感悟；而互动是一种动态的自主学习，它突出的则是学生对学习内容的相互交流和碰撞。可以说，慕课是学生对学习内容的认知、感悟、交流和碰撞等的集合。因此，慕课的设计必须突出“以学为本”。

4. 教学评价——“重在评学”对“重在评教”

高校现行的教学评价主要是对教师教学过程及结果的评价，对教学过程的评价重在对教师授课过程的评价，而对教学结果的评价则重在对教师授课结果的评价。概括地讲，现行教学评价重在评“教”。然而，教学是由“教”与“学”两方面组成的，只评“教”就容易忽视“学”，也就无法真实、全面地反映实际的教学状况。事实上，检验教学效果好坏的标准只有“学”。因此，如何科学合理、切实有效地检验学生的学习效果是开展教学评价的根本。而慕课正是从这一根本出发设计的。

（二）慕课资源融入高校教育教学机制

1. 采用混合式教学模式，改善教学资源

教师可以借助慕课平台获取备课所需各种资料，无须再受场所限制；学生可以在任何一台互联网电脑上以在线注册的方式学习这些课程，享受全球教学资源，无须再受几百人共同上课的困扰，也不必再担心不能正常上实验课等问题。因此，将慕课融入传统教学，可以切实改善高校资源短缺的现状。具体做法是：课程开始前，教师将所授课程内容按课时划分后，上传至慕课平台，并给学生详细安排每节课的自学任务。然后，学生在每节课开始前自学慕课平台上的相关内容，并完成习题和小测验。在学生自学期间，教师每周组织一次线下讨论课，安排学生针对自学过程中的疑难问题开展小组讨论；之后，教师再针对课程中的重点内容提出若干问题，由学生回答，并进行点评讲授。在这个过程中，教师只是一个引导者，在适当时候负责牵线，大多数时间都是学生发言。这种“自学、讨论、讲授”的混合式教学，是慕课资源嵌入高校教育教学较为理性的模式。

2. 实施“双师教学”项目，提升教师专业化水平

在慕课平台上，教师资源非常充足，且不乏世界知名高校的优秀教师，每一门课程均由 1~2 名优秀教师主讲，有的课程还配有 2~3 名负责线上课程测评及论坛区工作的课程助教和论坛助教。如此充足的教师资源是传统教学无法比拟的。慕课平台上的每一门课程，都可以供成百上千，乃至几万几十万学生共同选择学习。因此，可以用人慕课平台上的优秀教师资源；对于一些慕课平台和高校共有的课程，高校可以尝试让全校学习同一门课程的学生在规定的时间内，在慕课平台上按要求自学该门课程的主要内容，并完成课程测评及讨论。之后由本校教师集中时间开展辅助教学，主要针对学生在慕课学习各环节中所遇到的问题进行及时解答。这样就形成了集高校与慕课平台教师资源于一体的“双师教学”。在慕课平台上，一方面学生可以在规定时间内完成课程的学习，另一方面教师也可以从优秀教师身上学到很多平时无法学到的知识、授课技能与方法等。可以看出，这种“双师教学”既是一种新型的远程教育教学模式，又是一种可行的教师资源共享途径，还是一种便捷的师资培训方式，可以使更多高校共享优质教师资源，从而促进其教学质量的提高，提升教师专业化水平。

3. 拓宽信息来源渠道，开阔师生视野

借助慕课平台，高校师生不需要进图书馆就可以学到丰富的知识；可以了解到国内外学术团队运作的基本情况，通过线上交流使线下学术合作成为可能；可以把握相关学科最新的研究进展和发展动态，还可以接触国内外先进的教育理念和教学方式。世界知名慕课平台之一的 edx，目前拥有来自世界各地的 10 多万名学习者，可以在全世界任何地方学习哈佛大学的“古希腊英雄”、加利福尼亚大学的“幸福科学”、芝加哥大学的“城市教育中的关键问题”、北京大学的“化学与社会”、清华大学的“中国建筑史”等来自世界 100 多所名校的 300 多门课程，这些课程充分体现了相关领域最先进的思想观念、最丰富的研究手段、最多样的研究范式。因此，高校可以借助“双师教学”的运行方式有效利用慕课提供的信息，丰富课堂教学内容，拓宽信息来源渠道，开阔师生的视野。

4. 加强师生对外交流，提升高校国际化水平

慕课的到来，为高校的对外交流也提供了极大的便利。教师不出校门就可以与国内外名校名师在线进行学术及思想的交流；学生借助电脑和网络，也能

够与名校名师进行线上或线下的讨论交流。许多慕课课程都有极其富有生气的讨论区，国内外不同学校同一学科的教师之间可以针对所教内容中的重点、难点及最新研究动态进行线上交流；数以千计选择同一门课程的学生以他们特有的方式与教师、同学开展交流，如微博、微信、QQ 群等。通过不同形式的交流，达到共享学习内容、分享学习收获、共同感受学习乐趣的目的。高校可以以慕课平台作为拓展师生对外交流的起点，通过线上多次交流为线下交流奠定基础，使对外交流从线上最终延伸到线下。因此，高校可以借助慕课平台增强广大教师对外交流的意识，调动其积极性，并以慕课为中介，为广大教师提供线下的对外交流机会，不断开放线下对外交流渠道，最终提升其国际化水平和竞争力。

第三节　高校教育教学创新之微课

微课的兴起为课堂教学的革新提供了一条有效的途径，也对提升教育公平和质量，共享优秀的教育资源，满足学生的个性化需求，实现随时随地的学习提供了有力的保障。翻转课堂正是建立在微课的基础上对传统教学方式的一次变革。

一、高校微课教学模式

（一）翻转课堂

根据教育心理学相关的研究成果以及翻转课堂教学的实践，提出一个 O-PIRTAS 翻转课堂教学法，作为教师在教学中应用翻转课堂一个可依据、可操作的模式。O-PIRTAS 是英文单词 Objective、Preparation、Instructional video、Reviews Test、Activity、Summary 的缩写，分别表示实施翻转课堂的几个必要环节：教学目标、课前准备、教学视频、视频回顾、知识测试、活动探究以及总结提升。教师可以根据这几个步骤具体实施翻转课堂教学。下面对 O-PIRTAS 翻转课堂教学法做出具体的阐述。

1. 确定教学目标（Objective）

为了帮助教师更容易区分教学目标的种类，结合已有关于教育目标分类的理论以及翻转课堂教学模式的特点，我们认为大致可以把教学目标分为两类：知识性目标和能力性目标。知识性目标属于初级目标，主要包括对知识的记忆和理解。能力性目标则属于高级目标，包括布卢姆教育目标分类中的应用、分析、评价、创造等高级认知目标以及情感态度、价值观、批判思维、自我认识、学会学习、沟通合作等能力和素养。

需要特别指出的是，这里的能力性目标除了包括通常意义上的能力（如应用能力、分析能力、沟通能力），还包括情感、品格、态度等内容，称之为素养性目标可能更为合适。但是这里为了方便教师的理解和操作，并与知识性目标相对应，我们统一把这些素养称为能力性目标。知识性目标是最基础的教育目标，脱离了知识性目标，能力的培养就失去了基础。但只满足于知识性目标是远远不够的，教师需要在知识性目标的基础上进一步发展学生各方面的能力和素质，才能培养出符合社会和时代发展要求的人才。

把教学目标分为知识性和能力性目标两大类，与学者彭明辉和马顿（Marton）等人对教学目标的分类有相通之处。彭明辉和马顿把教学目标分为直接目标和间接目标两种，直接教学目标是指学习的内容性知识，如化学反映率，经济学的供应和需求；间接教学目标是指学生通过学习内容性知识能够发展的能力，如通过实验计算某种化学反应的反应率，或者能够使用供需的同时变化来解释某种商品市场价格的变化。这种分类的直接教学目标类似我们的知识性目标，而间接教学目标则类似能力性目标。

把教学目标分为知识性和能力性目标两大类，可以帮助教师比较直观地分析教学目标并应用于教学设计之中。对教学目标的分类是跨学科和年级的，我们认为对于任何学科和层次的教学，都可以分为知识性和能力性这两类目标，教师要根据具体教学实际设计这两类目标，以保障教学的有效实施。知识性和能力性目标的分类还符合翻转课堂教学模式的特点。总的来说，翻转课堂的课前、线上、课外自学部分主要是围绕着知识性目标展开的。而翻转课堂的课中、线下、课内集体学习部分则主要围绕着能力性目标展开，因此明确两类教学目标对于后面开展翻转课堂各环节的教学具有统领作用。

应该认识到的是，对于教师的工作和价值来说，知识性的教学是相对比较容易被代替的，或者说不是教师的主要价值所在。今天信息社会区别于以往社会的一个重要特征就在于知识的获取十分便捷，教师不再是知识的唯一来源，甚至也将不是主要来源。当前网络上具有各种丰富的资源、搜索引擎，甚至包括慕课、可汗学院在内的各种优质教育资源，都可以成为学生获取知识的重要来源。可以说，每位高校教师在学校所教的课程，基本上都可以在网络上找到相应的慕课资源。而且这些慕课课程都是名校（如哈佛大学、麻省理工学院、斯坦福大学）知名教授精心制作的课程。从知识的角度，这些慕课和知名教授是学科知识的代表，比大多数教师更具权威性、系统性以及准确性，完全可以取代教师成为学生获取知识的途径。未来随着人工智能技术的发展，人类在知识教学上的优势就更加荡然无存了，人工智能完全可能成为一个比人类更好的教知识的老师，这是大势所趋。

相对于知识性的教学目标来说，能力性的教学目标是人类教师的独特优势。能力性目标涉及人类情感、创造力、沟通、合作这些人类所特有的品质，是人工智能所不具备的。因此，未来教师的主要工作和价值应该体现在对学生能力性目标的培养上。

明确教学目标是成功实施翻转课堂教学的首要环节和先决条件。翻转课堂教学不满足于只是完成知识性的目标，而是更加注重能力性目标。知识性目标基本上可以通过视频让学生在课前自学完成，实体课堂则主要被用来发展学生的能力。

2. 课前准备活动（Preparation）

课前准备活动主要有以下两个作用。

第一，提高学生学习的兴趣和目的性。认知目标是形成学生学习动机的一个关键因素，个体只有对未来的学习目标产生期待时，才会发生有意义的学习。研究表明，学习的过程往往是从整体到部分的过程，学生了解了学习的总体目标之后，再进行分解学习的时候就会更有方向性和目的性，学习效果也会更好。在实际教学中，教师要通过课前准备活动先让学生明确学习目的，使其对未来的学习结果产生一种积极的期待。如果教师通过课前导入活动，在正式教学之前告诉学生本次学习的目的和作用，那么就能够激发起学生学习的兴趣，并让他们的学习具有指向性。

第二，课前准备能为之后的视频学习打下良好的基础。在教学形式的顺序上，翻转课堂和传统课堂还是一样的，都是先讲后练的顺序，并没有进行翻转。教师的讲授是需要一定的时机、条件或基础的，讲授要发挥作用需要学生具备一定的先前知识，学生在努力思考、探索、挣扎过某个问题或情境之后能更好地理解讲授的内容。虽然学生在接受讲授之前进行的问题解决和探索可能是不成功、不正确的，但是这种尝试有利于图式编码和整合，能够帮助学生认识到自身先前知识的不足，还能通过对比正误解法来让学生注意到学习的关键特征，从而为之后接受教师系统的讲授打下必要的知识基础。

那么，什么样的活动能够帮助学生形成必要的先前知识，为下一步接受讲授打好基础呢？国外学者施瓦茨（Schwartz）建议可以通过让学生对比相关概念或原理的多重样例，来帮助学生注意并理解样例之间的区别，发现知识的结构性特征，从而发展出辨别性知识。这些辨别性知识是理解之后系统讲授的重要基础。学者卡普木（KaPur）提出有益性挫败理论，他建议在直接讲授之前让学生先进行探索性的问题解决，让学生使用已有知识探索问题的解法，有助于图式建构，投入更多的认知资源，发现不平衡并意识到自身先前知识的有限性。学生还可以通过对比不同解法的异同，来发现新知识的关键特征并更好地进行编码。我们基于变易理论的研究成果发现，对比学习对象的多重样例能够帮助学生审辨出学习的关键特征，这些审辨出来的关键特征为之后的系统讲授奠定了基础。我们还进一步提出对比、分离、类化、融合四种变与不变的范式用来指导多重样例的设计。多重样例之间应该变化一个关键特征，让学生首先单独审辨出这个变化的特征。在学生单独审辨出多个特征之后，再让学生对比同时变化多个关键特征的多重样例。

在学生正式学习教学视频之前，先通过相关的探究活动让学生进行适当的学习和探索，激发起学生的学习兴趣，并准备好必要的先前知识。课前准备活动可以让学生带着兴趣和疑问进入视频的学习，将能够显著改善视频教学的效果。

3. 课前教学视频（Instructional video）

在完成课前准备活动之后，学生需要在课前自学教学视频。翻转课堂的教学视频可以是教师自己录制，也可以使用他人录制的视频。教学视频形式可以多样，内容主要反映的是教师在传统课堂中的讲授部分，视频学习部分主要对应的是前面制定的知识性的教学目标。

目标的实现并不需要在实体课堂中接受教师的实时现场指导，或者与同伴进行互动合作。高校学生通过自学教学视频就可以在很大程度上完成对知识的记忆和理解。此外，在这个环节还可以充分利用信息技术和多媒体的优势，让整个知识的教学过程更加有趣、生动、高效率。从知识性的目标来说，一个制作良好的教学视频或者在线课程，其教学效果可以达到甚至超过教师在实体课堂的讲授。即使是一个质量一般的教学视频也能在很大程度上完成知识的记忆和理解目标。

4. 课堂视频回顾（Review）

学生完成线上视频学习之后，就进入线下实体课堂进行学习。通过教学视频，翻转课堂把知识的学习移出到课外，大量的课堂时间可以被用来进行问题解决、合作探究等活动。有些教师可能会在线下上课的时候，马上给学生呈现的问题进行解答或布置活动进行探究。但是根据我们的实际教学经验，我们建议在实际开展课堂活动之前，教师应该首先简要回顾一下课前教学视频的内容。这是因为一开始上课就直接让学生问答问题，会显得比较突兀，学生也会难以适应，难以营造良好的课堂氛围。有研究表明，学生在上课之初往往需要 3~5 分钟才能静下心来，短暂的过渡之后精神才会非常集中，注意力才会高度专注。此外，学生虽然已经在课前完成对视频的学习，但是视频学习时间距离上课已经过去几天时间，学生一时可能难以迅速回想起视频的内容，尚未从心理上完全做好准备，这时候马上做题、考试，会引起学生心理上的抵触。

线下课堂首先起始于对课前视频的知识回顾，视频回顾不是对视频知识的重新讲解和详细分析，而是提纲挈领地帮助学生回顾内容，把握知识结构。学生课前如果没有学习视频，仅仅是通过短时间的视频回顾是无法完全掌握知识的；如果课前一经完成视频学习，视频回顾则可以帮助他们迅速唤醒记忆，把思维集中到课堂的主题上，为课堂之后进行的问题解决和探究活动打好认知基础。

5. 课堂知识测试（Test）

教师带领学生回顾完视频之后，就进入课堂知识测试部分。翻转课堂的先驱博格曼（Bergmann）和萨姆斯（Sams）最早使用翻转课堂进行教学改革的时候，就是在课堂上让学生在教师的监督和指导下完成家庭作业的。教师通过作业考查学生课前视频的学习和掌握情况，然后针对学生在做作业中出现的问题进行指导和讲解。测试就是教师通过提前设计好的问题来考查学生课前对视频内容的学习效果，主要还是针对知识性的教学目标。课堂知识测试环节有以下两个目的。

第一，检查学生课前是否观看了视频。很多教师在实施翻转课堂的时候，都会担心学生课前没有观看视频，导致无法有效参与课堂活动。因此，为了检查学生课前是否观看了视频，教师上课时可以设计一些比较简单的题目，考查事实性信息。学生如果在课前观看了视频一般都能正确回答，如果没有提前观看视频则无法正确回答。通过这部分问题，教师可以发现那些没有提前观看视频的学生。学生只要观看了视频，就可以正确回答题目。回答错误的学生，基本上可以认为是没有提前观看视频。

第二，课堂知识测试的目的是检查学生课前是否看懂了视频。课堂测试的主要目的是检测课前视频的学习效果，虽然我们预期学生通过自学教学视频能够完成大部分的知识性目标，但需要承认，学生只是学习视频可能还无法完全掌握一些教学难点。因此，教师需要在课堂上有针对性地设计一些比较难的问题，用来检测学生是否真正掌握了该教学难点。教师可以根据学生对问题解决的情况，决定怎样进行相应的讲解。如果大部分学生的回答正确，教师可以略过不讲；如果很多学生的回答错误，则表明课前视频的教学效果不好，教师就需要仔细分析学生的错误，并进行有针对性的讲解，学生课堂问题的回答情况将被计入课程总分。

在这个环节中，教师需要及时掌握学生问题的回答情况，才能决定是否进行指导、指导什么、指导多少、怎样指导。教师可以利用一些信息化互动工具来实现这一点，这些工具可以帮助师生实现课堂测试的即时互动和反馈，提高教学效果。

6. 课堂活动探究（Activity）

课堂测试之后，就进入课堂活动探究部分，教师需要设计相关的课堂教学活动以完成前面制定的能力性的教学目标。大量的课堂时间可以用来互动、探究、问题解决和个别化指导，进行高水平的认知活动（应用、分析、评价和创造）。如何有效利用这些上课时间创设有意义的学习活动，让学生在深层参与课堂学习中，就成为翻转课堂能否有效实施的关键。

教师要根据具体的教学目标，综合使用问题解决、合作、辩论、汇报、角色扮演、实地考察等多种形式设计课堂活动。教师在设计课堂活动的时候要注意与基于问题的学习、基于项目的学习、基于游戏的学习、同伴教学案例教学等比较成熟的学习模式结合起来。这几种教学模式都强调以学生为中心进行合作、探究、互动，因此可以与翻转课堂做到无缝对接。在使用这些模式的时候，教师要注意具体的操作原则和使用方法，使得活动向深层次探究，从而有效地实现教学目标。这需要一个借鉴、学习、实践、反思、改进和提高的过程。

除了应用一些成熟有效的教学模式和方法设计课堂活动，教师还应该帮助学生改变学习的观念和习惯。教师需要为学生搭建脚手架，教给学生讨论和合作学习的技巧，有效支持学生进行学习。学生需要学会如何准确地表达自己的观点、倾听他人的思想、回答问题或辩驳他人的观点。在自主学习方面，教师应该在学期初就告诉学生为什么改变学习模式、怎么样改变学习模式，向学生分享好的案例，设计适合自学的任务单，提供多样化的自学资源，利用网络实现学生之间的问答互动，要求学生依照任务完成单自我核对和评价自学成果，给自主学习环节合理的课程分数，上课开始时进行一个小的阅读测验等。

教师应该加强教学法的学习，尤其是对这些比较成熟的教学模式和方法的学习和应用，这将成为教师一项必备的能力。随着未来技术的发展，教学的知识性目标基本上可以被技术取代，教师将真正成为学生"灵魂的工程师"。未来优秀的教师将是会用、善用技术者，把技术能够完成的任务交给技术，自己则通过组织教学活动培养学生的能力，在人类擅长的合作、情感、沟通等领域发挥重要作用。

7. 课堂总结提升（Summary）

在完成课堂测试和活动探究之后，教师需要对整个教学过程和内容进行总结，提升学生的学习和认识。学生从最初的课前准备活动，然后学习各种教学视频，再到课堂回答问题，进行活动探究，整个学习内容丰富、时间较长，对于很多学生来说，可能无法完全把握住重点。因此，教师最后需要进行适当的总结、归纳和提升，帮助学生提炼出最核心的学习内容，以形成完整的认识。此外，教师也可以利用课堂最后的时间开始下一个。O-PIRTAS 教学循环，进行下一次课的课前准备和导入活动，引起学生的学习兴趣，或者布置课前探究活动，为下一次的视频学习做好准备。至此，整个 O-PIRTAS 翻转课堂教学的闭环形成。

O-PIRTAS 翻传课堂教学模式从教学目标的确定，到课前准备活动、课前教学视频、课堂视频回顾、课堂知识测试、课堂活动探究、课堂总结提升，包括课前课中课后、线上线下、课内课外、知识能力不同维度。该模式为教师在教学中实施翻转课堂教学提供了实际可行的指导，可操作性强。而且每个环节都有相应的教学心理学的研究成果作为支撑，合理性高。

（二）知识微课

知识微课是指以通用知识技能为主，每节微课围绕一个知识点展开的微课形式。知识微课又分为知识类面授微课和知识类电子微课两种模式。

知识微课主要用来传授通用原理、方法、工具等，是学生需要掌握的基础知识和基础技能的应用。这些知识需要学习者自己根据实际的场景进行转化和应用知识微课开发者需要系统化的理论知识和丰富的教学设计能力，因此更加适合由教授、咨询顾问、培训讲师来开发。

（三）情境微课

情境微课是指根据特定的环境、任务、场景展开的微课教学活动。情境微课分为情境类电子微课和情境类面授微课。

1. 情境微课的价值

第一，情境微课是针对具体工作场景，尤其是挑战性场景和痛点场景开发的。这些场景能够与企业业务改善需求快速对接，也符合学习者改善工作方法和提升绩效的需要。

第二，萃取教授头脑内的隐性知识转变成组织经验并快速复制推广，是高校教育教学学习的一种重要手段。情境微课开发提供了这样一种载体，通过聚焦特定情境和问题，借助教授丰富的实战经验及反思总结，萃取高价值的知识，并通过课程实现转移。

第三，情境微课来自实际工作典型情境，与学习者遇到的问题和挑战一致，学习内容非常容易应用到实际工作中。

第四，情境微课需要多个教授结合实战经验进行深入讨论，萃取关键知识、梳理方法论、挖掘典型案例，这个过程同样是教授能力升华的过程；同时，课程设计或课程面授又提高了专家辅导能力，使具有丰富实践经验的教授成为实践 + 理论 + 传承三位一体的教授。

2. 应用领域

情境微课主要用来传授特定任务，在场景中需要的整合性知识、技巧，学习者可以直接模仿和借鉴，容易转化和应用。这就要求情境微课开发者有丰富的实践经验，能结合特定情境中的挑战点、痛点、难点提炼出有针对性的知识，因此适合有专业知识的教授开发。

3. 情境微课的开发模式

在情境微课开发过程中，企业一般会采取两种模式。

第一，个人经验分享式。常见模式是专家案例分享课程，这种模式简单且易于操作。通常结合自身的典型案例进行个人复盘，总结经验教训或方法窍门后，利用简单课件工具就可以制作完成。通过鼓励教师和更多人分享，经过简单制作就可以获得大量微课。尽管质量参差不齐，但是可以通过评价、点赞等机制，筛选出一批有水准的课程，然后进行深度萃取。

第二，组织经验萃取式。常见模式是组织一批教授或教师通过头脑风暴、焦点小组等多种形式对组织经验进行深度萃取，最终形成可以复制的策略、方法、工具、诀窍等，同时输出具有典范和对比效应的正反案例。

二、微课的开发制作

（一）微课的开发制作过程

微课的制作过程是一个较为复杂的系统工程，制作一般要经过前期的可行性分析、分析知识单元、确定序列结构、设计教学内容、设计教学交互、脚本编写、视频开发与制作、微课实施设计、反馈与优化等几个基本环节。

1. 可行性分析

微课的可行性研究是对微课开发进行技术性、科学性和实用性的论证。其基本任务是通过调查研究，综合论证一节微课在教学上是否实用，在学生学习上是否有需求，在经济上是否合理（制作成本和利用率），在开发过程中是否有技术和人才的保证。微课的可行性研究主要考查点有以下几个方面。

（1）微课开发在课程中的必要性

微课开发者需要对课程有全面的掌控，包括微课开发的内容和可利用性。合理确定哪些知识点必须开发微课，哪些知识点不宜开发微课。应选择有代表性、普遍性及关键知识作为微课的开发对象。

（2）微课对学习者的作用

分析学生的思维和认知特点，回答为什么该知识点会成为学生学习的难点或重点，分析微课表现什么内容和采用什么形式更能适合学生的微学习方式。

（3）微课开发的人才和技术保证

微课主要格式是视频、动网和音频。对于视频制作，需要视频拍摄和后期制作。对于音频，需要音频制作和素材整合。因此，微课开发需要有掌握一定视音频制作技术的人才。

（4）微课的后期利用率预期

可行性研究还要考虑后期的利用率，要分析学生对该知识点的学习是否有较大的需求，明确需求量不大的知识点不适合制作微课。要考虑开发后微课是否具有较高的使用访问量，在课程教学中的地位是否举足轻重。要根据以往的教学经验给出预期的利用率，也可以通过网上问卷形式得出结论。

（5）微课开发的成本分析

微课开发的成本主要有脚本编写、视频拍摄、视频制作、3D 制作、字幕制作、配音配乐、服务器租用等。但是，微课一般不使用高分辨率的视频格式，其目的是方便网络传输。所以，对计算机等硬件要求不高，主要是软件技术的制作成本和人工费。

2. 分析知识单元

知识单元是每节微课向学生展示的知识内容，分析知识单元是微课程设计的首要任务。知识单元的设计要符合教学目标，所以分析知识单元分为两个过程：分析教学目标和建立知识单元。

（1）分析教学目标

微课程的教学目标有两个层级：一般性目标和一般性目标指导下的详细目标。

一般目标分为三个维度：认知目标、情感目标、技能目标，以这三个维度为指导性目标，用于指导微课程类型。微课程可以按照目标的不同维度，分为认知型微课程、情感型微课程、技能型微课程。

（2）建立知识单元

建立知识单元包括两方面的含义：一是要梳理目标和知识单元的关系。知识单元的微小和单一的特点，决定了知识单元所能承载的目标不能太多、太复杂。二是我们通过分析教学目标，将教学目标组织成知识单元目标，其中不仅要有知识单元体量、难度上的考虑，也要考虑到是否需要设置成独立的知识单元，是否需要补充额外的知识单元。如果微课程作为课堂教学的辅助性资源，则不必每个知识单元都设计成微深。如果微课作为开放的课程补充，则要按需求增加大纲以外的内容。由此可见，从课程目标到微课程知识单元的过渡，同样需要按需设计和筛选。

同时，设计知识单元也需要坚持一定的理念。教材中的单元之间有很强的逻辑性和连续性，单元之间层层推进。但微课程里的知识单元不同于教材的单元，具有体量小、相对独立、半结构化、开放性、生成性的特点。相对独立的特点使微课程中的每一节课都可以被单独拿来学习，用以深化或拓展学生某一方面的知识、能力或情感。半结构化可以让微课更加灵活地适应教学内容，类型丰富多样。开放性让微课作为相对独立的单元，可以通过适当的接口，与其他微课形成或纵向或横向的联系。生成性则让微课不断优化、更新或维护，以适应日新月异的新知识环境。

3. 确定序列结构

将知识单元分析出来后，需要组织成一定的序列结构。此处的结构化与微课程的半结构化所指不同，并不矛盾。微课程内部半结构化是指媒介微课程的结构，知识单元间的结构化能够更好地与教材知识体系相结合，让微课程更系统地为课程教学提供服务。同时确立序列结构时也要尽量保持完整性和灵活性相结合。完整性使得微课程具有完整的培养体系，照顾到大多数的学生，能够让普通学生通过连续学习，完成教学目标的要求。同时，灵活性也兼顾学生的个性化差异，在“完成微课程学习即达到相同水平”的前提下，让不同能力背景的学生可以有选择性、有主次地学习。

一般依托教材开发微课程，知识单元的串行化比较简单。在分析出知识单元后，按照教材目标体系即可确立知识单元的序列结构。串行化过程可以自上向下逐步细化，从抽象到具体形成学习目标树，目标树的最底层枝叶为拥有具体目标的知识单元。

一些微课程整体或后部针对的教学内容并非教材内容，内容中各知识单元之间的关系复杂、凌乱或不清晰。当分析的各级教学目标不具有简单的分类学特征，或者其中的概念从属关系不太明确，也不属于某个操作过程或某个问题求解过程时，使用ISM解释结构模型分析法比较合适，包括以下几个操作步骤：抽取知识元素，确定教学子目标；确定各个子目标之间的直接关系，做出邻接矩阵；利用邻接矩阵求出教学目标形成关系图；利用关系图拆分成关系树；对关系树进行后续整理并取消重复项，以此来生成目标序列。求出的关系图即可以用来完成知识单元串行化。

4. 设计教学内容

设计教学内容主要包括课本内容设计、辅助内容设计，目的是形成微课程资源包。从教材分析中得到的知识单元内容，是单节微课的主题。教材内容的主要呈现方式是微视频，微视频依据不同的微课程类型，也会有一些不同的特点。

（1）主题设计

首先，微视频要依照知识单元的内容设计重难点。因为知识单元本身就是粒度比较小的知识点。一般情况下，一个知识单元只会包含一到两个重难点。其次，对于以知识掌握为主题的认知型微课程，微视频的重点就在于理解基本概念、基本原理，难点就在于对复杂概念和原理的掌握。以情感、态度和价值观培养为主题的情感型微课程，微视频应以学生情感体验为主，主题应该是与生活结合紧密的案例。通过对案例的展示和讲解，体现出教师对案例本身的情绪、态度、价值判断、理性思考，从而将价值观传达给学习者。技能型微课程的主题是展示技术动作、技术流程、操作标准、操作判断、应急处理等技能。例如，体操教学中的分动作讲解、实验课的操作流程和注意事项、防火防震技巧讲解等。

一节微课程不会只包含一种维度的培养目标，可能包含两种或三种维度，我们称之为混合型微课。这种微课的主题设计，首先要分清培养目标的主次，然后要依据主次，对微课进行灵活的混合式设计。

（2）过程设计

微视频是课堂教学的浓缩再现，其过程简洁而完整，整体时间约为10分钟，最长不宜超过15分钟。在这简短的时间内，要完成课题引入、内容讲解、总结收尾等过程，必须要求节奏适宜、不拖泥带水。

第一，快速引入课题。迅速地接入主题内容，给学习者搭建环境或脚手架，可以更好地开展课程学习。课程可以以开门见山的方式，或者以一个有趣故事、一道问题求解、一段悬念入手，让学习者迅速产生兴趣，了解本课程所授知识点的内容。微课导引部分要求切入主题的方式力求新颖和引人注目，此部分时间不宜过长，半分钟到一分半钟之间即可。

第二，内容讲解主干清晰，理论简而精。引入部分之后便是内容讲解，依照知识单元的内容要求、课程培养目标、微课类型特点展开主题讲解。讲解时主线要明确，主干突出且逻辑严谨，学习者不产生新的疑问。去掉可有可无的举例、证明，案例尽量精且简，力求论据准确和有力。内容主干的讲解形式应该多样，依据课程知识点的特点，可以用问题启发式、案例讲解式、故事隐喻、正反对比等技巧，在短短几分钟的讲解中，吸引学生保持注意力。

第三，总结收尾快捷。总结作为内容讲解后迅速开展的一项重要工作，可以帮助学生梳理脉络、查缺补漏、加深记忆，也给学生一定的时间吸收新知识，与已有的知识经验相结合。好的总结往往一针见血、富有特色、简洁新颖，在课程中起到画龙点睛的功效。

第四，提供测试题和布置作业。总结后提供经典例题的讲解，抽象的理论需要实践经验的基础。这一部分，可以让学生在解决问题的过程中，将内容讲解和总结过程中不能完全消化的部分再次加工和认知。这部分是否存在或具体比重，可以根据实际情况而定。教师可以通过布置作业，让学生课下练习。利用云端一体化平台，师生的作业检查、讲解、答疑等过程均可以延续。

（3）教学语言设计

在微视频的拍摄过程中，由于节奏较快，教师往往不能很好地控制讲解时间，所以提前设计好解说词、讲解结构就尤其必要。教学语言力求精简、明确，富有感染力，最好多用手势、表情。对于重点和难点内容，将关键词提取出来，在实际讲解中要紧密联系关键词逐条展开。

在认知型微课程的教学中，教学语言要注重对关键词、关键原理的复述。依照认知心理学原理，短时记忆经过精细复述可以转化为比较牢靠的长时记忆。在情感型微课程的教学中，要注意用词恰当，将语言的情感与课程情感态度培养方向调整一致，用富有感染力的语言向学习者传达思想和价值观。在技能型微课程中，教师的操作动作与语言紧密结合，教学语言要客观明确，准确客观地描述每一个动作和步骤。

（4）辅助内容设计

微视频是微课程的核心资源，除此之外还应有辅助性内容资源支撑和完善课程。辅助内容从微视频的内容关系上可分为支持性内容、外延性内容、平行性内容。这些辅助性资源，可以以视频、图文、链接等方式给出。

支持性内容就是对课程内容本身的知识点进行逻辑支持、例证支持、基础理论支持、经典问题解决过程支持的支撑性材料。因为微视频时间较短，例证部分、例题讲解部分也力求精简，所以有些内容可以作为支持性内容存放在微课程资源包内。

外延性内容是与课程内容紧密相关的延展性知识。依照最近发展区理论和个性化学习理论，学生在完成课程内容主题学习以后，可以对自己感兴趣的知识进行广度和深度上的进一步探寻。这种探寻基于兴趣、情感等内驱力，效果极佳。同时，通过外延性内容提供的接口，微课可以以超过课程结构的方式与其他微课产生联结。

平行性内容主要是与课程在逻辑深度上平行的知识点。这些知识点不存在于课本教材，也不是根植于本微课内容的知识拓展或实践拓展，而是保有更强的独立性和开放性。

（5）设计教学交互

基于云平台的微课程，可以依托平分一体化的优势构建便捷、强大的师生交互。微课程建设的主题不应仅仅是资源建设，更应该将微课程的建设与平台建设相结合。

第一，学习专题设计。研究性学习是素质教育的一项重要内容，主要以学习专题的形式开展，培养学生创新意识和能力、学科间相互渗透的能力、合作的意识与能力。微课程的知识单元目标比较单一，在微课程实施过程中，可以以一节或几节微课程的主题为基础，提炼出一项研究性学习专题。微课平台提供了学习专题模块，该模块可以很好地承载学习专题的开展。

设计专题可以通过云平台通知模块发布专题任务通知，包括专题题目、专题目标、专题实施计划、学习小组分配、专题时间表、专题成果展示及验收评价等。专题题目基于一节微课程或几节围绕一个主题展开的微课程，具体表现形式为一个实际待解决的问题、一篇文献综述的要求、一次实验的设计等。

第二，教学问答设计。微课程教学方式以学生为中心构建资源环境，突出学生主体性、培养学生自主学习能力。但是就目前微课程实施状况来看，微课程师生互动存在不足。微课程可以利用云平分的教学问答系统，增强师生之间的互动。同时，针对问答系统出现人气不旺、提问积极性不高的情况，师生都要有意识地加强问答系统的使用积极性，发挥问答系统的价值。

第三，实践活动设计。微课程通常以微视频为核心，但其半结构化的特点，使单节微课也可以有其他的组织形式。例如，有些以实践为目标的课程单元，需要开展教学活动才能更好地达成目标。微课程可以采用两种策略，一种是实践演示法、虚拟实践法，通过微视频对标准实践步骤、实践现象、实践要点、实践细节、评价标准等进行讲解或示范，或通过虚拟软件及课件让学生在虚拟环境下实践操作，例如用 Flash 软件做虚拟化学实验。第二种是将微视频作为辅助资源，将活动方案作为当前微课的核心资源，微视频只作为活动范例展示活动要点。解释活动原理和合理性活动方案设计则要尽量精简，直指当前微课的目标。

（二）视频开发制作方式与工具使用

微视频开发制作方式灵活多样，技术门槛低，教师可以利用身边的工具进行微视频的制作。常见的微视频制作基本方式主要有利用电脑录屏软件录课、利用录像设备录课。

1.PPT+ 解说词 + 录课软件

第一，准备课程 PPT 和解说词。PPT 为画面的主要呈现方式，为教师提供授课逻辑与音画展示。PPT 要求尽量简洁、美观，切忌华而不实。PPT 设计应合理，单页内容不宜过多。学生在读取较难或内容较多的 PPT 时，如果需要经常暂停视频，那么虽然微课程时间长度被限制在 10 分钟左右，学生实际花费时间更长，这背离了微课程的初衷。教师不能直接把课堂 PPT 拿来用，需要适当修改。解说词最好提前做设计，不一定逐字逐句地设计，但一定要列好提纲、把握好重难点和分配一下时长。

第二，准备录课软件。电脑端录课软件常见的有 Camtasia Studio、屏幕录像大师、BB Flashback 等。这些软件功能强大，且操作简单，教师经过简单培训即可上手。录制视频的常见分辨率一般有 720 × 576、1024 × 768、1280 × 800，帧速率不超过 25FPS，录制颜色最好设置为 16 位（bit），保存格式为常见的 mpg、wmv、avi 等为宜。

第三，后期剪辑。后期剪辑的目的主要是去掉录制时的错误内容、删掉重复内容及语病、修饰不清晰的音频、适当的特效包装技术等。微课程的剪辑区别于电影电视的节目剪辑，主要剪辑目标是清晰、完整地呈现教学内容。所以，微视频在画面取舍上，不拘束于画面的连续与完美衔接，但要尽量保证授课过程流畅，不产生歧义。

2. 绘图板 + 电子白板软件 + 解说词 + 录课软件

该方案在录课软件和后期剪辑环节要求与方案基本一致，其特点是主要呈现工具为绘图板。绘图板结合电脑端的绘图软件或电子白板软件，教师可以实现手写教学板书的功能。常见的绘图软件或电子白板软件有 photoshop、painter、Eduffice 等，教师可以经过短期培训，快速掌握与课程相关的软件操作技巧。这种方案非常有利于推理证明过程和复杂关系的呈现，教师自由度高且类似于课堂黑板板书。一些图片、音频、视频、实物等教学元素，可以在录课过程中借助其他软件呈现，也可以放置到后期进行剪辑。

3. 纸笔 / 电子白板 / 液晶屏幕 / 抠像技术 + 摄像机

这种方案成本较高，制作周期也较长，适合在学校有计划、有目的的微课程建设中开展。电子白板、交互式液晶屏有极强的交互特性，可以直接持笔书写，展示多媒体文件，是比较理想的展示平台，但是成本比较高。投影仪和液晶屏幕可以用来呈现 PPS、多媒体文件，成本相对低廉。也可以利用抠像技术，制作人员在绿背景或蓝背景下先前期采集，然后利用后期软件去掉背景色，添加动态背景、知识要点、音画资源。摄像机采用单机位即可，拍摄过程由专门的拍摄人员负责，教师可以不用理会具体参数细节。

4. 课堂实录 + 双机位

课堂实录一般具有很强的即视感，师生互动比较多，容易让观看微视频的学生产生身临其境的体验。同时，真实课堂上教师细小的肢体语言和表情都会被记录下来，现场录制可以让学生获得更多隐性信息。课堂实录的优势在于记录了师生互动，所以如果只有单机位就会很难操控，建议采用双机位录制，同步录制教师讲解和学生学习提问。同时，这种微视频制作方式可以是录制现实的课堂环境，也可以是录制专门搭建的微课程环境。

三、微课平台建设

（一）微课平台的构建

1. 页面风格设计

微课网站界面的设计应当以简洁、美观为主，色彩、文字、图片、视频的使用风格要统一，排列清晰有序。网站页面以浅色为主，营造轻松、舒适的页面感受。

2. 系统功能结构的建立

网站功能模块主要包括网站帮助系统、资源中心、论坛、检索系统、后台管理五大模块。

网站的帮助系统主要包括网站使用说明、资源上传规范说明、留言板和论坛板块使用说明，同时提供系统留言板，支持匿名留言，解答用户使用中的疑难问题，帮助系统和用户有效操作微课资源网站。

微深资源中心是微深资源网站建设的核心。对资源中心的资源分类依据课程进行划分，这样有助于用户迅速查找相关课程资源。同时，在论坛模块以同样的方式划分论坛板块，与资源中心相呼应，并将注册用户的操作信息同步发布。例如，在资源中心上传资源后，会在论坛相应板块自动发布一条带有超级链接的该用户；上传资源的帖子；推荐与评价功能，同时通过设置注册用户的角色信息，实现对注册用户的个性化资源推送功能。

资源的功能如下：①资源订阅功能，通过 XML 语言实现资源库对不同需求的注册用户个性化推送。一旦网络上传了用户订阅的偏好资源，系统即可以以短信、邮件的形式直接向用户推送该资源。②资源收藏功能为注册用户提供网络在线资源收藏功能。用户对自己上传、下载或喜爱的资源，可以直接分类保存在用户网络收藏夹中，以便于用户管理自己的学习资源。③资源的检索功能分为分类检索和综合检索。分类检索是用户可以依据资源的专业、年级、学院属性直接进行检索；综合检索中，可以实现以标题、关键字、专业和作者等数据的核心资源属性进行检索。④资源评价功能可以实现用户对微课资源的评分、评论，评分结果计入系统推荐功能模块，在首页实现对资源的评分排序推荐。⑤论坛功能为用户提供交流的平台，论坛板块分类与资源中心的资源分类同步，当资源中心注册用户上传相关资源后，在论坛相应板块也会直接新建帖子，提供该上传资源的链接地址。同时，论坛可以实现与个人账号绑定，个人发言信息可以在微博同步广播。注册教师用户可以根据教学的需求，向管理员申请新建课程讨论板块，在板块内讨论的内容，教师有权进行审查、删除。⑥后台管理模块可以对网站的所有上传资源、论坛、网站注册用户进行管理，并且可以实现对注册用户网络学习行为的统计，包括注册用户在线时长、发帖频率、资源上传与下载频率等，并以报表的形式呈现给后台管理员。在网站管理模块中，管理人员的角色划分为网站管理员、教师、学生三个不同权限的组。

（二）用户角色权限的建设

根据微课网站的使用对象，将网站用户分为四类，即教师、学生、匿名用户、网站管理员，具体权限如下。

第一，匿名用户权限包括检索、查询、获取资源，可以对访问的资源进行留言评价，还可以通过网站留言板获得支持。

第二，学生注册用户除了拥有匿名用户的权限外，还拥有以下权限：①资源管理权限。资源的上传与下载，对自己上传的资源进行再编辑，包括查看、删除、修改，对喜爱的资源进行收藏、订阅。②论坛权限。用户基本信息维护，参与论坛讨论，申请加入特定教师课程讨论组，向论坛注册用户发送站内短消息，留言板块留言。

第三，教师注册用户除了拥有学生用户的所有权限之外，在资源与论坛权限方面还拥有以下特权：①资源管理权限。教师可以对相关类目下的微课资源进行管理，包括对该网站相关资源进行查看、删除、修改、上传与评价。②论坛权限。教师有权申请设立独立的课程讨论板块，并有权新建用户组，对该用户组学生用户进行管理。例如，教师能够为新建用户组的学生发放学习资料、发送群组消息、推荐资源、管理组内学生上传内容、查看学生网络学习行为的统计信息，包括学生上网时长、逗留板块、发言频次等。

第四，网站管理员对用户的管理包括添加、删除、修改学生和教师用户的信息与权限。对网站资源的管理，包括对资源入库的审核，资源的编辑、删除；对论坛的全面管理，包括帖子审核、屏蔽、删除、修改；同时也可以查看整个网站注册用户的网络行为统计信息（包括登录次数、在线时长、发言频次、登录板块分布等）。

（三）微课网站运行流程

教师可以充分使用微课网站辅助课堂教学，在课堂教学开始之前，教师可以首先通过微课资源网站发布课程相关信息，包括使用论坛专属板块、教师个人微博、邮件推送等方式，向班级学生提供课程资料（包括微课视频、教学课件、讲稿等）布置课程任务、提出讨论主题，学生及时参与互动，自由上传搜集来的各种课程相关资源，由教师审核后发布至网站，为课堂教学的展开打好基础。在课堂教学过程中，学生依据自学的网络课程资源与讨论主题，在课堂上与教师展开互动，依据网站平台的学生网络学习行为统计信息，对已经参与网络学习讨论的学生，直接回答其学习疑惑；对未进行网络学习的学生，引入新课，讲解要点，布置任务，督促学习，有针对性地区别辅导。课后，再次通过微课资源网站，汇总讨论问题，上传新课任务。

学生在课前通过微课资源网站与教师腾讯微博邮件等方式，自主学习教师布置的新课任务，收集学习各类课程相关资源，并将自己认为较好的资源上传至微课网站，提交教师审核。同时整理学习疑问，在课堂上集中与教师和同学讨论，课后再通过微课资源网站发帖或向教师发邮件解决遗留问题，接收教师新课内容，开始下一单元的学习。

四、高校微课教学实践活动的应用

（一）微课在教学实践活动中应用的原则

微课是借助先进的信息技术和网络平台实现的，其积极作用不能低估。它表现在优质资源共享和自学的灵活性上。

1. 吸引原则

教师所开发的微课要能对消费者——学生形成一定的吸引力。要想让微课成为资源建设的一支生力军，作为微课开发者，一定要站在学生的角度来下功夫。这方面可以从微课的易学性和趣味性上做文章，所开发的微课应该使消费者流连忘返，教师要放下开发者的骄傲姿态，使得开发的微课符合学生的认知特点。只有消费者不停地反复点击观看，才能发挥出这种学习资源的效力，使学习者满载而归。

2. 效用原则

教师开发的微课要在保证微小的前提下，使学生觉得这些微小的学习资源有用。微课开发者不要在一些没有教育或者学习价值，但是做起来表面漂亮的资源上做文章，这是一切微课都要参照的原则。

3. 灵活原则

微课被引入课程教学的过程中，可以是在课前、课中或者课后等节点灵活应用。在课前，学生个体自主学习微课，预先了解授课内容，便于师生在课堂上探讨问题，直至学习者掌握该知识点或技能。在课中应用微课，教师将微课当作纯粹的教学资源。在教学需要时，集中播放给学生观看，帮助学生更加形象和直观地理解重难点知识。在课后应用微课，为学生提供可以反复学习的课程视频，保证每一个学生都能掌握课堂知识。这种方式能够帮助学生自主补习，反复学习，直到学会为止。

4. 反馈原则

微课开发、应用与交流共享之后，需要对微课程进行多元评价和微课程的教学与应用评价，为接下来微课程内容的设计与开发提供指导和参考意见。教育评价、多元评价等多种评价方法都可以用于微课程的评价，及时的评价与教学反思可以促进优秀微课的开发与共享。

（二）微课教学实践活动的标准

1. 微课应符合课程教学大纲要求

微课内容要与教学内容匹配，反映教学重点、难点或关键知识点。微课要有一定的思想性、启发性和引导性，具有很好的辅助教学效果。微课要表述准确，无科学性、知识性、文字性错误。微课的教学目标不能超过教学大纲的要求，不能包括过多的教学内容，要符合课程要求及专业教学标准，符合学生认知能力和水平。微课整体设计要新颖且有创意，具有较大的推广价值。

2. 微课应符合学习者的学习心理

微课应减少学生的学习时间，提高学生的学习信心和兴趣，创造良好的学习情境。微课的内容要难易适中，深入浅出，适于相应认知水平的学生。有利于激发学生学习热情，有利于学习理解，注重能力培养，注重学生的素质教育。

微课应注重教学互动，能起到启发学生思考、激发学生主动学习的效果。

3. 微课应表现教师的教学艺术和教学风格

教师教学语言规范、清晰、准确、简明。教师仪表得当，严守职业规范，能展现良好的教学风貌和个人魅力。微课教学应有创意，能充分表现教师的教学技能。

4. 微课应提供完整的教学资源

除了微课本身要有主题明确的微课程名称、片头、内容、片尾、字幕等完整的媒体文件外，微课的开发者应提供教学设计、教学课件、学生作业等其他教学资源。

5. 微课教学实践对多媒体的要求

（1）视频技术要求

微课一般采用流媒体格式。微课码流在 128Kbps—2Mbps、帧速 225FPS，电脑屏幕颜色设置为 16 位。微课启动时间要短，片头设计一目了然，进入主题快捷。微课应插入一定的字幕，一是解决教师语言表达和视频表达的难点问题；二是用文字加强对学生知识的记忆。微课进程节奏要快，片头和片尾要简短，主题部分要丰满，镜头切换和“蒙太奇”手法运用合理。视频素材不应有抖动或镜头焦距不准的情况，镜头推拉要稳定，要保证主体的亮度。背景音乐和解说要清晰，解说要用普通话，音量和混响时间适当，音乐体裁与内容要协调。微课播放时要稳定性好、容错性好、安全性好、无意外中断、无链接错误。要使其操作方便、灵活，交互性强，人机界面简洁。

（2）动画技术要求

除与视频技术要求相似外，动画中的配色方案要协调，颜色不夸张，不暗淡。用二维空间表现的立体层次分明，进场和出场前后顺序不能颠倒，动画运动速度合理，视觉不应产生错觉。动画中的字幕规范，字号不宜过大或过小，字体运用合理，字幕不宜过多，以防干扰学生的注意力。动画所演示的概念、原理、结构及其他信息不应使学生理解错误或误会。动画设计应有必要的交互和链接，播放时尽量不用特殊的插件。

（3）课件技术要求

课件中文字大小应符合人体工程学的要求，文字配色要与课件配色方案相符合，每个幻灯片中的文字不宜过多，只能用提纲式的文字，不能用过多的文字来代替教学内容。图形或图像应采用 JPG、GIF、PNG 等常用格式，彩色图像的颜色数不少于 256 色，对色彩要求较高的图像建议使用全真彩，灰度图像的灰度级不低于 128 级，合理使用照片和剪贴画，照片不宜占满屏幕。课件应尽可能利用图片、图表、表格、流程图、双向表、插画等。课件中动画效果不宜过多、过杂，避免转移学生的注意力。

（4）艺术性标准

微课界面布局要合理、新颖、活泼、有创意、整体风格统一，色彩搭配协调、效果好，符合视觉心理。在构图上要合理组织两面，合理分割画面，主体元素突出。在色彩设计上要处理好对比与协调、变化与统一的关系。颜色不宜过多、过杂，在统一的色调中寻求变化。文字要简明扼要，纲要突出，字体、字号和字形要与微课协调，不使用繁体字或变形字。视频拍摄的角度、视距和镜头推拉要合理，主体、光照条件和背景亮度要协调好。解说、背景音乐和音响效果要搭配好，并与视频或动画主体的时间合拍，不得相互干扰。

（三）微课应用的范围

1. 适于教师在备课时借鉴学习

通过“微课”可以募集到许多优秀教师的讲课课件，这些优秀教师对课程标准的理解、对教材的分析、对课堂教学的设计是难得的课程资源。如果教师在备课时能学习、借鉴这些优秀资源，一方面会提高个人的专业素养，另一方面可以直接借鉴学习，提高自己的教学水平。因为微视频不同于过去网上的课堂实录和优秀教案，它是以 PPT 课件的形式配以教师的讲解，对教师的备课能起到直接的启迪借鉴作用。

2. 适于学生的课后复习

根据德国心理学家艾宾浩斯的遗忘规律，学生在课堂上学得再扎实，过后不复习也会遗忘。学生在复习时如果能够观看老师的微视频，会加深自己对教材的理解，会重现老师讲课的情景，激活记忆的细胞，提高复习的效果。所以，老师在课后可以把自己的微视频放到网络上，供学生复习时参考。

3. 适于缺课学生的补课和异地学习

有些学生因病因事缺课，过后找老师补课，一是老师不可能有时间及时给学生补课，二是老师补课时也不会完全像在课堂上讲课那么具体。有了微视频，学生即使在外地，也可以通过网络下载老师的微课自学，及时补上所缺的课程，使“固定学习”变为“移动学习”。现在笔记本电脑、平板电脑、智能手机比较普遍，携带方便，这些设备都能实现这种移动学习。

4. 适于假期学生的自学

学生每年的寒暑假时间都比较长，除了参加一些必要的社会实践活动外，有些学生会预习和复习课堂学习的内容。如果老师能够根据学生的需要事先录制一些“微课”帮助学生预习或复习，也能够提高学生的自学效果。当然，用于预习的视频要区别于教师讲课的视频。

（四）微课教学实践活动的策略

微课作为一个新事物，需要综合考虑学科特点、知识类型、学习者特征等影响因素，其在教学实践中的效果也需进一步探索。

1. 微课教学应突破传统教学

微课教学不必遵循传统教学线性的设计过程，它可以是一个动态的、网状的、循序渐进的、形散而神不散的教与学的过程。一个完美的教学过程应体现出控制性和释放性的统一。因此，微课应突破传统教学，做到教师教学与学生学习“学教并重”的统一步调，“以学生为主体，以教师为主导”的“双主结合”，从而实现学生、教师、微课和技术四个实体要素动态交互的过程。

2. 微课教学应打破等同于微视频教学的思想偏见

有很多教育工作者片面地认为，微课等同于包含某个知识点或者教学环节的微视频。其实不然，微课不仅包含微视频，也包括音频及多媒体文件的形式，同时还包含与教学主题相关的教学设计、素材课件、教学反思、练习测试及学生反馈、教学点评等教学支持资源。微课在教学实践中，应注重的是利用信息技术手段与某个知识点或教学环节进行深度融合，而不是拘泥于信息技术媒介的外在表现形式。

3. 微课教学应注重时间与空间的连续与统一

微课为符合学习者的视觉驻留规律及其认知特点，将教学内容以片段化的方式呈现，虽有助于学习者的深度学习，但碎片化的知识给课堂内容的统一、系统化整合带来了巨大的挑战。因此，微课的设计并不是对课堂教学内容进行切割，而是对课程中所出现的重点、疑点、难点进行精心的信息化教学设计，确定时间单元；在保持知识相对独立性的同时，又与实际教学内容的整体性相联系。此外，学习者应有效地使用教学支持工具，充分利用零散时间开展移动学习，做到课内正式学习与课外非正式学习的统一与连续。

4. 微课教学应实证应用于具体的教学情境

微课教学是否科学，应用效果如何，不是通过简单理论归因、专家评判就能得出的，而是需要将其应用到具体的教学情境中，对教与学的环境、条件、因素等各方面开展实证研究，才能更加科学、客观地设计、开发以及实施微课，从而提高学习者的学习效果。因此，微课教学应用要注意以下三个方面。

（1）要与常规课程相结合

微课是对重点、难点或某个知识的解释，是常规课程的有益补充，使用时必须与课程相结合。

（2）要与课程特色相结合

微课表现的内容必须体现课程的特色，用微课作为课程的名片。

（3）要与学生的学习兴趣相结合

将学生感兴趣、关注的知识内容用微课展示出来，这样才能吸引学生，获得好的学习效果。

在微课教学过程中，教师必须学习先进的教育理念，提升学科专业水平，强调以生为本的思想，掌握信息技术的手段。因此，针对微课教学，应注意以下要求。

第一，把握课程知识。微课的制作常常需要教师打破原有的知识结构和教学体系，重组教学内容，因此需要教师将教学内容烂熟于心，能够信手拈来，有高度的知识驾驭能力。

第二，谙熟教学技巧。怎样在很短的时间内将知识讲解清楚，这需要教师有非常娴熟的教学技巧，能够熟练运用各种教学工具与方法，掌握教学过程中的每一个环节。

第三，变革教学模式。在教学实践中使用微课，需要变革原有的教学模式，如采取翻转课堂等方式，这样才能充分发挥微课的作用。因此，教师要有变革教学的勇气，敢于开展教学改革。

第四，了解学生需求。微课是以学生为主体体现学生的学习需求。因此，教师需要换位思考，充分理解和思考学生在学习过程中的各种问题与需要。

第五，追求教书育人。教师是园丁，不仅传播知识，还要教书育人。微课可以将点滴的教育思想和为人处世的原则潜移默化地传播给学生，起到传统课堂说教达不到的效果。因此，教师在利用微课传递知识的同时，要尽量融入育人和文化内涵。

（五）微课教学实践活动的评价

1. 教学实践活动的评价方法

教学评价的方法是指评价者为了实现教学评价的目的所采用的活动方式、程序和手段，教学评价方法种类繁多，教学活动的每一方面，如教师的课堂教学、课外辅导、教学成绩，学生的学业成就、劳动技能、思想品德等，都需要有特定方法进行评价。下面将介绍教学评价中具有共性的、通用的一般方法。

（1）相对评价法

相对评价法是在评价对象的集合中选取一个或若干个作为基准，然后把各个评价对象与基准进行比较的评价方法。相对评价法的优点是适应性强、应用面广，不管这个团体状况如何，都可以进行比较，都能评出个体在集体中的相对位置，用建立在对象评价、对象群体测评基础之上的标准进行评价，发现个别差异，从而对被评个体做出较为客观、公正和确切的判断，有利于激发评价对象的竞争意识。相对评价法的缺点是评选出来的优秀者未必真正高水平、高质量，未被选上的也不一定水平低，所以容易降低客观标准。评价的结果所反映的只是评价对象在一定范围内的相对位置，不一定反映他们的实际水平，易忽视教育目标的完成情况。

（2）绝对评价法

绝对评价法是在被评价对象的集合以外确定一个客观标准，将评价对象与这一客观标准相比较，以判断其所处水平的评价方法。绝对评价的特点：①标准明确客观，与被评群体相对独立，而且在测量评价之前就已确定。②评价结论是通过将被评的实际水平与客观标准直接比较而得到的，不依赖被评所在群体的状态水平。③评价结果得分的分布情况，事先不做硬性规定，不强行把被评的距离拉开，不要求必须分出上、中、下的等级，而是希望达标者越多越好。

（3）个体差异评价法

个体差异评价法是以被评价对象自身某一时期的发展水平为标准，判断其发展状况的评价方法。

个体差异评价法最大的优点是充分体现了尊重个体差异的因材施教原则，并适当减轻了被评价对象的压力。但由于评价本身缺乏客观标准，不易给被评价对象提供明确的目标，难以发挥评价的应有功能。

（4）自我评价法

被评对象依据评价标准对自身所做的评定和价值判断称为自我评价。在教学评价中，学生对自己的思想品德、知识、能力、身体状况等评价，教师对自己的教学思想、内容、方法、态度、效果等评价，学校对自身的教学管理、教学质量的评价等，都是自我评价在教学评价中的具体体现。

（5）外部评价法

外部评价又称他人评价，是指被评对象以外的组织或个人依据评价标准对被评者所实施的评价活动，它主要包括同学之间的评价、教师对学生的评价、教师间的评价、领导评价等。外部评价是教学评价的重要形式与方法。只有科学、客观地进行他评，才能更好地发挥教学评价的鉴定作用，更好地发挥其激励功能，促进被评者改进工作，健康发展。

2. 微课教学实践活动的评价原则

根据教学评价的含义和方法，结合微课的功能与特征，应该在微课教学评价的原则上注意以下几个方面。

第一，科学性原则。主要包括：①基本概念、定理、定义、公式的描述准确，例证真实可靠。②分析、推理和论述严谨，实证步骤正确。③解说精确、术语规范、文字符号准确。

第二，教育性原则。主要包括：①符合教育方针，教学目标明确，对学习者掌握知识、发展能力起到促进作用。②理论联系实际，取材适当，有针对性，选题突出重点、突破难点。③符合教学原理和认知规律，分析推理深入浅出，富有启发性，形象直观，能使过于理性的知识感性化、抽象的知识形象化、枯燥的知识趣味化、深奥的知识通俗化。④形象生动，能充分调动学生的视觉、感觉、听觉等多种器官，便于学习和记忆，能有效提高学习的效率。

第三，实用性原则。主要包括：①操作简单，容错能力强，界面良好。②选题科学合理，内容选择恰当。③能够切实提高学习者的学习效率，有利于加强学生对知识的理解和掌握。

第四，艺术性原则。主要包括：①创意新颖，构思巧妙，节奏合理，具有展现力和感染力。②画面美观流畅，切换过渡自然，整体设计合理，画面突出主题，表达能力强。③声音清晰，无杂音，配合文字、图片，能调动人的各种感官。

第五，技术性原则。主要包括：①图像、声音、文本设计合理，画面清晰，字幕清楚。②声像同步，音量适当。③课程可以跨平台使用，安全可靠，不受错误操作影响，容错能力强，在不同配置的计算机上运行无障碍。

3. 微课教学实践活动的评价策略

由于微课评价指标的角度不同，所以每个评审标准会略有不同，但其评价策略却是相似的。

（1）采取定量评价与定性评价相结合的方法

评价体系过分地量化，容易将一些无法量化的内容排除在外，从而影响评价结果的真实、可靠。因此，应采取定性、定量相结合的方式，搜集全面、有效的数据进行评价，提高评价结果的可靠性与可比性。

（2）创建一套完善的评价反馈体系

评价反馈对于准确、清晰地认识微课的建设与使用情况具有重要的意义，同时有利于帮助开发者及时发现存在的问题和不足，提高微课效益。评价反馈体系的创建，应该充分发挥专家小组和网络评价的意见。

（3）统计加权法设定指标的权重

通过统计加权法设定指标的权重，以最大限度地减少评价的随意性，使评价更加科学合理。加权不仅可以显示某些指标在评价体系中的重要程度，而且是评价指标体系取得可比性和客观性的基本保证。

（4）从微课自身特点出发，形成立体化的评价体系

根据微课的特点，从内容到形式，形成一个立体、全面的评价体系。在教学评价中，注重教学效果的总体评价、学生评价、同行评价等方面的同时，要更加重视对学习者自身的评价以及同伴的评价，进而实现多方位、多角度的教与学的评价，保障人才培养质量。

（5）采用评价反馈再评价的方法

教学评价本身就是一个循环往复的过程，对前次评价的结果进行分析，实际上就是对上一轮评价进行一个全过程的检验，从而为下一次评价提供有效的信息。

第六章 智慧教育背景下高校课堂教学评价体系构建观念的创新

第一节 对现行高校课堂教学评价体系的反思与重构

一、对现行教学评价体系的反思

（一）性质——以终结性评价为主，发展性评价为辅

随着教育评价理论的不断发展和成熟，新的评价理念倡导多元化的课堂教学评价，注重教师和学生的发展，包括评价内容、方式、主体、过程和结果的多元化。现行的课堂教学评价受传统评价理念的影响，虽然对发展性教学评价有所考虑，但理解和运用不够，还是以终结性评价为主。

（二）功能——重视管理鉴定

现行的课堂教学评价体系着眼于教师的课堂教学表现，评价教师已具备的素质和专业技能，是一种面向过去的评价制度。其功能主要有两点：一是根据教师的课堂教学表现，判断其是否具备奖励或处罚的条件，也就是说课堂教学评价的结果常用来作为教师解聘、晋升、职称评定和加薪等的依据。二是判断教师是否按学校要求履行了自己的工作职责，课堂教学是否符合学校的期望，依据课堂教学评价结果对教师实施奖罚，加强学校对教师课堂教学的管理。

现行的课堂教学评价体系不重视教师的专业发展和高校教师作为高素质专业人才的心理诉求。教师的职业特性决定了教师职业是一个需要全身心投入的事业，而不单单是一种谋生手段。另一方面也决定了教师要从学生的成长变化

中、从和学生的共同发展中实现自我价值。教师工作必须在反思中不断进行，评价作为促进教师反思和教师专业发展的最有效外在手段，要发挥其作用，就要打破传统的终结性评价，不再把评价作为教师管理和奖惩的重要手段。

（三）评价时间的不连续性局限，影响评价结果的合理性

课堂教学的长期性和效果滞后性，决定了课堂教学的效果不能立竿见影地显现，尤其教师对学生世界观、人生观、价值观等的影响需要经过长期课堂教学的潜移默化才会有作用，而现行的课堂教学评价体系由于时间的不连续性，难以全面地评价教师课堂教学的效果。随堂听课、教师讲课竞赛等评价方式，被评教师有可能表现失常或不稳定，因而很难代表教师平时的课堂教学水平，难以保证评价结果的客观合理性。

（四）主客观因素影响

1. 客观因素

首先，由于课堂教学及课堂教学评价的复杂性，其评价内容的观测点和评价方式方法的选择不易把握，而评价目的、评价对象、评价体系的构成和实施办法大都由学校教务部门决定，而与课堂教学接触最多、最频繁的一线教师和学生却很少有发言权，只能被动接受。其次，课堂教学评价指标体系的制定有多种方法和途径，因素分解法作为最常用、最基本的方法被各高校广泛采纳，但由于对课堂教学的理解存在偏差，各高校分解的指标并不一致，因此课堂教学评价内容因院校不同存在较大的随意性。

2. 主观因素

现行课堂教学评价指标体系多采用二次量化的形式和定性描述或建议相结合的方式进行，做到定量评价和定性评价相结合，这种貌似近乎科学的评价方式，实质上其评价结果受评价者主观因素的影响较大。对于许多评价项目，如教学态度、教书育人、教学效果等项目，评价者受认知能力、情绪波动、从众心理、人际关系、功利需求等多种因素影响，使得评价结果受主观因素的影响很大，造成评价的信度和效度不高。

（五）评价理论假设的失当和评价主体的错位，难以调动教师的积极性

任何评价都存在相应的理论假设，课堂教学评价亦不例外。我国现行的高校课堂教学评价体系的理论假设主要表现在：第一，在可以预见的时间里，要使这些教师把课堂教学改进和提高到预期的水平，通过课堂教学评价对教师实施奖惩和施加压力是主要的途径。第二，在高校课堂教学中，组织外部目标的实现比教师个体的内在需求更重要。基于上述假设的现行高校教师课堂教学评价，把教师单纯当作评价客体和评价对象，对评价内容指标的制定、评价过程的操作、评级结果的呈现和解释，教师只能被动接受，很少能参与其过程，并表达自己的想法。课堂教学评价较少关注教师的个体需求，因此不易引起教师的兴趣，难以调动教师的积极性、主动性。

二、对现行课堂教学评价内容的重构

（一）确定课堂教学评价内容的依据

1. 依据人才培养计划和教学大纲

教学大纲、教学计划及教学内容是在人才培养计划的指导下完成的，教师课堂授课是实现培养目标的基本活动和必要途径，人才培养计划也为教学质量评价确定了总体标准。教学大纲作为指导课堂教学的重要文件，是学校达成学科培养目标的重要保证，教师只有熟练准确地掌握了大纲中规定的要求、内容和进程，才能通过课堂教学这个渠道去实现学科培养目标。因此，教学大纲是教学的依据，也是课堂教学质量评价的依据。

2. 依据对教学要素的正确认识

要素即构成事物的必要因素。对教学构成要素的认识学者们观点并不一致，概括起来有“三要素（教师、学生、教学内容）”“四要素（教师、学生、教学内容、教学环境）”“五要素（教师、学生、教学内容、教学环境、教学方法）”“七要素（教师、学生、教学内容、教学环境、教学方法、教学目的、教学反馈）”等。目前，常用的确定课堂教学评价内容指标的方法，就是对课堂教学要素分析并层层分解，最终形成评价指标体系。由于不同院校对课堂教学要素的认识存在差异，也导致了不同院校评价内容指标的千差万别。对教学要素的分类，存在

一个把要素理解多宽和多细的问题和确定教学要素的依据。教育家张楚廷认为，构成教学活动的要素是很多的，多侧面的、多层次的，不宜将不同层次的要素加以并列。

因此，充分理解课堂教学的本质，遵循教育评价的原则，正确把握课堂教学要素的构成，是确定课堂教学评价指标内容的重要保证之一。

3. 依据课堂教学评价所采取的方式和评价目标

课堂教学评价采用的方式不同，评价目标不同，评价标准和内容的侧重点也必然不同。对教师的课堂教学评价常有三种方式：一是对教师的课堂教学过程进行评价，这种方式关注课堂教学构成要素的评价，如教师、学生、教学内容、教学方法等的评价。二是对学生活动进行评价，它以学生课堂表现为基础，关注学生通过课堂教学中是否获得情感、思维、动作技能等方面的提高和长进。三是对教学效果进行评价，这种评价方式常通过课后考试等形式来进行。

同时，课堂教学评价目标作为课堂教学价值取向的具体体现和制定课堂教学评价指标和标准的主要依据，不同的评价目标也会影响课堂教学评价的内容。例如，如果评价目标是教务部门对课堂教学进行管理，则指标内容可分为备课、上课、辅导、作业、考试五个指标。如果评价目标是考核课堂教学效能，则指标内容可以是教学态度、教学内容、教学方法、教学效果四个方面。因此，并不存在一个放之四海而皆准的课堂教学评价体系，其受多方面因素的制约和影响。

（二）课堂教学评价的内容

评价目标的实现和评价功能的发挥，需要依托评价内容，如果评价内容不能支持评价目标，评价的效度就难以保证。因此，评价内容关系到评价的有效性和可靠性，是制定指标体系和标准体系的基础。课堂评价需要遵循教育评价规律，以全面提高课堂教学质材为出发点，以促进教师更好地教，学生更好地学为目标，构建多元的、开放的、可供选择的课堂教学评价内容。

1. 教师行为

课堂教学中教师行为包括教学行为和管理行为。管理行为如维持纪律、组织教学等，为保证课堂教学计划的顺利进行和教学目标的实现。教学行为是直接从事课堂教学的行为，包括有准备的教学行为和随机的教学行为，前者是事先通过备课设计教案等有准备的行为，直接指向教学预设目标和教学内容；后者是课堂教学中的突发事件，事先很难预料和准备。归纳起来，教师行为有三种，有准备的教学行为、随机教学行为和管理行为。其行为方式可归纳为五种，讲授、提问、指导、演示、评价。

（1）讲授的观测点

讲授的内容是否针对和围绕教学目标而展开；讲授是否切合学生实际，是否了解学生原有的知识基础，是否知道哪些由学生自学，哪些需要后发和点拨，哪些需要详细讲解；讲授是否能引起学生注意，让学生感兴趣；讲授是否能帮助学生建立新旧知识的联系；讲授是否突出重点、化解难点；讲授是否条理清楚、逻辑有序，由一般到特殊或由特殊到一般。

（2）提问的观测点

问题是否具有针对性，能否针对不同的同学提出不同难度和不同类型的问题；问题是否具有思考性，是否能引起学生的独立思考；问题是否具有开放性，是否能引导学生展开发散思维；问题是否具有探索性，是否能引发学生的创新意识和创新思维；问题是否具有可操作性，是否偏、怪、难；等等。

（3）指导的观测点

指导能否帮助学生创设问题情境和探究情境；指导能否具有针对性，针对学生的优势、优点或缺点、不足，进行启发、点拨、引导、解释等；指导是否能引导学生对自己的学习过程、方法和结果等进行反思。

（4）演示的观测点

演示是否适时、适度；演示是否具有针对性和实效性；演示是否与恰当的讲解相配合；演示后是否认真进行总结。

（5）评价的观测点

评价是否尊重学生个体差异，多元评价学生；能否科学地应对学生应答，针对学生的不同意见和错误意见，恰如其分地进行分析评价；能否正确对待学生提问，鼓励和支持学生提出不同见解。

2. 学生行为

学生作为课堂教学的客体和主要参与者，其学习行为是评价课堂教学质址重要的考察环节。归纳起来主要有自主学习、探究学习、合作学习、质疑、应答等。

自主学习的观测点可有：学生的自主学习是不是在具体的目标指导下进行的；学生对自主学习的内容是否感兴趣；学生是否知道学什么、怎么学、解决什么问题、用什么方法解决；学生在自主学习时遇到困难如何获得帮助；学生自主学习的过程和结果是否受到及时的调控。

探究学习的观测点可有：探究学习的问题是不是由学生自己提出（教师提出也可）；探究学习时学生是否在相关信息和资料的基础上，进行了大胆的猜想和假设；探究学习的结论是不是经过交流、展示和讨论得出的。

合作学习的观测点可有：合作学习是否有良好的组织形式，是否由不同质的学生组成；合作学习的问题是否具有思考性、开放性的精神、交流、表达、倾听、处理各种矛盾和困难的能力；合作学习是否在教师的调控下对学习成果进行积极的评价和鼓励。

质疑和应答的观测点可有：学生的自由质疑是否受到积极的鼓励和倡导；学生的质疑不管正确与否，是否得到教师的鼓励和指导；学生的应答是否具有针对性；学生是否积极主动作答，不管正确与否。

3. 课堂结构

所谓课堂教学结构是指在课堂教学过程中，各个教学步骤的划分、各自占用的时间及它们之间的逻辑关系。合理的课堂教学结构是对一堂好课的基本要求，同时也是提高课堂教学效率的必要条件。合理的课堂教学结构其教学环节的划分、时间的分配、各个环节的逻辑关系能有效地促进教学目标的实现和教学效率的提高。例如，根据某一学科某一堂课的教学设计方案，可针对不同环节的教学目标和不同教学重点，占用的时间也就不同，且每两个环节之间的衔接应符合学生的认知规律。

4. 师生关系

良好的师生关系是保证课堂教学顺利进行和高效达成目标的重要影响因素。美国心理学家罗杰斯认为，教师对学生的赞赏能有效地促进学生的学习行为；学者戈登在《教师效能训练》一书中认为，良好的师生关系应具有开放性、透明性、依存性、独立性和互惠性。良好的师生关系对教师的基本要求有：了解熟悉学生，包括学生家庭状况、生活状况、心理状态、兴趣爱好、知识经验水平等；尽可能多地表扬学生，适度地批评学生；平等地同学生对话；尽量创设和学生交往的机会；向学生传递积极的期望。

5. 教学效率

教学效率是指单位时间内实现教学目标的多少，这既是课堂教学评价的重要内容，也是课堂教学追求的主要目标。提高课堂教学效率涉及的因素非常多，但最基本的要求有以下几点：课堂教学目标和教学环节具体明确，且为每一个学生所理解；课堂教学要使学生具有浓厚的兴趣和强烈的求知欲；课堂教学要严格控制讲授时间，把学习主动权交给学生，使课堂教学真正成为教师指导下的学生自主学习、探究学习和合作交流的场所；课堂教学反馈要及时，使学生及时了解自己的学习状况和目标的差距、存在的问题和不足，并及时进行调控和补救；关注学生差异，课堂教学力求满足不同学生的需求。

第二节　构建高校课堂教学评价体系及方法的新途径

一、树立多元的评价观

以多元评价为指导的课堂教学评价倡导评价主体、评价内容、评价方法和评价结果的多元化，倡导促进教师和学生的全面发展。通过前面几章的分析研究，我们可以得出结论：评价主体多元化、评价内容多元化、评价方法多元化和评价结果的使用反馈多元化是未来课堂教学评价的发展趋势。因此，要构建多元化的课堂教学评价体系，我们必须树立多元化的课堂教学评价观。

（一）强调面向未来、面向发展的评价

立足未来，注重发展，开发评价对象的潜能，促进评价对象多元发展，鼓励评价对象不断超越自我，是多元评价的基本指导思想。以多元评价为指导的课堂教学评价关注的不再是教师的分数、名次，而是对课堂教学的改进、完善和教师的发展。从评价对象的过去和现实表现中搜集信息和数据，是为了帮助其认识自我，发现问题和不足，完善自我，而不是通过评价为评价对象定级、打分，使其丧失自信、丧失自我。因此，课堂教学评价目标、评价标准、评价方式、评价结果使用等都应充分考虑对评价对象生命价值和个体需要的尊重，注重把评价对象的个体需求和学校、社会发展的需求紧密结合。

传统的课堂教学评价多建立在科学量化的基础上，通过对教师行为赋值量化，把教师课堂教学评价结果转化为一个分数或等级来说明优劣并对其奖惩，这是面向过去、管理主义的评价，不利于教师的发展和课堂教学的改进和完善。

（二）关注评价对象的主体性和参与性

传统的课堂教学评价从评价方案、指标的制定到评价结果的解释使用，多由学校教务部门一手安排，教师和学生很少有机会参与或发表意见，常处于被动接受的地位。这样难以保证课堂教学评价结果的真实性和科学性，使课堂教学评价失去了积极的意义。多元评价强调以评价对象的发展为本，注重评价对象主体作用的发挥，主张评价对象被动变主动，参与包括评价方案、指标制定等在内的整个评价过程，成为与评价者地位平等的参与者、合作者和帮助者。另外，增强评价对象对评价过程和评价结果的认同感也是发挥其主体作用的重要方面。可以从三个方面加以努力：第一，评价前组织课堂教学评价专门培训会，使评价对象对课堂教学评价有一个全面的认识，端正态度、积极参与。第二，评价标准（指标）多元化，关注学科差异和评价对象的个性及差异。第三，评价方式多元化，强调从有利于评价对象的发展出发，从实效出发，综合运用多种多样的评价方法。

（三）重视量化评价与质性评价的结合

目前，量化评价以其客观、科学、严格等特点备受青睐，但课堂教学评价的对象是人，是具有复杂感情的人，课堂教学是充满生机的动态变化的过程，教师课堂教学行为和心理现象，虽然可以通过外在的行为表现表达和测量，但这种表达和测量往往是不全面的，甚至是不真实的，以偏概全和给人以假象是常有的现象。以课堂教学评价为例，越来越精细的指标和标准，看起来客观而公正，但被评者对评价结果的认同感很差，评价的量化得分可能与评价对象的实际情况并不相符。

究其原因，一方面是课堂教学评价指标体系不够科学合理，另一方面是评价操作过程拘泥于指标和标准，过于机械刻板。因此，针对量化评价的种种弊端，人们开始重视质性评价，当然质性评价并不是简单地否定量化评价，而是要在努力增强量化评价的客观性、真实性的同时，走一条量化评价与质性评价相结合的道路，实现评价内容、方式方法的多元化。

二、构建完善的课堂教学评价制度

制度是社会学里的概念，一般指要求大家共同遵守的办事规程或行动准则，那么我们可以说课堂教学评价制度就是课堂教学评价中应共同遵守的办事规程和行动准则。构建课堂教学评价体系是一个严肃、科学的事情，影响着课堂教学评价的最终结果，理应受到一定的制度规范和引导。因此，构建完善的课堂教学评价制度对于规范课堂教学评价方案和指标体系的制定、规范课堂教学评价实施过程和结果使用具有重要的影响作用。

（一）全面正确认识课堂教学评价

目前，课堂教学评价存在的种种弊端和不足，究其原因很重要的一点是对课堂教学评价的认识不足。只有树立正确的思想，全面科学地认识课堂教学评价，才能发挥课堂教学评价的积极作用，评价是为了发现问题、分析问题、解决问题，最终促进教师、学生和学校的发展，提高教育质量，而不是通过评价为教师打分排队、实施奖惩，也不是为了学校管理意义上的需要。教育部在《关于全面提高高等教育质量的若干意见》（2012 年）中指出，完善人才培养质量标准体系，全面实施素质教育，把促进人的全面发展和适应社会需要作为衡量人才培养水平的根本标准。因此，课堂教学评价应以促进教师和学生的发展，以培养社会需要的人才和全面提高等教育质量为目的，适当的奖惩和管理也应是以实现上述目的为前提，是手段而不是目的。

（二）构建客观合理的课堂教学评价指标体系

客观合理的课堂教学评价指标体系包含以下四个方面：

第一，构建课堂教学评价指标体系的过程是科学合理的。目前，构建课堂教学评价指标体系存在的客观随意性大、少数人拍板决定、缺乏严格的科学论证、学科针对性不强等问题，严重影响评价结果的信度和效度。因此，构建课堂教学评价指标体系务必听取多方意见，包括教师、学生、专家、管理者、领导和社会相关人员，使评价的指标内容全面、科学，能翔实地反映课堂教学的各个方面。另外，综合运用相关的辅助技术手段，确保指标权重系统的客观合理性。

第二，确保课堂教学评价指标体系的动态性。课堂教学评价指标体系不是一成不变的，在运用实践的过程中针对课堂教学反映出的新问题和改变，我们应适时地调整和修订评价指标体系。例如，对于一些课堂教学行为很难用量化指标来测评，这时我们就要适当地增加陈述性问题，通过定性描述来达到目的。

第三，注重评价指标体系的学科差异性。高等教育与初中等教育相比，其核心特征是具有明显的学科和专业针对性，对于多样性的大学专业课程教学，用同一个评价指标体系去评价所有的课堂教学，难以体现评价的准确性和保证评价实际效果的客观性。因此，应在对课堂教学共性要求的基础上，充分考虑不同学科背景下的学生特点、教师特点和学科特点，构建有针对性的、多样性的课堂教学评价指标体系。

第四，重视评价结果的分析和反馈利用。全面仔细地评价结果反馈有利于教师发现自己课堂教学的优点和不足，充分了解自己的教学水平，有针对性地改进和提高。同时，教务管理部门也可以针对评价中反映出的薄弱环节组织教师培训和学习，促进教师业务能力的提高。

（三）采取多样的课堂教学评价方法

通过分析，我们发现每一种评价方法都在某一方面具有其不可替代的优越性，而在另一方面具有其不可克服的局限性，因此采取多样的课堂教学方法，从不同侧面收集信息，更能科学、全面地评价课堂教学。

三、建立行之有效的课堂教学评价方法

基于不同的评价目的、评价主体，课堂教学评价的指标体系内容和评级方式、方法也不尽相同。选择每一种评价方法都有其自身不可替代的优越性和特性，但同时也有其自身不可克服的局限性，任何一种评价方法都不能全面科学地评价教师课堂教学。例如，学生评价可能受师生关系、学生认知水平等的影响，并不能真实科学地评价教师课堂教学；专家听课评价可能因为时间上的不连续性，难以了解教师平时教学的原生态。因此，整合多元化的课堂教学评价方法，多侧面、多渠道、多方位地收集课堂教学信息，既能充分发挥各种评价方法的优势，又可以互相克服各自的不足和缺点，使课堂教学评价更加真实

有效。

（一）注重现代教育技术在评价中的应用

随着科学技术的飞速发展，计算机技术已经深入社会生活的各个方面，对人们的生活和工作方式产生了巨大的影响。课堂教学评价是一项系统庞大的工程，涉及大量数据的处理和计算。譬如，评价指标权重的确定、评价主体权重的确定、评价分类系统的管理、评价结果数据的处理和运算等。如果单纯地依靠人力解决，不仅费时费力，且效率低下，容易出错，因此，在课堂教学评价中应积极运用现代教育技术，使高校课堂教学评价与现代教育技术相结合，体现课堂教学评价的先进性，既高效便捷，又能保证评价的准确性和公正性。

（二）建立完善的评价结果后续反馈机制

课堂教学评价结果的处理和反馈作为课堂教学评价的最后一个环节，往往不能引起人们足够的重视，重过程轻结果的做法使课堂教学评价的结果流于形式，起不到应有的作用。因此，建立完善的评价结果反馈制度是确保课堂教学评价效用的重要环节，评价反馈报告应取代简单的“优”“良”“差评价在于发现问题、解决问题、提高课堂教学质量，而不是得出一个鉴定性的结论。撰写评价反馈报告的好处在于：第一，通过评价报告，教师和评价者可以对整个评价过程、评价方法、评价结论和相关的问题建议，有一个全面的了解。第二，撰写评价报告，更有利于发现评价活动中存在的问题，为以后的评价活动提供宝贵的借鉴。第三，撰写评价报告，有利于在后续的教学实践中进一步验证评价结果和评价标准，便于及时地修改和完善已有的评价指标体系。

第七章　智慧教育背景下高校课堂教学评价体系模型构建方法的创新

第一节　层次分析法在高校课堂教学评价体系构建中的应用

一、层次分析法简介

美国运筹学家托马斯·塞蒂（T.L.Saaty）等人提出的层次分析方法可以较好地反映客观实际，其优点是定性和定量相结合，它将人的主观用数量形式表达和处理，是对多目标、多层次规划决策问题的有效决策方法。

层次分析法是通过分析复杂问题找出包含的各种因素及相互关系，并将这些要素分为不同的层次，构成递阶层次。在每一层次中按一定的准则，对该层各要素进行逐对比较，建立判断矩阵。对每一个判断矩阵应用传统的特征向量方法，求出相应的特征向量，得出该层元素相对于上一层某一元素的优先权值。然后，根据层次合成原理计算出各层元素对总体目标的组合权重，从而得出不同设想方案的最终权值，为选择最优方案提供依据。

从理论上讲，AHP 方法对指标因素权重（每一层次中因素的相对重要性）的确定是通过因素的两两比较所构成的判断矩阵而得到的。判断矩阵是所有运算的基础，判断矩阵构造的好坏将直接影响以后计算的进程。所以，在通过判断矩阵求出相应层次的权值后，往往还需要进行一致性检验。若检验出的一致性不合理，则需要重新进行判断矩阵的构造，而且即使每一层次的一致性检验合理，仍需要进行总的一致性检验。所以，在实际计算的过程中往往出现有多次返工和计算结果与实际不符的现象，其主要核原因就是给出的判断矩阵不够合理，矩阵的数据元素出现偏差。另外，9 标度法中很难用“稍微”重要、“较为”重要、“极为”重要和“极端”重要等模糊字眼表示两元素间关系。为此，我们将构造判断矩阵的方法进行改进。从根本上消除不一致性数据，取消一致性检验，简化计算过程，使得计算方法更简便、效果更加精确。

二、确定课堂教学质量评价指标的权重

评价指标的权重是构建评价指标体系的中心环节，也是难度最大的一道工序，目前人们已经意识到评价指标权重的重要性，但对它的研究还不算多。指标的权重又叫作权数，是指一个整体被分解成若干因素（指标）时，用来表示每个因素在整体中所占比重大小的数字，是一个表明该指标重要程度和作用大小的数字指标。同一级指标的权重系数之和等于 1；同级指标分解为各子系统时，每个子系统内各指标的权重系数之和等于 1。

权重是用来表示每一个指标在整体中的重要程度，权重的不同代表了评价者关注的方向的不同。如果权重系数不能反映出指标权重分配的大小，那么权重系数就不能正确反映评价指标之间的差异。因此，在对指标进行分析时，要考虑到每一个指标在整体中所占比重的大小，在整个指标体系中的重要程度的不同。本书中的权重指两个方面的权数，一是不同评价人员的权重（教师、专家、管理人员），如果评价者大体为同一众体，则每人的分数都同等重要，取平均值即可；如果不同，则要依据相关的数学模型建立权重。二是指标体系中各层指标的权重，它是在评价指标体系中建立的，使用相关的方法而来，具有较强的科学性。

科学的权重构建方法有关键特征调查法、矩阵对偶法、德尔菲法、层次分析法等。本书使用改进后的层次分析法确定指标的权重，通过进行第二轮的专家咨询，最后统计、分析得出各级指标的权重，形成了课堂教学质量评价指标体系。

关于改进的层次分析法，有些文献建议采用 6 标度法代替 9 标度法建立判断矩阵，有些文献建议采用指数标度法代替 9 标度法建立判断矩阵，都不能解决 9 标度法的弊端。

三、高校课堂教学质量综合评价标准

教学质量的评价主体，指学生、管理人员、专家（如督学、专家组成员）等，

这些评价主体对课程、对任课教师的了解和熟悉程度不同，评价设计的权重也应该不同。课堂教学是以学生为主体、以教师为主导，是教学手段和教学方法、教学内容等综合活动的结果。由于被接受评价主体各方的素养、价值和目标取向的差别，评价结果往往会有很大的差异。只有综合多方的因素，才能比较真实地反映课堂教学的质量。经常听到教师抱怨，学生给教师评分不合理，领导和督学成员只凭一次听课就下结论，都反映了问题的复杂性。评价主体的设计所占权重，不同学校有不同的情况，不能一刀切，这是应该坚持的。例如，不同层次的高校，所招收的学生素质不同，评价指标体系要有区别。但这种差别是否存在大的差距，值得研究。

笔者分别从学生、管理人员、专家三个评价主体着手，构建课堂教学质量评价的全方位评价体系。在不同评价主体的所评结果的权重方面，考虑到教学过程中，学生是自始至终的参与者，是最有发言权的评价者；而管理人员和专家经验丰富但听课次数相对较少，在反复征求领导、督导专家意见后，把不同评价主体之间的关系设计为：学生评教结果所占权重为 0.5，管理人员评价结果占 0.2，专家评价结果所占权重为 0.3，即某门课程的综合评价结果计算公式如下：

$$P=S\times 0.5+Q\times 0.2+R\times 0.3$$

其中：P 为综合评价结果，S 为学生评价结果，Q 为同行评价结果，R 为专家评价结果。

经过协调分析，综合评价结果 290 分即为优，80~90 分为良，70~80 分中等，60~70 分为及格，低于 60 分即为不及格。

四、数据处理

在教师课堂教学质量评价过程中，如何将获取的评价数据进行科学的处理，是保证评价质量的重要环节。很多高校以往的课堂教学质量评价所采取的是手工采集数据、手工统计、手工核算的方法。这种方法不仅浪费大量的人力、物力，更重要的是影响了评价的科学性，降低了评价结果的可信程度。基于此，某高校在研究与实践教师课堂教学质量评价指标体系的同时，研究设计了评价数据处理系统。

督导专家和教学管理人员用评价卡打分，评价卡经过机读，数据进入计算机系统；学生则可以进行网上评教。各指标的权重在计算机自动处理系统中先行设定，计算机自动处理系统能依设定的权重和给出的评价等级，自动完成各项指标得分的运算与统计工作，最后得出综合评价分数。

第二节　粗糙集改进关联规则挖掘算法在教学评价体系构建中的应用

一、数据挖掘概述

（一）数据挖掘的概念

数据挖掘就是从大量的、不完全的、有噪声的、模糊的、随机的数据中，提取隐含在其中的、人们事先不知道的，但又是潜在有用的信息和知识的过程。数据挖掘应该更正确地命名为“从数据中挖掘知识”。还有很多和这一术语相近似的术语，如知识发现、数据分析、数据融合以及决策支持等。人工智能领域习惯称知识发现，而数据库领域习惯其称为数据挖掘。

人们把原始数据看作是形成知识的源泉，就像从矿石中采矿一样。原始数据可以是结构化的，如关系数据库中的数据；也可以是半结构化的，如文本、图形、图像数据等。发现知识的方法可以是数学的，也可以是非数学的；可以是演绎的，也可以是归纳的。发现知识可以被用于信息管理、查询优化、决策支持、过程控制等；还可以用于数据自身的维护。

（二）数据挖掘的特点

数据挖掘的主要目的是从大量的数据源中采用和发展有关理论、方法和工具来提取有用的和使人感兴趣的知识和模式。数据挖掘是从实际的海量数据源中发现知识，因此数据完整性、一致性和正确性难以保证，而数据挖掘算法的效率、有效性和扩充性非常关键。与传统的数据库查询系统相比较，数据挖掘技术也存在着显著的不同。

第一，传统的数据库查询一般都具有严格的查询表达式，可以用 SQL 语句描述。而数据挖掘则不一定具有严格的要求，常常表现出即时、随机的特点，查询要求也不确定，整个挖掘过程也无法仅用结构化查询语言（简称 SQL 语言）就能完整表达；实际上数据挖掘常常用一种类似 SQL 语言来描述。

第二，传统的数据库查询一般生成严格的结果集，但数据挖掘可能并不生成严格的结果集。挖掘过程往往基于统计规律，产生的规则并不要求对所有的数据项总是成立，而是只要达到一定的事先给定的阈值就可以。

第三，通常情况下，数据库查询只对数据库的原始字段进行，而数据挖掘则可能在数据库的不同层次上发掘知识规则。归纳起来，数据挖掘有如下特点：①处理的数据规模十分庞大。②由于用户不能形成精确的查询要求，因此需要利用数据挖掘技术来寻找其可能感兴趣的东西。③数据挖掘对数据的迅速变化做出快速响应，以提供决策支持信息。④数据挖掘既要发现规则，还要管理和维护规则，随着新数据的不断加入，规则需要更新。⑤数据挖掘中规则的发现基于统计规律，发现的规则不必适合于所有的数据，而且当达到某一阈值时，便认为有此规则。

数据挖掘的目标是要从数据库中发现隐藏在大量数据中的未知知识，这种知识发现实际又是人工智能所面临的难题之一。它作为一项新兴的高新技术，理论上或技术上面临着许多的难点与挑战，但这项技术有着相当大的发展前景，是国际前沿研究开发的新领域。

（三）数据挖掘的对象

数据挖掘的对象主要是关系数据库，这是典型的结构化数据。随着技术的发展，数据挖掘的对象逐步扩大到半结构化或非结构化数据，主要是文本数据、图像和视频数据以及 Web 数据等。

1. 关系数据库

目前，建立的数据库几乎都是关系数据库。数据挖掘方法也主要是研究数据库属性之间的关系，挖掘出多个属性取值之间的规则。

2. 文本

文本是以字符串形式表示的数据文件，文本分析包括关键词或特征提取、相似检索、文本聚类和文本分类等。

3. 图像视频数据

图像和视频数据是典型的多媒体数据。数据以点阵信息及帧形式存储，数据量很大。图像与视频的数据挖掘包括图像与视频特征提取、基于内容的相似检索、视频镜头的编辑与组织等。

4.Web 数据

随着 Internet 的发展和普及，网站数目的迅速增长以及上网人数的剧烈增多，使得网络数据量呈指数增长，Web 数据挖掘已成为新课题。它有如下特点：①异构数据集成和挖掘。Web 上每一个站点是一个数据源，各数据源都是异构的，形成了一个巨大的异构数据库环境，将这些站点的异构数据进行集成，给用户提供一个统一的视图，才能在 Web 上进行数据挖掘。②半结构化数据模型抽取。Web 上的数据非常复杂，没有特定的模型描述。虽然每个站点上的数据是结构化的，但各自的设计对整个网络而言是一个非完全结构化的数据，称为半结构化数据，对半结构化数据模型的查询和集成，需要寻找一种半结构化模型抽取技术来自动抽取各站点的数据。

（四）数据挖掘的步骤

一般来说，数据挖掘是一个利用各种分析方法和分析工具，在大规模海量数据中建立模型和发现数据间关系的过程，这些模型和关系可以用来做出决策和预测。支持大规模数据分析的方法和过程，选择或者建立一种适合数据挖掘应用的数据环境是数据挖掘研究的重要课题。

数据挖掘过程中各步骤的大体内容如下：

1. 确定业务对象

在开始数据挖掘之前最基础的就是理解数据和实际的业务问题，在这个基础之上提出问题，对目标有明确的定义。认清数据挖掘的目的是数据挖掘的重要一步，因此必须清晰地知道业务问题。挖掘的最后结果不可预测，但对要探索的问题应该有预见，为了数据挖掘而进行数据挖掘则带有盲目性，不易成功。

2. 数据准备

数据准备是保证数据挖掘得以成功的先决条件，数据准备在整个数据挖掘过程中占有大量的工作量，大约是整个数据挖掘工作量的 60%。数据准备包括数据选择、数据预处理和数据转换。

第一，数据的选择。数据的选择就是搜索所有与业务对象有关的内部和外部的数据信息，获取原始的数据，从中选择出适用于数据挖掘应用的数据，建立数据挖掘库。

第二，数据的预处理。由于数据可能是不完全的、随机的、复杂的，数据预处理就是要对数据进行初步的整理，为进一步分析做准备，并确定将要进行的挖掘操作的类型。

第三，数据的转换。数据的转换是根据数据挖掘的目标和数据的特征，选择合适的模型。这个模型是针对数据挖掘算法建立的。建立一个真正适合挖掘算法的分析模型是数据挖掘成功的关键。

3. 数据挖掘

数据挖掘就是对所有得到的经过转换的数据进行挖掘，除了选择合适的算法外，其余的工作应该能自动完成。

4. 结果分析

对挖掘结果进行解释并评估。其使用的分析方法一般应根据数据挖掘操作而定，目前通常会用可视化技术。

5. 知识的同化

知识的同化就是将分析所得到的知识集成到业务信息系统的组织结构中去。

二、数据挖掘系统在教学评价体系构建中的应用

（一）系统应用的背景与目标

1. 系统应用的案例背景

教育部明确指出要深化高等教育本科教学改革，全面提高教学质量，并提出以下工作意见：①全面贯彻落实科学发展观，进一步加强对教学工作的领导和管理。②适应国家经济社会发展需要，加强专业结构调整。③深化教育教学改革，全面加强大学生素质和能力培养。④加大教师队伍建设力度，发挥教师提高教学质量的重要作用。⑤加强教学评估，建立保证提高教学质量的长效机制。⑥加强教学基础建设，提高人才培养的能力和水平。

由此可见，提高教学质量是目前各大高校开展工作的重要目标，那么怎样提高教学质量呢？有这样几个方向与方法：如坚持教授上讲台，保证为学生提供高质量教学；进一步建立和完善青年教师助教制度，不断提升青年教师的教

育教学能力，使青年教师通过对教授、副教授的主讲课程进行辅助，学习先进的教学方法，积累教学经验，提升教书育人水平，等等。这里措施与方法当然非常有用和宝贵，值得借鉴。

众所周知，各个高校每年都在做教师教学质量评价，学校采取这种形式的初衷本来是借此作为年终考核各位老师的依据，并以此督促各位老师，要不断提高自己的教学质量。除此之外，它并没有告诉各位老师怎样才能有效、快速地提高自身的教学质量。

文件中提出的几点提高教学质量的措施主要是围绕提高教师的教学方法展开。那么，要提高教师的教学质量，除了提高教学方法，还有没有其他途径与方法可供采用的呢？这是我们要解决的重要课题。

2. 系统应用的目标

高校拥有信息量庞大的历届教学评价数据和人事信息数据等，通过这些数据集成为挖掘库，再从挖掘库中挖掘出一些隐含的、不容易被发现的、非常有用的知识，从而指导实践。对于挖掘的结果，我们无法预见，但挖掘的目标是可以明确的，即通过挖掘找出教学质量高的老师有哪几种特征，每种特征都是一种提高教学质量的方法，那么教学质量不高的老师可以根据这些特征，选择适合自己的方式，从而做到有针对性、快速、有效地提高自身的教学质量。

（二）数据的准备

1. 数据的选择

由于在教学评价数据挖掘系统中要使用大量的数据作为挖掘的对象，所以本节选择了河海大学土木院、商学院和公管院等三个比较大的院系作为对象，将其教学评价系统中的《分项指标报表》和人事系统中的《教师信息》两个数据表作为挖掘数据的来源。

2. 数据预处理

在进行数据挖掘前，把预处理过的数据都放到同一个数据库中，这个数据库就是挖掘库。建立数据挖掘库的同时就开始进行数据预处理工作，以期最后建成的数据挖掘库是不同于原有数据库的、一个经过特殊处理的、可以直接用挖掘工具进行挖掘的数据库。

数据预处理主要有以下五个步骤：

第一，收集原始数据。确定要挖掘数据的数据源，进行数据的收集。此处选择了河海大学网上教学评价数据为原始数据，分别把土木院、商学院和公管院的教师评价关键数据项提取出来，添加到 Excel 表中；同时还收集了教师的人事方面信息，即自然状况，如年龄、学历等信息，存于另一个 Excel 表中。

第二，合并与整理。首先将来自不同数据源的数据合并到同一个数据挖掘库中，即根据教师姓名将两个表中的相应的数据记录提取出来，添加到数据库中，由于来自教学评价的数据中，某个老师可能有 N 条教学评价记录，因此有必要将这个老师 N 条记录中来自教学评价数据库中属性值平均化，这样这个老师在数据库中只有一条记录。

第三，数据清理。由于各种各样的数据质量问题，数据中可能包含了不正确的值。当从多个不同数据表整合时一定要注意不同数据表之间数据的一致性。在本系统中对不正确的和不一致的数据，通过人工纠正的方法处理。如某记录出现空值，则删除该记录。

第四，连续性属性的离散化处理。C4.5 算法可以直接处理连续性数据：在算法实现的时候，选取分界点，将数据库中连续性的数据划分为几个区间。在决策树展示中，为了让挖掘结果易于理解，将教学评价这个连续属性的所有值根据划分区间分别用“优”“中”“差”来代替原来的数字值。

第五，建立数据挖掘库。为了在 C4.5 算法中实现数据挖掘以及对其结果的测试，将处理后的数据分为两个部分：建立数据挖掘库的数据表和进行测试结果的数据表。

（三）系统环境的配置

1. 开发环境

确定采用决策树中的 C4.5 算法。在系统开发前，初步考虑算法的易实现性和系统的简单实用性，选择 Microsoft Visual Basic6.0 企业版作为程序设计的开发工具。

操作系统：Microsoft Windows XP SP2。

其他软件：Microsoft Server 2000 开发版，Visual Basic6.0 企业版。

硬件环境：由于程序运行过程中计算量非常大，在满足软件需求的基础上，配置越高越好。

本系统开发所使用的硬件环境：P41.8GHz / 512M 内存 /20G 硬盘 /16M 独立显卡 / 其他。

2. 创建数据源

第一，在控制面板中打开管理工具。

第二，打开数据源（ODBC）。

第三，选择“添加”，选择所连接数据库的类型，选择 SQL Server。

第四，选择保存位置，设为“C：\Program Files\OD-BC\Data Sources”然后下一步。

第五，点击“完成”按钮，将会让你选择所连接的服务器，选择本地服务器，即“local”。

第六，在这里，点击下一步，系统将让你选择登录验证的选项，只需本地的登录即可。

第七，在下一步中，选择更改默认的数据库，将它设置为本文所用的数据库“DMdala”。

第八，点击下一步，配置程序会将该数据源的详细信息列出。

第九，点击“测试数据源”，点击“确定”，返回。

第十，在 ODBC 数据源管理器中将显示先前建立的数据源。

第十一，数据源建立完毕，点击“确定”退出。

3. 运行环境

操作系统：Microsoft Windows XP SP2。

其他软件：Microsoft Server 2000 开发版，Visual Basic6.0 企业版。

硬件环境：CPU：1.8CHz；内存：512M；硬盘：20G。

三、系统规则测试与结论应用

（一）系统的结果与规则测试

1. 系统的结果

它所展示的是一棵树。为了便于理解，首先设立“教师”根节点；其次展示决策树的第一层节点——“教学方法”；再次根据教学方法属性取值的不同划分，在各个划分区域里展示第二层节点，不同的划分区域里的第二层节点可能显示不同的属性；最后在第二层节点的基础之上继续展示第三层节点，直到展示的节点为叶节点。

2. 系统的规则测试

教学评价挖掘系统完成后有必要对其挖掘结果进行评估，利用测试数据对挖掘规则进行验证与测试，评估规则的正确率，然后根据规则测试的正确率判断它的有效性。训练数据集和测试数据集来自同一个拥有大量数据的数据库，因此可以假定两个数据集服从同一个分布：先利用训练集挖掘教学评价规则，然后利用测试集评估挖掘规则的有效性。当某条规则测试的正确率达到 80% 时，我们就认为规则是有效的，可以将它应用于实际教学管理当中，提高教学质量。

从测试结果中发现：规则 1、规则 2 等 11 条规则都是有效的；规则 4、规则 12 和规则 14 的正确率低于 80%，所以此规则无效，不能应用到实际当中去；规则 5 和规则 7 由于在测试数据集中没有符合这些规则的适用条件的数据，用此测试集无法判断它们的有效性，因此暂不能将这些规则应用到实际当中去。

（二）系统的结论与应用

1. 系统的结论

（1）教学水平 =“差”的老师具备的几种特征规则

规则一：教学方法 =“差”。

（2）教学水平 =“中”的老师具备的几种特征规则

规则二：教学方法 =“中”，教学态度 =“差”。

规则三：教学方法 =“中”，教学态度 =“中”，教学内容 =“中”。

规则四：教学方法 =“中”，教学态度 =“中”，教学内容 =“好”，性别 =“女”。

规则五：教学方法 =“中”，教学态度 =“中”，教学内容 =“好”，性别 =“男”，职称 =“讲师”。

规则六：教学方法 =“中”，教学态度 =“好”，教学内容 =“中”，学历 =“学士”。

（3）教学水平 =“优”的老师具备的几种特征规则

规则七：教学方法 =“好”。

规则八：教学方法 =“中”，教学态度 =“中”，教学内容 =“好”，性别 =“男”，职称 =“副教授”。

规则九：教学方法 =“中”，教学态度 =“中”，教学内容 =“好”，性别 =“男”，学历 =“博士”，年龄 =“中年人（35—45 岁）”。

规则十：教学方法 =“中”，教学态度 =“好”，教学内容 =“好”。

规则十一：教学方法 =“中”，教学态度 =“好”，教学内容 =“中”，学历 =“博士”，职称 =“教授”。

2. 结论的应用

教学态度包括对待教学的基本态度、教书育人、遵守教学纪律、课后辅导答疑、作业批改情况等 5 个二级指标；教学内容包括内容充实情况、理论联系实际情况、重难点把握情况等 3 个二级指标；教学方法包括采用教学方法情况、讲授思路、教风情况、使用现代化教学手段情况等 4 个二级指标。

（1）规则的阐释

规则一和规则七都说明不管教师的自然状况如何，无论是教授还是博士学历，如果教学方法太糟糕，教学评价就会很低；反之，教学方法很到位，其效果比较好，那么教学评价比较高。

规则四说明在引进教师时，不倾向于选择女性，而偏向于男性。

规则五说明男性讲师教学水平一般不高，他们可能刚进校不久，需要给他们做培训，以提高教学水平，应该在教学方法、教学态度等方面对其进行指导。

规则六说明高校引进教师时，一般不选择本科学历的应聘者，而选择硕士以及以上的应聘者。

（2）规则的应用

根据规则七到规则十一可以得到提高教师教学质量的方法。

对于男女教师来说，要提高自己的教学水平，使之评价为优，可采取以下方式：①提高自己的教学方法，使之为优。②端正自己的教学态度，并优化自己的教学内容。③继续深造，不断提高自己学历，直到博士学历，同时不断加强科研工作，丰富自己的科研成果，不断提高自己的职称，直到被评为教授，并一直采取良好的教学态度。

对于男教师来说，除以上三种方法外，还可用以下两种方式：①对于中年教师（35—45 岁），不断优化自己的教学内容。②不断加强科研工作，提高自己的职称，使之成为副教授，并不断优化自己的教学内容。

（3）附加信息的获取

根据剪枝后的决策树，以教学水平为目标，通过决策树展示的层次，可以得到属性的重要程度的相对性。决策树展示的第一层指标是最重要的，因为根据信息论，第一层指标即属性的信息量最大，所以评判教学水平时，教学方法指标最重要。

根据所构建的决策树，指标的重要性依次为教学方法、教学态度、教学内容，它们分别处于节点的第一层、第二层、第三层，处于第四层及以后节点的属性不止一个，因此剩余指标的重要性无法判断。

这一信息对于学校进行宏观的教学管理具有重要的作用。上述的规则应用主要是从微观的、个人角度考虑给出提高个人教学水平的途径。而通过属性的重要性排序信息，学校可以从宏观、大局的角度给出提高教师整体教学水平的方法。学校在教学管理中，首先重视教学方法，其次是教学态度和教学内容，在制定有关教学质量的政策、措施和文件时，都要围绕这个观念，才能提高学校的整体教学水平。

第三节　模糊综合评价法在高校课堂教学评价体系构建中的应用

一、模糊综合评价法概述

在对于某一系统进行评价时，当它包含多个评价指标的时候，我们不妨用多指标元素集合 U 来表达，在评价过程中对多级评语做出评价的时候，我们不妨用评语元素集合 V 表示。当遇到加权评价的时候，我们还需要构建权重分配的模糊向量 A。

模糊综合评判法的基本过程如下：

（一）构建评价系统的指标元素集合 U

由系统中各级评价指标的具体内容组成该级中的各个元素，组成了元素集合 U=$\{u_1, u_2, \cdots, u_m\}$，其中 ui=（i=1，2，…，m）是系统中的评价元素。

（二）构建评判的评语集合 V

由于评语集合是以系统评价中的各种可能性的结果为元素所构成的集合，无论结果元素分了多少类，但是评语集合只有一个。评判等级的确定应该要全面考虑到评价指标的本身特征。假设评语集合是 $V=\{v_1, v_2, \cdots, v_n\}$ 其中 v_i=（i=1，2，…，n）代表各级的评语。

（三）确定权重集合 A

为了能够直观地反映各元素的重要程度，就要对每个元素 U 分配一个对应的权数 a=（i=1，…，m）并且 $ai \geqslant 1$，$\sum_i^m a_i=1$把各个权重构建成的一个模糊集合 $A=\{a_1，a_2，\cdots，a_m\}$ 称为权重集合。

二、基于模糊综合评价法的评价

（一）专家的评价

按照教学质量评价指标系统中的专家用表，求解某个教师课堂讲课的综合分数，参照所得分数再确定这位老师讲课质量评价的等级。

构建评语等级集合，选用“优秀”“良好”“一般”“及格”“差”五个等级，评语：评判集合为 V=M，V2，V3，V4，VJ=｛优秀，良好，一般，及格，差｝。下发标有系统评价指标和等级评语的样表给专家评价小组（十位专家组成），然后回收样表再进行整理，这样就可得各个评价指标对应各个等级评语的个数。

我们可以经过对综合评价结论定量表示的方法来直观地反映专家组成员对这位被评价老师授课质量的综合评判。假设每个评语等级的赋予数值为：V=｛V_1，V_2，V_3，V_4，V_5｝=｛优秀，良好，一般，及格，差｝=（90，80，70，60，50），记为 E=（90，80，70，60，50）^{r}，最后得到专家组的综合评价分数 S_1=B，E=86.132。

（二）学生的评价

按照教学质量评价指标系统学生用表，计算学生对该位教师讲课质量进行评判的综合得分。此处选用他所授的某个班级的学生（40 人）对这位教师的上课质量进行评判。利用专家综合评判分数的方法，也可以得到班上学生对该教师上课质量的综合评判分数，具体的求解过程省略。最终得到班上学生对该教师教学评价的综合评价分数结果为 S_1=88.154，隶属于“良好”这一等级。

（三）综合评价

1. 评判结论中专家评价和学生评价在总评价中的比例构成

本节经过向教务处教学质量监督小组成员、任课教师及教学管理部门发出调查问卷的方式，最终确定了专家和学生评判结果的各自比例，共发出调查问卷共有 40 份，收集有效问卷共有 38 份，有效回收比率是 95%。采用数学软件对调查所得到的数据进行整理，结论是专家评判分数占总评判分数的 30%，学生评判分数占总评判分数的 70%。

2. 高校课堂教学质量评价系统的综合评价结论

依据上面高校课堂教学质量评价系统中专家和学生评判分数的比例结构，就能求解出该教师的最终课堂上课质量评判的总得分。

假设总得分为 S，则：$S=S_1\times 0.3+S_2\times 0.7=86.132\times 0.3+88.154\times 0.7=87.5474$。所以，该位被评价教师的课堂教学质量综合评价等级评语隶属于“良好”。

第八章 高校教育教学的发展创新

第一节 寻求高等教育路径现代化

推进高等教育现代化，建设高等教育强国，必须立足于中国社会现实与实际需要，扎根于中国文化教育的土壤与血脉，吸收借鉴人类知识积累与文明成果，特别是要抓住当下中国深化改革、扩大开放、推进社会转型的良好时机，充分利用政府科教兴国、人才强国、创新富国的政策支持和资源优势，在保持高等教育规模稳步扩大、多样性与丰富性不断增强的同时，努力提升高等教育的质量与品质，认真探索适合中国社会需要和发展节奏的高等教育现代化模式。

一、探索高等教育现代化的中国路径

在世界上人口最多的发展中国家实现高等教育现代化是宏大而独特的教育创新，也是广泛而深刻的社会变革。在这一过程中，我们既不能简单延续中国高等教育发展的已有经验，也不能完全模仿西方发达国家高等教育的发展模式，只能在承继历史、借鉴他人的基础上，努力探索适合中国国情、具有中国特色的高等教育现代化之路。这是中国跻身世界知识体系前沿、形成中国高等教育思想、制度和文化高地的关键所在。

（一）坚持走中国特色和世界水平相统一的道路

到 2030 年，中国不仅要在高等教育规模、结构、质量、效益、公平等方面达到国际先进水平，还要为人类社会贡献中国人所创造的具有普遍意义的办学理念和可资借鉴的办学模式。将“中国特色”与“世界水平”融为一体，使

其相互支撑与促进，是中国高等教育现代化探索进程中最具挑战性、最有价值的部分。强调“中国特色”并非指中国独有，而是以中国为案例，通过对这片土地上近百年的改革探索与创新实践的浓缩提炼，展示后发的人口大国面对全球化、知识经济及社会转型的多重压力，艰难生存、崛起并发展的历史经历；为人类命运共同体共同应对当前和未来全球重大问题的挑战，提供具有普遍意义、可资借鉴的经验。

（二）坚持走文化优势与体制优势相结合的道路

高等教育现代化的建设路径要立足中国国情，扎根中国血脉。中华民族源远流长的文化教育传统历经人类历史长河的冲刷洗礼，不仅值得，而且必须为现代中国人所珍惜和承继，这是支撑我们生存和发展的精神基因。在高等教育现代化的过程中，我们要努力挖掘和弘扬中国文化传统中具有现代生命力和普遍解释力的原创性资源，树立文化自信，使现代中国的重新崛起具备坚实的文化根基。

作为“后发型”的发展中大国，中国社会对高等教育旺盛的需求与相对匮乏的资源支持形成巨大反差。我国要缩短与发达国家的差距，高等教育现代化建设要强化目标导向性决策，就要充分发挥我国社会主义制度能够集中力量办大事的政治优势；同时积极开拓和利用市场、社会等多种资源，大胆突破制度性瓶颈和体制性障碍，使高校拥有更加自主、自律发展的条件和空间。

（三）坚持走教育发展与国家富强相结合的道路

从现代高等教育的发展规律来看，将知识生产、人才培养与服务国家战略有机联系在一起是发达国家高等教育机构生存发展并走向成功的共同特点。美国的许多世界一流大学都通过参加国家三大科学工程（曼哈顿工程、阿波罗登月计划、人类基因组计划）奠定和巩固自己的学术领军地位，并形成全球影响力。中国的很多高水平大学也是在高度参与国家工业化、现代化进程，对国家知识创新体系建设做出贡献而得到政府和社会认可，逐渐跻身世界一流大学行列的。高等教育发展的根本动力来自宏观经济社会需求与大学发展内在逻辑的有机结合，走向2030的中国高等教育现代化进程，必须找准高等教育和国家发展富强的结合点，在政策与实践上精准发力，走依法治教之路：一方面政府通过体制改革，简政放权，赋予高校更大的法定治理自主权。另一方面高校要加强服务国家战略需求的意愿与能力，使人才培养及学术研究的成果在国家可持续发展及现代化建设中发挥更大的作用和价值。

（四）坚持走全球视野与中国意识相结合的道路

高等教育现代化是世界性趋势，需要我们以开放的姿态走向世界，以虚心的态度学习国外先进经验，以积极的行动参与国际交流。高等教育现代化也是本土行动，需要立足国情，针对中国社会实际问题，制订本土化解决方案。

由于中国改革发展中面临的问题既有中国特定经济社会因素，也有全球化的共同背景。因此，发现并科学解释和解决这些问题必须将全球视野和本土意识相结合，将人类社会所积累的多学科知识、多领域经验与中国独特的文化传统和实践智慧融会贯通，走出具有中国特色的现代化建设之路。

二、强化高等教育资源保障与政策导向

高等教育已成为人类所创造的最庞大的社会事业，其现代化建设需要投入大量人力、物力、财力及政策资源。可以说，资源保障是高等教育现代化建设的重要基础，是中国到2030年整体实现高等教育现代化的约束性条件。历史经验告诉我们，凡是跨越中等收入陷阱的国家，都是在发展的关键时期保障并提高了对教育的投入；凡是在教育上欠账的国家，都跨不过中等收入陷阱。因此，我们必须将资源保障提到战略高度。

（一）继续加大高等教育经费投入

高等教育经费投入是衡量一个国家保持并发展其创新能力的重要指标。近年来，我国的高等教育经费虽然随着经济的不断增长而上升，但是与发达国家，尤其是高等教育强国相比，还有不小差距。为实现高等教育现代化，必须保障经费投入。

第一，加大政府投入，提高高等教育经费占GDP的比例，提高高等教育经费在国家财政支出中的比例。1998年8月29日第九届全国人民代表大会常务委员会第四次会议通过的《中华人民共和国高等教育法》对我国高等教育经费的来源渠道有着明确规定，即“国家建立以财政拨款为主、其他多种渠道筹

措高等教育经费为辅的体制”。这样的公与非公相结合的高等教育经费体制符合世界高等教育发展潮流。

第二，增强高等教育经费的多渠道筹措机制，提高非政府投入经费的总量和比例。目前，我国高等教育经费的多渠道来源主要包括学生学费、银行贷款、校企合作收入、捐赠、基金收益等。其中高校收费改革遭遇到了学费水平的“瓶颈”,高校收费制度有待创新。要打破统一学费水平的制度安排,通过价格细分,实行差异性收费。在学费标准的制定中应综合考虑学校水平、学科专业性质、学校所在地区经济发达水平、学生家庭收入水平等变量，实现学生的学费水平与学生家庭支付能力、学生培养成本以及毕业后的预期收入成正比。尊重高等教育发展水平和经济发展水平的地区差异，扩大高校收费自主权。

第三，提高高校自身经费筹措能力，丰富高等教育经费多元化投入体系。要积极扩大对高等教育的非“政府”投入。例如，在核算生均成本的基础上，针对不同地区、不同专业、不同学校、不同收入水平的学生制定不同学费标准；在成功化解目前高校债务危机的基础上可以考虑通过立法或其他措施进一步建立和完善我国高校长期低息贷款制度以及公开发行债券制度；高校应通过科研成果转化和专利技术转让，进一步吸引社会企业增加对高校的经费投入。发展并完善创业型大学理念，借鉴国外高等教育经费投入体制改革经验，在增加政府财政拨款和社会多种资金投入的同时，增强大学自身经费筹措能力。将改革高等教育经费投入体制作为国家综合改革的重要目标之一。为实现这一改革目标，以市场为核心的筹款管理、投资管理、产业经营等营销方略将成为我国大学自力更生，从“创收”走向“盈利”的重要选择。

（二）切实发挥拨款的政策导向作用

政府政策在我国高等教育的改革与发展中作用明显，这是中国高等教育的特色所在，是由我国长期以来所形成的高等教育管理体制所决定的。因此，在实现高等教育现代化的过程中，依然应该充分发挥政府政策的导向与保障作用。

当前要解决的主要问题是，如何在非竞争性经费拨款方面突出公平性，在竞争性拨款方面保持灵活性。为了能够最大限度地保障非竞争性经费拨款的公平性，实现区域高等教育的均衡发展，逐步建立和实施严格的生均拨款制度是必需的选择，即政府部门对于高等教育的非竞争性经费拨款应在参照生均培养成本的基础上严格按照在校学生数量进行拨付。由于我国区域经济发展不平衡，高等教育生均拨款制度的建立还有赖于高等教育财政转移支付制度。在竞争性经费的拨款方面，政府部门除加大投入力度外，还应在拨款的过程中尽可能淡化身份制度和行政级别，努力打造一个公平而高效的科研竞争环境，建立起完善的绩效拨款制度。

为使政府政策资源发挥更大作用，应该进一步做到政策程序的合理性、政策面向的公平性、政策内容的科学性。为规避政策风险，预防政策失误，政策制定需要有合理依据并遵循科学程序。与经济格局一样，我国高等教育的体系内实际存在着丰富的多样性、层次性和差异性，政府应当秉持公平的原则，采取公正的立场，区别不同地区、不同层次、不同类型高校发展需要，做出资源配置上的科学决策。

（三）促进形成社会广泛支持的体系及机制

现代高等教育体系内部的许多问题本质上是社会问题的反映，因此现代高等教育的改革与发展离不开社会的理解与支持，这是实现高等教育现代化的重要社会资源。社会资源对高等教育的支持表现在多个方面，如社会捐资、通过产学合作的方式支持高校科研、通过共建实习实践基地参与高校的人才培养等。充分调动社会资源参与高等教育需要政府政策的支持，需要进一步制定与完善鼓励社会机构支持参与高等教育的相关法律法规；同时高校应与社会形成良性互动关系，合作共赢，构建包括政府与社会各类机构在内的有效高等教育社会支持体系。

三、促进中国高等教育的系统转型

21 世纪的前 30 年，世界规模最大的中国高等教育体系经历了从精英向大众化阶段过渡，进而进入普及化阶段的历程。高等教育在这一历程中要经历脱胎换骨的变化，使同质化、封闭式的教育体系转型为多样化、开放性、协调性的教育体系。

（一）适应普及要求，提升服务经济社会多样化需要的能力

多年来，我国庞大的高等教育系统一直存在同质性强、内部创新要素发育

不足以及服务经济社会多样化需要的能力有限等问题。知识经济社会对高等教育需求的增加带来高等教育功能的拓展，传统高等教育难以为继，必须进行系统转型。

从东亚地区的经验看，学生的学习具有一定程度的“实用主义”色彩，在基础教育以升学为导向和高等教育以就业为导向的背景下，学生的学习动机与经济发展速度成正比，在经济腾飞阶段，经济快速增长能够提供较多、较好的就业岗位，大学生学习的积极性较高，因为毕业可以找到好工作，而经济发展进入平稳增长甚至停滞阶段，就业岗位减少，“好”的岗位远不能满足需要，学生的学习动机就会下降，厌学情绪上升。目前，我国经济发展已经由高速增长转变为平稳增长，需要高等教育的系统转型。系统转型是从性质单一的传统高等教育体系转向内涵丰富的第三级教育系统，突破原有大学教育与职业培训、正规高等教育与非正规高等教育、全日制高等教育与非全日制高等教育的藩篱，改变狭窄固化的人才培养理念和制度，培育新的教育机构和组织形态，形成能使不同人才脱颖而出的培养环境和机制；系统转型是高等教育系统在自身与外部环境的互动中，根据社会发展形势与要求，遵循高等教育自身发展规律，实现系统的全面发展与进步，这种转型是渐进式的自身发展演变，而非外部力量强力推进下的断裂式变化。

经历系统转型的现代化高等教育体系，应该既符合国家和社会优先发展目标，又保障人民群众享有基本教育权利；既适应经济社会发展需要，又满足学习者多样性需求；既与基础教育、职业教育相连接，又体现终身学习理念，综合完善的第三级教育体系。我们要从第三级教育系统的建设与完善上，统筹规划职业教育和普通教育、学校教育和终身学习、高端人才培养与大众普及教育等工作，提高教育系统的健康性，实现教育形式的多元化。

（二）促进多样发展，丰富包容性教育的学制体系内涵

高等学校多样化是高等教育现代化的必然要求。现代高等教育系统发展逐渐由同质化走向多样化、异质化。未来几十年，伴随世界一流大学和一流学科建设，普通本科院校更加突出与经济社会发展结合、应用型人才培养以及现代职业教育体系建设，我国将逐步形成以“双一流”为代表的研究型大学和以应用型高校为代表的地方性、行业型本科院校，以及以示范性高职为代表的高等

职业技术学院，以此为基础建立起中国特色的高等教育分类体系。

明晰不同类型高等教育的层次结构、功能定位，突破人才培养的制度壁垒，打造一个同时注重应用性技能与学术创造性的第三级教育系统。以多样型人才培养体系取代将学术置于顶端、将技能置于底端的传统“金字塔”形教育体系。要完善我国高校合理定位的法规和政策体系，通过构建《普通高等学校分类标准》，完善《普通高等学校设置条例》，明确各类高等教育机构的定位，加强对不同类型高校的分类指导和管理。

要破除传统的政府或单一学术视角的高校层次分类标准，形成综合政府、社会、高校、市场的多维视野，构建起类型与层次相互结合的多元高校分类框架。真正代表普及化时代高等教育的不仅仅是少数几所一流大学，而是一流多元的高等教育体系。在这一体系中，各类高校平衡发展，各展所长，办出特色，办出水平。既有世界一流的研究型大学，也有世界一流的应用型高校和高等职业技术学院。不同类型高校的学生都能受到公平、适切的教育，成长为合格人才、有用之才。

适应和促进高等教育的办学形式、学习者的学习方式、高等教育机构的存在方式的深刻变化，在包容发展中推进多样化的高等教育。逐步形成以政府主办的公立高等教育与民办高等教育、中外合作办学、企业大学等共同包容发展的高等教育系统。为学生和社会各界提供更充分、更多样、更适切的学习机会。

（三）做好制度设计，维护协调性发展布局和开放性学制体系

高等教育现代化要求高等教育有序协调发展。这种协调包括多方面多重关系的协调。基于我国地域辽阔、人口众多、发展很不平衡的现实，积极推进区域高等教育的协调发展，不仅是教育问题，而且也是经济问题和政治问题。高等教育布局既要考虑不同区域经济社会发展需要，又要尊重高等教育自身发展规律，统筹和平衡高等教育规模、质量、公平与效益间的矛盾与张力，提高高等教育的聚集程度，建设世界级、全国性和区域化的高等教育中心。

开放性学制体系首先是推进高等教育体系内部的开放合作。以灵活的学习制度和教学管理制度为纽带，搭建起开放多元、便捷畅通的高等教育“立交桥”和终身学习平台。实现高等教育真正意义上的综合化，既促进校内学科专业交叉融合，又增强高校间的开放与合作，还要推进高等教育体系而向社会的开放

合作。以国民教育体系为依托，充分发挥网络教育、自学考试等系统的平台作用，建立更加开放和多样化的继续教育体制框架，以企事业单位继续教育和岗位培训为重点，推进学习型组织建设。以在职学习提高为主体，促进职前教育与继续教育相互衔接，普通教育和职业教育相互沟通、组织教育有自主学习相互补充，实现各类教育共同发展，资源共享，推进形成全民学习、终身学习的学习型社会。同时，要关注国内与国际高等教育的开放合作，搭建国际与国内高等教育交流合作网，提高高等教育的国际化水平与能力。

四、完善高等教育治理体系

实现高等教育现代化，需要在既往改革的基础上，不断探索适应我国国情、符合世界潮流、能够推动现代化进程的制度、体制与机制。完善高等教育治理体系，实现高等教育治理能力现代化，依法治教，理顺中央政府与地方政府、高校与政府之间的关系，进一步扩大与落实高校办学自主权，完善中国特色现代大学制度建设。

（一）推进两级管理三级办学制度

明确划分中央与地方政府管理高等教育的权限，逐步完善“省级统筹”的高等教育管理制度。虽然我国确立了统一领导分级管理的高等教育体制，但各种法规只对中央和地方的管理权限做了笼统的划分，许多方面缺乏明确具体的规定，导致高等教育管理往往会出现主、次要角色偏离和权限范围内、外的角色偏离等问题。故应经济体制改革的走向，适应建立条块有机结合的新型高等教育管理体制的需要，高等教育管理体制改革和布局结构调整需采取以宏观指导下的省级政府统筹为主的原则，把中央部委属高校与地方高校的改革与调整有机结合起来，在管理体制的变化中实现高等教育资源的优化调整。地方在规划和实施本地区范围高校改革与调整时，要主动统筹考虑本地区范围内包括部委属高校在内的所有高校，有关部门则应密切配合。

“完善以省级政府为主管理高等教育的体制”是教育部在《国家中长期教育改革和发展规划纲要（2010—2020 年）》（2010 年）提出的明确目标，也是我国具体国情的必然要求。我国作为一个发展中的大国，基本特征就是各省、市、自治区之间经济社会发展很不平衡。中央政府在许多具体的高等教育管理方面难以制定并实施“一刀切”式的全国性政策。因而，在完善高等教育管理体制的改革过程中，不仅要发挥中央层面的宏观调控作用，还需要突出省级政府的区域统筹作用，做到权责一致、权力均衡、统筹和决策相统一等。

（二）进一步理顺高校与政府、社会的关系

继续推进政府放权、学术事务去行政化，使高校真正成为面向社会、面向市场自主办学的法人实体。政府与高校的关系是我国高等教育改革与发展的核心问题，政府是（公办）高校的举办者和管理者，高校是具体的办学者，是高等教育活动的关键角色，具有核心地位。因此，高等教育管理制度改革的目标之一应是理顺政府教育管理职能，构建政府与高校的新型关系，切实扩大高校办学自主权，推动高校学术工作去行政化。新中国成立 70 多年来，随着中国社会经济的历史性转变，政府与高校关系的发展经历了一个从政府计划到政府监督、政府协调的过程，微观控制转变为宏观监督与协调管理，中央集权转变为分权和放权，按计划办学转变为自主办学。在这个进程中，政府引领和推动着高校的改革、发展，高校自身也在发生深刻的变革，只是不同类型、不同层次的高校变革程度不同。“政府有限干预、高校自主办学”应该成为构建政府与高校新型关系的主要目标。政府必须转变教育管理职能，认识并尊重高校区别于其他机构尤其是行政机构的特性，改变直接行政干预的单一方式，履行政策引导、统筹规划、监督管理和公共财政投入等多方面的职责；高校则要面对政府与社会问责，自主办学，接受质量和绩效评估。

高等教育现代化是国家强盛、社会繁荣、学术发达的重要表征。我们要从实现中华民族伟大复兴的历史高度和建设人力资源强国的战略全局出发，用开放的态度、国际的视野、创新的思维、认真扎实的行动，为中国高等教育的现代化目标实现贡献力量。

第二节　推进高等教育治理现代化

一、现代大学制度建设决定高等教育改革发展的成败

建立健全中国特色的现代大学制度，直接影响着我国高等教育改革发展的成功与否。建设现代大学制度的重要前提是牢固树立依法治校观念，依法定好位，依法有序推进改革发展。我国已经建立了比较完整的教育法律制度，特别是 2015 年修订的《中华人民共和国高等教育法》等的公布，使得依法治教办学的基础更加厚实。我国最根本的法规制度安排，是党对高校的领导，高校要培养中国特色社会主义事业的合格建设者和可靠接班人。现代大学制度就是为适应中国国情和时代要求，建设依法办学、自主管理、民主监督、社会参与的大学制度体系。形成政府宏观管理指导、大学依法自主办学、市场竞争配置、社会第三方评价支持的共同主体的高等教育治理体系。建立现代大学制度主要包括两个方面的内容：一是完善大学的外部治理结构，建立政府、学校、社会之间法权边界。在遵循高等教育办学规律的基础上，依法扩大和落实大学自主办学权，明确和规范政府管理权限和职责，引导市场适度调节，促进社会有效参与和监督。二是依照现代大学内部的逻辑，理顺内部治理利益相关者的关系。完善党委领导、校长负责、教授治学、民主管理的内部治理体系，充分激活大学的创新活力，将加快我国高等教育现代化步伐，并促进一批大学和学科向世界一流水平迈进。经验表明，一些发达国家大学之所以能够成为世界一流大学并且长盛不衰，关键在于建立了与本国国情相符、科学合理的、动态调整的大学制度。当前我国大学正处于从高等教育大国向高等教育强国转型和改革深化的关键期，大学面临着越来越复杂的外部环境和内部利益结构，只有建立健全现代大学制度，通过完整规范的制度建设不断理顺和完善大学的各种关系，才能使大学保持旺盛的生命力，推动大学健康、有序、创新、和谐发展。换言之，要使我国大学更好地发挥社会主义制度优势，实现建设创新型国家等战略目标，就要求进一步转变治理理念、深化高等教育体制改革，探索建设符合高等教育

内外规律的中国特色现代大学制度。

二、落实管、办、评分离是现代大学治理的必然趋势

推进教育治理体系和治理能力现代化，就是要适应国家治理体系和治理能力建设，根据教育发展的自身规律和教育现代化的基本要求，以构建政府、学校、社会新型关系为核心，以推进管、办、评分离为基本要求，以转变政府职能为突破口，依法建立系统完备、科学规范、运行有效的制度体系，更好地调动中央和地方两个积极性，更好地激发每所学校的活力，更好地发挥全社会的作用。政府宏观管理，就是要转变职能简政放权、创新方式，把该放的权放掉，把该管的事管好，做到不缺位、不越位、不错位。学校自主办学，就是要依法落实学校办学主体地位，明确权利责任，自我管理、自我约束、自我发展。社会广泛参与，就是教育质量要接受社会评价、教育成果要接受社会检验、教育决策要接受社会监督，最大限度地吸引社会资源进入教育领域。政府、学校、社会，管、办、评三者之间，权责边界既应当是清晰的，又一定是相对的，既相互制约又相互支持，由此形成现代教育治理体系，不断提升现代教育治理能力。管、办、评分离的最终目的在于形成管、办、评三个主要体制制度，即依法办学、自主管理、民主监督、社会参与的现代学校制度；政事分开、权责明确、统筹协调、规范有序的教育管理体制；科学、规范、公正的教育评价制度。推进教育管、办、评分离有赖主体自觉和角色的科学分工。政府是教育政策和规划标准等的制定者、教育资源分配者、教育评价监督者，在教育治理模式的构建过程中发挥着导向和建构的作用。政府对教育治理规律和现状的认识与理解，对政府、学校、社会三者之间职能的界定等，将直接影响到治理模式的构建及最终形态。推进教育管、办、评分离，首要在于变革管理理念，并切实转变政府职能，改善监管方式，由传统管理走向现代治理。应着力改变原有自上而下高度集权的管理模式，建立利益相关者广泛参与的治理体系；建立并完善高校法人制度，落实好法人地位，真正把教育改革发展的任务落实到学校第一线，解放对学校不该有的束缚。同时，在学校内部建立起科学合理的制度体系，使学校内部治理机制趋于完善，既能自主又善自律。管、办、评中的“评”不是只是强化行政评价，而是在多元评价体系中弱化行政直接评价，突出权威专业机构和社会组织参与评价，既包括社会“评管”，也包括社会

“评办”。政府要善于运用有权威、信度高的评估结果，加强宏观调控和政策引导。

三、在落实政府“放管服”中彰显大学办学主体性

“放管服”已成为我国政府治理国家和现代社会的重要理念。在高等教育领域落实“放管服”，是对实施管、办、评分离的深化，要求在彰显大学办学主体性或自主性的同时，更强调各级政府工作人员应增强服务意识和能力。政府应与社会、学校合理分权，明确制定分权清单，着力把控好对教育事业发展起决定作用的重要事项的决策权和调控权。树立“有限政府”理念，把原先越权承担的某些责任转移给学校和社会，进一步深化教育行政审批制度改革，完全取消非行政许可审批；减少对学校办学行为的行政干预，综合运用法律政策、规划、财政拨款、标准、信息服务和必要的行政措施，引导和督促学校规范办学；推行清单管理方式，建立教育行政权力清单和责任清单制度，通过政府公报、政府网站等便于公众知晓的方式，向社会全面公开教育及相关政府部门职能、法律依据、实施主体、职责权限、管理流程、监督方式等事项，为公民、法人或者其他组织提供优质服务，让权力在阳光下运行。在有条件的地方和学校开展负面清单管理试点，清单之外的事项学校可自主施行，要尽量缩减负面清单事项的范围，更多采取事中、事后监管方式。出台国家教育标准审定办法，健全教育标准制定和审查机制，提高教育标准的权威性、适切性，形成具有国际视野、富有中国特色的分层、分类教育标准体系。

四、加快改革和完善大学内部治理结构

政府放权力度越大，对大学自身的治理结构和治理能力的要求就越高。现代大学制度建设的核心之一就是大学的内部治理结构问题，改革和完善我国大学内部治理结构是完善中国特色现代大学制度的关键。从功能上来讲，大学内部治理结构是要建立一种以共同理想为纽带、以各种权力和谐协调为基础的内部决策结构和垂直治理结构，避免决策权处于高度集中和过度紧张的状态，从而最大限度地释放大学的教育生产力、学术创造力与思想磁场力。从水平的权力结构来看，我国大学内部决策的权力要素包括以党委为领导的政治权力、以校长为首的行政权力、以学术委员会为主的学术权力、以教代会和职代会为主

的民主权力；从垂直的治理结构来看，一校一院一基层学术组织是我国大学组织结构的基本选择，从直线型走向扁平化的管理是我国大学院校关系的基本走向。我国大学权力结构总体还处于政治权力、行政权力占主导的局面，学术权力和学生权利在很多大学没有发挥出其应有的作用。在简政放权的现实背景下，学校以及学校的二级学院的自主权进一步扩大，但学校与其二级学院的自我约束与监督机制也不够到位。应从调整现行的权力结构着手，建立新的政治权力、行政权力、学术权力和民主权力之间的平衡和谐关系。公办大学在坚持和完善党委领导下的校长负责制的基本原则下，应健全议事规则与决策程序，依法落实党委、校长职权；充分发挥学术委员会在学科建设、学术评价、学术发展中的重要作用。在规范政治权力、行政权力的同时尊重学术权力，强化教师参与治理的意识，赋予教师在学术上和校内治理上更多的话语权，探索教授治学的有效途径，充分发挥教授在教学、学术研究和学校管理中的作用；加强教职工代表大会等建设，发挥群众团体的作用。推动大学治理从直线型向扁平化发展、从科层制向事业部制的转变，完善大学及其二级学院自主权的自我约束与监督机制。加强大学内二级学院的权力运行监督与约束，尽快建立学校与学院的权力清单制度，完善二级教代会制度，整合和进一步发挥二级学术委员会的作用。

五、推进大学章程建设是健全现代大学制度的基石和标志

依法制定和实施大学章程，是现代大学的基本要素，是建立现代大学制度及落实大学法人地位的标志和基石。在我国，大学章程建设称得上是一项开创性工作。目前，全国本科高校章程起草与核准工作已基本完成，公办专科层次高校的章程起草与核准也在有序推进，实现一校一章程指日可待。制定一部高质量的章程不易，执行和实施章程更难、更重要。章程的尊严和生命力在于遵行。高校章程经过政府核准，成为规范双方权利义务关系的文本依据。高校的举办者、主管教育行政部门应当按照政校分开、管办分离的原则，以章程明确界定与学校的关系，明确学校的办学方向与发展原则，落实举办者权利、义务，保障学校的办学自主权。高校则应当按照高等教育法的规定，围绕人才培养、科学研究、服务社会、文化传承创新、国际交流合作等任务，通过章程健全学校办学自主权的行使与监督机制，明确学校内部治理结构，包括内部决策机构、

行政机构、学术机构的设定，机构间的运作程序，各机构及重要岗位的职责、义务等。在章程执行过程中，要将众多的教育利益主体包含在执行主体中；对于所涉及执行主体的权责进行详尽的规定，并在此基础上形成明确而协调的大学内部治理结构；激发高校组织执行文化的内生力，将来自行政力量的制度规约最终转化为执行文化塑造，推进依法照章治校进程。章程的实施情况，是体现高校治理水平和执行力的重要标志。应建立章程实施的评估和监督机制，把章程实施情况纳入对高校评估的内容和对学校领导考核评价的内容，并通过专项评估、第三方评估等，推进高校以章程建设为核心完善制度体系，形成依法依章自主办学的格局。

六、大学校长管理专业化是提升学校治理水平的重要途径

在我国现行高等教育的治理体系中，大学校长是大学组织的法人，既是大学组织与政府、社会联系的重要桥梁，也是党委决策与行政执行的重要纽带；既是党委决策的重要提案者，也是行政执行的组织者；既是行政系统与学术系统交互的重要结合点，也是市场竞争中的参与者。可以说，校长是大学治理中连接各种关系和主体的核心行动者，科学定位大学校长的角色和职能，在很大程度上关系着中国特色现代大学制度的成效。推进校长管理的专业化，是在日益复杂和多元的治理结构体系中充分发挥校长角色和功能的重要途径。如何按照大学书记、校长应成为教育家和政治家的要求选拔和管理校长，如何有效地提升大学校长的治理能力，都在呼唤推进校长管理的专业化进程。提升大学校长管理水平的专业化，让校长有治校的动力，保障校长应有的权力，促进校长不断提高治校的能力，这需要政府提供有效的制度安排。要让教职工，特别是教授们在选拔任用校长时有更多发言权。政府需要转变用人理念，改变简单套用党政干部的方式和思维来任命和管理大学校长，而应该认真思考如何让校长承担起高校治理中应有的责任，确保校长有依法依章治校的权力，推动校长不断提升自身治校的能力。应把校长视为一种职业，而不是行政级别色彩浓重的职务，校长能够形成在一定意义上具有竞争性的职场，更好地为治理绩效负责，并建立起与校长自身的能力、素质和治校绩效相符的薪酬体系。对于大学校长自身来说，应该充分地认识

到，在日益复杂的大学治理中，只有全身心地投入大学治理中来，把大学治理视为“能专心的事业、有专长的从业、成专门的职业”，不断提升自身的专业化水平，把高校治理作为一种具有专业性、学科性和科学性的对象进行研究和实践，在推动大学治理现代化进程中发挥“一校之长”的特殊作用。

七、党的领导是中国特色现代高等教育治理的核心体现

世界一流高等教育的发展过程，既不是发展指标简单的一一对应，更不是对其他国家高等教育体制的简单复制和模仿。中国的独特历史、独特文化、独特国情，决定在中国建设现代高等教育的过程中既要符合高等教育的一般规律，又要走自己的高等教育发展道路，坚持中国特色的办学制度。而中国特色现代大学制度，最核心、最鲜明的体现就是党的领导。众所周知，中国是社会主义国家，中国共产党是社会主义各项事业的领导核心，中国共产党的领导是中国特色社会主义制度的本质体现，加强中国共产党的领导同样是发展中国特色现代高等教育的根本保证。办好中国特色社会主义高等教育，必须坚持以马克思主义为指导，坚持正确政治方向，全面贯彻党的教育方针，使高校成为坚持党的领导的坚强阵地。要在党的领导下，强化思想引领，牢牢把握高校意识形态工作的领导权，按照社会主义本质要求，更好地落实立德树人的根本任务，把培育和践行社会主义核心价值观融入教书育人的全过程，培养出全面发展的新人，肩负起培养社会主义事业的建设者和接班人的重大政治任务。为切实加强党对高校领导，经过长期实践探索，我国已找到并确立了适合我国国情、教情的高校领导体制，那就是党委领导下的校长负责制。国情和实践已经并将进一步证明：党委领导下的校长负责制，就是我国高校的根本领导制度和工作制度，是中国特色现代大学制度的核心，是不断推进高校治理体系和治理能力现代化的体制保障。由此，高校党委的职责更清晰：对学校工作实行全面领导，承担管党治党、办学治校主体责任，把方向、管大局、做决策、保落实。同时，要加强高校党的基层组织建设，发挥好院系党组织的政治核心作用，创新基层党建的结构和功能，改进工作机制和方式，提高做思想政治工作的能力，使每个师生党员做到在党言党、在党为党，保证监督党的路线

方针政策及上级党组织决定贯彻落实。坚持和加强党的领导，就得从严治党，不断完善党对高校领导的体制机制，切实提高党领导高校改革发展的能力和水平。

参考文献

[1] 彭雪阳 .“三个习惯”人才培养模式 在高校教育教学中的应用 [J]. 时代人物，2022(30):0188-0190.

[2] 邓春瑶 . 大数据背景下高校教育教学管理创新途径研究 [J]. 城市情报，2023(2):3.

[3] 郑连弟，郭顺 .“以人为本”视角下构建高校教育教学管理新模式的探析 [J]. 进展 : 教学与科研，2022(5):3.

[4] 张文嘉 . 高校教育教学管理制度体系的建构——评《本科院校教学管理创新与实践研究》[J]. 中国高校科技，2022(3):1.

[5] 王雅辰 . 高校教育教学管理信息化创新发展路径研究——评《现代教育理念下的高校教育教学管理研究》[J]. 中国高校科技，2022(7):1.

[6] 王晓晶 . 高校教育教学管理制度体系的建构——评《高校内部管理体制改革新论 : 自主协同的研究视角》[J]. 中国高校科技，2022(12):1.

[7] 聂孟兰，张建，郭永丽 . 双创背景下高校教育教学改革探索的研究 [J]. 中国科技期刊数据库 科研，2022(11):4.

[8] 郝晶晶 . 立德树人视域下构建高校教育教学改革体系刍议 [J]. 教育教学论坛，2022(44):78-81.

[9] 张娜，李明南 . 浅析高校教师如何在教育教学实践中提升职业道德 [J]. 教育科学发展，2022，4(4):211-213.

[10] 李赟 . 一种高校教育教学用便携式记录装置 : CN215512971U[P]. 2022.

[11] 钟丽花 . 大数据时代高校教育教学管理的机遇和挑战 [J]. 江西电力职业技术学院学报，2022，35(10):4.

[12] 傅佳青 . 数字化赋能高校教育教学创新发展研究——以宁波工程学院为例 [J]. 太原城市职业技术学院学报，2022(9):44-46.

[13] 张登倩 . 云大数据背景下高校教育教学管理信息化策略探究 [J]. 教育教学论坛，2023(6):4.

[14] 雷岩玲，王奋前 . 构建创新型人才培养的有机系统——高校教育教学管理研究系列论文之三 [J]. 语文教学通讯 : 学术（D），2022(5)17-18.

[15] 栾莹程云龙 ."互联网 +" 时代信息技术在高校教育教学中的应用——评《互联网时代的现代教育技术教学改革》[J]. 科技管理研究，2022，42 (7):I0002-I0002.

[16] 杨天仁，闫忠红 ."内外统一，共评共管" 的高校教育教学质量保障体系建设初探 [J]. 中国医药导刊，2022，24(6):546-549.

[17] 姚易 . 提高民办高校教育教学质量的路径与对策 [J]. 教育教学论坛，2022(4):17-20.

[18] 胡应林，罗汉俊 . 人工智能背景下民办高校教育教学创新管理研究 [J]. 中国科技期刊数据库 科研，2022(11):4.

[19] 刘佳 . 新时期民办高校教育教学管理模式实践探究 [J]. 中文科技期刊数据库（全文版）教育科学，2022(9):4.

[20] 石聪 . 高校教育教学管理改革与发展探讨——评《现代教育理念下的高校教育教学管理研究》[J]. 中国教育学刊，2023(2):1.

[21] 贾朝勇，王芳，张磊，等 . 心理学在高校教育教学工作中的实践分析 [J]. 中文科技期刊数据库（全文版）教育科学，2023(1):4.

[22] 王斯迪 . 应用型本科院校教育学专业教学模式改革探索与实践 [J]. 吉林工程技术师范学院学报，2023，39(1):3.

[23] 张唐梁 . 高校教育教学管理理论与实践——评《现代教育理念下的高校教育教学管理研究》[J]. 中国教育学刊，2022(10):1.

[24] 鲁巧巧 . 高校数字化教育教学高质量发展的逻辑，内涵与实践路径 [J]. 高教探索，2022(4):61-66.

[25] 李卫娜 . 当代高校教育教学管理理论与实践 [J]. 食品研究与开发，2023，44(8):1.